Über dieses Buch

Max Reinhardt, der kometenhaft zum größten Theaterregisseur seiner Zeit aufstieg, machte Berlin zur internationalen Theatermetropole. Mit Shakespeares ›Sommernachtstraum‹ lockte er in den USA so viele Menschen an wie ein Stierkampf-Matador – zweimal 20000 pro Tag. Er kaufte einen Zirkus und schuf daraus Berlins größtes Theater, er bewohnte ein Schloß, von dem er nicht wußte, wie viele Zimmer es hatte, und gab immer zwei Millionen Mark mehr aus, als er verdiente.

Helene Thimig, die große Schauspielerin, war 25 Jahre lang seine Lebensgefährtin. Sie erzählt von seinen Leistungen und seinen Marotten, von seiner Genialität und seinen Ängsten. So entsteht das Bild einer Epoche im Spiegel einer überragenden Persönlichkeit.

»Es ist in seiner Art ein unvergleichliches Buch, und es wäre falsch, es mit irgendeiner anderen Publikation über Max Reinhardt zu vergleichen.

... Dies alles wird von Helene Thimig mit einer Anmut, einer stilistischen Grazie und eben mit einem immer durchfunkelnden, souveränen Humor vorgetragen, daß sich das nicht literarisch gemeinte Buch manchmal an die Grenze des Dichterischen erhebt.

Dann tritt die Gestalt Max Reinhardts immer plastischer in Erscheinung, und zwar eines unbekannten Reinhardts, nicht nur des noblen, zarten, fast schüchternen, von dem wir wissen. Er ist, von Menschen, Leuten, Persönlichkeiten aller Art umschwärmt, umdrängt, umjubelt – eine zutiefst einsame Gestalt. Selbst bei glücklichsten Sternen und herrlichster Entfaltung bleibt in ihm immer ein Zug von tragischer Größe – von Vollendung nach dem Unvollendbaren strebend. Dies ist weder von seiner Mitwelt noch von der späteren jemals ganz verstanden worden, und nur ein einziger Mensch, Helene Thimig, hat all das mit ihm durch alle Lebens- und Arbeitsphasen geteilt.«

(Carl Zuckmayer in der »Zeit«)

Helene Thimig-Reinhardt

Wie Max Reinhardt lebte

... eine Handbreit über dem Boden

Fischer Taschenbuch Verlag

Fischer Taschenbuch Verlag
Dezember 1975
Ungekürzte Ausgabe

Umschlagentwurf: Jan Buchholz/Reni Hinsch
unter Verwendung von 2 Fotos des Theaterinstituts Wahn

Fischer Taschenbuch Verlag GmbH, Frankfurt am Main
Lizenzausgabe mit freundlicher Genehmigung des
R. S. Schulz Verlages, Percha/Kempfenhausen a. Starnberger See
© 1973 R. S. Schulz Verlag, Percha/Kempfenhausen a. Starnberger See
Gesamtherstellung: Hanseatische Druckanstalt GmbH, Hamburg
Printed in Germany
680-ISBN 3 436 02182 2

Inhaltsübersicht

Eine Handbreit über dem Boden

Mit meinem Gedächtnis ist es eine merkwürdige Sache: ich merke mir nur Glücksmomente.

Nur im Glück und in der Dankbarkeit für dieses Glück fühle ich mich lebendig. Alles andere, was dazwischen liegt, kann ich nur als Ritardando empfinden, als Ritardando vor neuem Glück und neuen Wundern.

So kann ich, wenn ich mich an mein Leben mit Max Reinhardt erinnere, nichts Besseres tun, als langsam an einer Kette von Glücksmomenten zurückzugehen und alles noch einmal zu genießen.

Ich war vierundzwanzig, als ich mit Reinhardt zum ersten Mal in Berührung kam. Es war in Berlin. Ich saß im »Deutschen Theater« und ahnte nicht, daß er mich aus seiner Direktionsloge beobachtete. Später ist mir erzählt worden, daß er an diesem Abend mehr zu *mir* als auf die *Bühne* schaute.

Schuld daran war eine meiner schrecklichen Angewohnheiten, eine Angewohnheit, die ich auch heute noch nicht abgelegt habe. Ich kann im Theater nicht stillsitzen! Mein Gesicht spielt mit, ob ich will oder nicht, da bin ich ausgesprochen kindlich.

Reinhardt erkundigte sich bei seiner Begleitung nach mir und erfuhr, daß ich die Tochter des Burgschauspielers Hugo Thimig sei. Schauspielerin am Berliner Königlichen Schauspielhaus.

Jaja, erwiderte Reinhardt, er habe schon von mir gehört. Nach der Vorstellung schickte er seinen Mitarbeiter Felix Hollaender zu mir und ließ mich bitten, an einem der nächsten Tage zum Vorsprechen in seine Wohnung zu kommen.

Es geschah, was ich erhofft und was ich gefürchtet hatte . . .

Mein Weg zu Reinhardt war mit Zweifeln gepflastert. Vor einigen Jahren hatte ich zum ersten Mal eine Reinhardt-Inszenierung gesehen – »Lysistrata«. Ich fühle noch heute, wie erschüttert ich damals war. Ich war erschrocken und ratlos. Einerseits hatte mir dieses entfesselte Theater im tiefsten moralisch mißfallen (ich fürchtete, derartiges werde meine »schlechten Instinkte« wecken), andererseits wußte ich: Ja, so ist es einzig richtig.

Ich sagte mir: »Wenn es auch dein Ruin ist – du mußt dahin, in diesen Sündenpfuhl.« Ich wollte zum »Deutschen Theater«.

Als ich zum Vorsprechen ging, hatte ich noch ein anderes Problem: Ich war eine schlechte Vorsprecherin. Darum war ich entschlossen, unter gar keinen Umständen mich examinieren zu lassen. Wenn Reinhardt mich bitten sollte etwas zu sprechen, wollte ich ihn einladen, mich in einer Vorstellung des »Königlichen Schauspielhauses« zu sehen.

Mit Herzklopfen langte ich vor seiner Wohnung an. Damals – 1913 – war es noch das »Knobelsdorffsche Palais am Kupfergraben«. Ein Dienstmädchen öffnete und führte mich, die schöne Rokokostiege hinauf, in sein Arbeitszimmer.

Hinter dem schweren, halbkreisförmigen Schreibtisch erhob sich ein kleiner, dezent gekleideter Mann, legte seine Zigarre ab und kam auf mich zu. Ich wußte, daß Reinhardt ungefähr vierzig war, er sah aber wesentlich jünger aus.

Als er mir die Hand gab, hatte ich das Gefühl, daß etwas ungemein Sanftes von ihm ausging. Sein Gesicht fand ich im ersten Moment eher häßlich, doch gefielen mir – wie den meisten, die ihm zum erstenmal gegenüberstanden – seine alles beherrschenden blauen Augen. Sein Haar war dunkel. Das ergab mit der Augenfarbe einen merkwürdigen Kontrast.

Es war kühl im Zimmer, deshalb behielt ich meinen Mantel an. Außerdem wollte ich so zugeknöpft wie möglich wirken, um von vornherein deutlich zu machen, daß ich zu einer Unterhaltung gekommen war und nicht, um mich zu produzieren, mich taxieren zu lassen.

Als ich mich zu dem Sofa drehte, das mir Reinhardt als Sitzgelegenheit angeboten hatte, sah ich in der Ecke Felix Hollaender stehen. Er lächelte zur Begrüßung, und das sollte irgendwie aufmunternd wirken. Aber ich sah an seinen ineinandergeflochtenen Fingern, daß er sehr nervös war. Der Zwerg war vom Lampenfieber gepackt – wieso, das habe ich erst später erfahren: er war es, der sich bei Reinhardt für mich verbürgt hatte. Wenn ich Reinhardt heute aus irgendeinem Grund nicht gefiel, so war er durchgefallen.

Mittlerweile hatte Reinhardt wieder den Platz hinter seinem Schreibtisch eingenommen und nach seiner Zigarre gelangt. Dieser Anblick störte mich – ich meine: die Hand mit dieser protzigen Zigarre. Das paßte nicht, und es hat Jahre gedauert, bis ich mich daran gewöhnte.

Reinhardt machte leichte Konversation, stellte ein paar Fragen, um mir meine Befangenheit zu nehmen und betrachtete mich. Ich gewann Haltung. Und je mehr Haltung ich gewann, um so entschlossener war ich, nicht vorzusprechen. In diesen Minuten wirkte ich höchstwahrscheinlich etwas trotzig – oder sagen wir ruhig: patzig. Wie eben jemand aussieht, der mit Leidenschaft in sein Unglück rennen will und vermeiden möchte, daß irgend jemand in der Welt das merkt.

Schließlich kam der Moment, auf den ich wartete: »Bitte sprechen Sie etwas vor – was Sie wollen.« Ich brachte meine Einladung vor. Reinhardt lächelte – er ginge so selten in andere Theater, und besonders selten ins »Königliche Schauspielhaus«. (Dorthin ging er überhaupt nicht.) Ob ich nicht doch vielleicht . . . nur ein kurzes Stückchen . . .

Nein, nein, ganz unmöglich.

Reinhardts Interesse wuchs. Das sei aber sehr schade. (Kurzer Blick zum verzweifelten Hollaender.)

Ja leider. Ganz unmöglich. Ich sei eine miserable Vorsprecherin und überhaupt . . . Bis jetzt hatte ich mich genau an meinen Plan gehalten. In diesem Augenblick aber führte mich mein Stolz in derart schwindelnde Höhen, daß ich mich, zu Reinhardts Vergnügen, ganz gehörig verstieg. Ich erklärte, daß ich nur gekommen sei, um zu hören, was mir das »Deutsche Theater« zu bieten hätte und daß ich zum Übertritt nur dann bereit sei, wenn mir jährlich sechs Monate Urlaub zugebilligt würden.

Reinhardt hörte mir aufmerksam und amüsiert zu und sagte dann, darüber müsse geredet werden, aber später. Vorher müsse er mich leider bitten . . .

Ich war so in Wut geraten, daß ich mir Hut und Mantel buchstäblich herunterriß und mich aufs äußerste gereizt vor seinen Schreibtisch stellte. Nun also – was wollen Sie . . .

Reinhardt wünschte sich die Marianne aus Goethes »Geschwistern«, von der er wußte, daß sie zu meinem Repertoire gehörte.

Ich bin keine Vorsprecherin. An diesem Tag *war* ich's! Dank der Rage, in die ich mich versetzt hatte, war ich gut, fast sehr gut. Das sagte mir der schwitzige Händedruck des erlösten Hollaender.

Ehe ich mich's versah, stand ich mit ihm im Vorraum. Reinhardt hatte nur gedankt und mich freundlich verabschiedet und war dann zu seiner Arbeit und seiner Zigarre zurückgekehrt. Ich hatte keine Ahnung, wie ich ihm gefallen hatte, denn während ich sprach, war er für mich so gut wie unsichtbar gewesen.

Während ich benommen die Treppe nach unten stieg, hörte ich, wie Hollaender neben mir sagte: der Professor meine, man sollte in den nächsten Tagen einen Vertragsentwurf machen.

Wie ich nach Hause kam, weiß ich nicht. Es ist typisch, daß ich eigentlich nie weiß, wie ich nach Hause komme.

Zu dieser Zeit war ich in Berlin keine ganz unbekannte Schauspielerin mehr. Ich hatte eine gute Presse und war schon verschiedentlich auf Titelbildern erschienen. Mehrere Theater bemühten sich um mich, obwohl ich beim Schauspielhaus immer noch als »Elevin« rangierte.

Deshalb fanden viele Leute, ich müßte einen »harten« Vertrag machen, – einen Star-Vertrag. Besonders meine Freunde Rolf und Elfriede Lauckner haben mich diesbezüglich ins Gebet genommen und vor Reinhardt gewarnt. Er sei berühmt dafür, daß er seine Schauspieler ausnütze und schlecht bezahle.

Dazu muß ich aus heutiger Sicht bemerken, daß an diesem Gerücht etwas Richtiges war: Die großen Schauspieler, die ihm ein volles Haus sicherten, die mußte er natürlich hoch bezahlen; daß er hingegen die zahllosen kleinen, die zum »Deutschen Theater« drängten, etwas unter Tarif bezahlte, wird verständlich, wenn man bedenkt, daß er sie immer im Überangebot zur Verfügung hatte.

Sie bekamen weniger als anderswo, dafür hatten sie die Chance, von ihm »gemacht« zu werden, und viele von ihnen sind tatsächlich von ihm »gemacht« worden. Aus Reinhardts Stall zu kommen, war damals schon ein Gütesiegel, und daß Reinhardt nach diesem Gesichtspunkt seine Gagen festsetzte, ist, meine ich, ein ganz legitimes Prinzip.

Da ich in Vertragsdingen damals ausgesprochen ahnungslos war, dankte ich Gott, daß ich solche Freunde hatte. Die Lauckners – er war Schriftsteller, sie Malerin – hatten mich im Schauspielhaus in einer Sudermann-Vorstellung gesehen und zu sich eingeladen. Seitdem waren wir Freunde und verschwatzten ganze Nächte in einer kleinen Berliner Weinstube.

Rolf Lauckner war Dramatiker. Kein sehr guter leider. Er litt darunter, daß seine Stücke nur mäßigen Erfolg hatten und daß seine Frau künstlerisch weit arrivierter war als er. Sie hatte weit auseinanderliegende dunkle Augen, eine kleine Nase und einen ziemlich breiten Mund und sah aus wie die Duse; er wie ein blonder rundlicher Studienassessor.

Ihre Malerei war kolossal männlich, viel brutaler als die der Kollwitz. Dabei war sie eine sehr schöne, sehr verführerische Frau. Doch um nicht von vornherein der männlichen Konkurrenz hintangestellt zu werden, zeigte sie ihre Bilder nur unter dem

Namen »Erich Thum«.

Wenn sie nicht ganz logisch dachte, war Lauckner furchtbar streng mit ihr, und das war eine fabelhafte Schule für mich, weil ich *überhaupt* nicht logisch dachte. Einmal war ich dabei, wie ein Maler mit ihr über Liebe reden wollte. Das schien ihr jedoch logisch nicht besonders ergiebig zu sein, jedenfalls antwortete sie: »Über dieses Thema rede ich grundsätzlich nicht.« Das hat mir ungeheuer imponiert.

Rolf Lauckner neigte zur Schwermut, seit er als Kind eines seiner Geschwister beim Spielen vom Balkon gestoßen hatte. Seitdem fühlte er sich einerseits als Mörder, andererseits als Benachteiligter, als Ausgestoßener. Ausgestoßen fühlte er sich vor allem als deutscher Dichter, – als Opfer »des Berliner Theaterjudentums«, das ihn, den Arier, nicht hochkommen ließ.

Und nun fürchtete er also, auch ich könne ein Opfer des »Berliner Theaterjudentums« werden, – ein Opfer des »Theaterjuden« Max Reinhardt, unter dessen unheilvollem Einfluß mein herrliches Ariertum zweifellos verwässert werden würde . . .

Ich lachte sie aus, und dann waren wir einige Tage böse miteinander.

Als sie schließlich einsahen, daß mein Entschluß unumstößlich war, beschlossen sie, zu retten, was zu retten war, und trainierten mich während der kurzen Zeit, die uns noch blieb, allabendlich für meine Verhandlung mit Reinhardt.

Wir trafen uns zu diesem Zweck in unserem Stammlokal, einer Weinstube, und notierten alles, was uns einfiel, nächtelang. Gegen Morgen hatte Lauckner die Angewohnheit, mir Paragraphen aus dem Vertragsrecht zu zitieren, und ich schrieb mit, ohne zu wissen, wie ich das alles auswendig lernen, geschweige denn *begreifen* sollte.

Wenn ich sagen sollte, welches die schwierigste Rolle war, die ich je in meinem Leben einzustudieren hatte, so müßte ich sagen: es war die Rolle, die ich in Reinhardts Direktionsbüro spielte, bevor ich meinen Vorvertrag mit dem »Deutschen Theater« unterschrieb. (»Vorvertrag« deshalb, weil ich vorläufig noch ans Schauspielhaus gebunden war.)

Reinhardt und Hollaender standen in dem kleinen, nicht sehr hellen Raum und erwarteten mich. Hollaender wies auf den kleinen Tisch, auf dem, schon fix und fertig ausgefüllt, mein Kontrakt lag. Ich sollte mich setzen und ihn durchlesen und – falls nötig – Änderungsvorschläge machen.

Ich nahm Platz. Obwohl der Tisch direkt an den beiden Fenstern stand, mußte ich das Papier im Licht der Tischlampe lesen. Und ich las – wie in der Weinstube geübt – sehr, sehr gründlich. Eine lange Stille trat ein. Wenn diese Stille vielleicht peinlich wirkte, dann höchstens auf die beiden anderen, die solche Pedanterie nicht gewöhnt sein mochten. *Ich* jedenfalls genoß diese Situation.

Dann ließ ich das Blatt sinken und nannte, Punkt für Punkt, meine Forderungen. Über die Gage wurde nicht viel geredet, die war mir nicht so wichtig. (Soweit ich mich erinnere, war das, was mir Reinhardt bot, sehr ordentlich.) Aber in zahlreichen anderen Punkten war ich sehr hart.

Hollaender begann wieder zu schwitzen, setzte sich mir gegenüber, griff nach dem Papier und seinem Bleistift und erklärte mir, während er mit seinem Stift durch die Vertragsparagraphen fuhr, warum man dieses und jenes nicht machen könne.

Reinhardt stand in einiger Entfernung dabei, ganz ernst, und fuhr langsam mit seiner Zungenspitze in seiner Mundhöhle herum. Das war, wie ich später merkte, das typische Zeichen dafür, daß er nachdachte.

Von meinen Forderungen sind mir nur noch zwei Hauptforderungen in Erinnerung, ich bestand auf zwei Zusätzen: erstens wollte ich nicht gezwungen sein, Stücke zu spielen, die mir nicht gefielen; zweitens – und das war Hollaender eine nur zu vertraute Forderung – zweitens wollte ich nur sechs Monate pro Jahr Theater spielen und die übrige Zeit reisen und studieren.

Hollaender erklärte mir freundlich, aber entschieden: seit der Thespis-Karren gezimmert wurde, habe es noch nie einen Ensemble-Schauspieler gegeben, der sich nur eine halbe Saison lang bereithalte; sechs Monate Urlaub – unmöglich.

Dann kam er auf meine zweite Forderung: Mitspracherecht bei der Stückwahl. Ich unterbrach ihn ziemlich hitzig, und rief, es sei doch wohl mein gutes Recht zu verlangen, daß ich »vernünftig und nicht nur wie ein Schauspieler« behandelt würde.

In diesem Moment brach Reinhardt in lautes Gelächter aus. Dann sah er mich fast zärtlich an und sagte: »Aber ich will Sie doch nicht betrügen!«

Und das hat mir einen rasenden Eindruck gemacht. Das ging mir durch Mark und Bein. Ich habe es ihm hundertprozentig geglaubt, mein Leben lang geglaubt.

Sofort nach diesem Gespräch schrieb ich an den Intendanten des »Königlichen Schauspielhauses« und bat um die vorzeitige Lösung meines Vertrags. Der Antrag wurde abgelehnt. Auch ein Majestätsgesuch, das ich einreichte, änderte nichts.

Man stellte mich vor folgende Alternative: Entweder ich saß noch zwei Spielzeiten am Schauspielhaus als Elevin ab, und zwar zu ganz miserablen Bedingungen. Oder ich unterschrieb einen neuen Vertrag für drei Jahre, als erste Liebhaberin mit sehr weitgehender Rollengarantie.

Ich entschied mich für das letztere – schweren Herzens. Hollaender hatte mir erzählt, daß Reinhardt eine schon im Gespräch stehende Schauspielerin meinetwegen zurückgestellt habe. Die bekam nun also doch noch ihren Vorsprech-Termin ...

Alles geht meinen Weg – everything's going my way. Dieses Wort sagte ich in dieser schweren Zeit vor mich hin, immer wieder vor mich hin. Zuletzt war ich überzeugt, daß mein Weg nur anscheinend versperrt war. Ich war sicher, daß ich wieder einmal bei einem »Ritardando« angelangt war, das meine Vorfreude auf einen neuen Höhepunkt nach Kräften steigern sollte.

Daß mich Reinhardt nicht im »Königlichen Schauspielhaus« sehen wollte, konnte ich ihm nicht verübeln. Dort wurde seit Jahren, dank Kaiser Wilhelms konservativem Geschmack, nur hohlster pompösester Kitsch geboten. Damals war mein häufigster, immer wiederkehrender Alptraum: ich stehe auf einer Bühne und bin eine prächtig kostümierte Schmierenschauspielerin. Das gab mir zu denken.

Um den Geist zu versinnbildlichen, der zu jener Zeit an diesem Theater herrschte, möchte ich ein Gespräch mit Graf Hülsen, meinem Intendanten, zitieren. Er zitierte mich einmal in sein Büro und fragte mich, warum ich den Versuch unternommen hätte, zu diesem Reinhardt zu gehen, diesem Scharlatan, diesem Zirkusdirektor und Jahrmarktsbudenbesitzer, dessen Erfolg einzig und allein auf Reklame beruhe.

Ich erwiderte, daß dieser »Zirkusdirektor« in meinen Augen der größte Regisseur der Gegenwart und der Zukunft sei und daß ich das Schauspielhaus für ein total antiquiertes Pappendeckeltheater halte. Ich beschwerte mich über alles: über die Regisseure, die Kostüme, die Stücke, die Kollegen. Ich versuchte ihm begreiflich zu machen, daß sein Haus für jeden künstlerisch denkenden Schauspieler ein Gefängnis sei.

Dabei wurden mir zu diesem Zeitpunkt bereits reihenweise die schönsten, dankbarsten und anspruchsvollsten Rollen angeboten, die größten Freiheiten in der Gestaltung dieser Rollen eingeräumt und – von seiten der Kritiker – die verstiegensten Lobeshymnen gewidmet. Dennoch war ich unzufrieden. Erstens aus Prinzip: Lob lähmt mich und zwingt mich, in mein Schneckenhaus zu gehen. Zweitens wußte ich, daß ich noch nicht gut genug war, weil ich immer einen Kompromiß zu schließen hatte, einen Kompromiß zwischen dem, was ich wollte und dem, was der Geist des Hauses zuließ.

Hülsen hörte sich alles ironisch an und sagte: »Ich weiß, was Ihnen vorschwebt. Ich weiß alles. Ich kenne Ihre Gefühlsduselei. Sie sind Milchsuppe mit Mondschein. Aber so können Sie nichts werden. So werden Sie nie eine Schauspielerin. Hier –« – an dieser Stelle wies er auf eine Plastik in der gegenüberliegenden Ecke – »hier sehen Sie, wie man die Jungfrau von Orleans spielt! Also: in Zukunft bitte etwas weniger Milchsuppe!«

Die Jungfrau war meine nächste Rolle, und die Plastik, die er mir zeigte, war eine Katastrophe: eine Dame im Bauernkostüm, mit Ähren im Arm, Lockenkopf, so stand sie da, eine der grauenhaftesten Figuren, die man sich vorstellen kann, eine Sennerin mit Sichel und drapiertem Rock . . .

Soviel zu den Erwartungen, die an mich gestellt wurden und die ich aus Selbsterhaltungstrieb torpedieren mußte. Ich war von Anfang an Opposition. Heute denke ich etwas freundlicher über diese Zeit, denn in ihr habe ich auch sehr viel gelernt. Ich habe gelernt, wie man es *nicht* macht.

Vermutlich wäre ich viel unglücklicher gewesen, hätte ich nicht gewußt, wie man es richtig macht – oder anders gesagt: ich wäre verzweifelt, hätte ich nicht gewußt, daß es Reinhardt gibt.

Jene Vorstellung, während der er mich aus der Loge ansah, – eine Vorstellung von Tolstois »Lebendem Leichnam« – war für mich eine Offenbarung. Seitdem wußte ich, was ich suchte – das Theater als Traumspiel, aber zusammengesetzt aus lauter Wirklichkeitspartikeln. Reinhardt war ein unbestechlicher Realist, darum wußte er auch sehr genau um die Realität, um den märchenhaften Alltag der Seele. Er war kein Phantast, sondern ein gründlicher gewissenhafter Entdecker der Phantastik, die allen Dingen, selbst den trivialsten innewohnt.

Diese Einsicht, zu der er begabt und berufen war, ließ ihn einen Theaterstil entwickeln, der ihm den Titel »Magier« eintrug. Ich bin mit diesem Titel nur bedingt einverstanden.

Beim Wort »Magier« denkt man an ungeheure Höhen und Tiefen, an ungeahnte Dimensionen, an selbstgeschaffene Phantasiewelten. Reinhardt hingegen wollte sich nur – »eine Handbreit« über den Boden erheben, dank seiner Einsichten in die Rätsel und

Mysterien des realen Daseins. Eine Handbreit, so sagte er, ist gar nicht viel – aber sie verändert alles.

Seine Phantasie war konkret, überhaupt nicht in den Wolken, gar nicht in den Wolken. Nie hatte er Sehnsucht nach dem Drüberstehn, nach dem Fliegen. Er wollte nur ein paar Zentimeter, die aber *immer!* Und das machte ihn zu so einem merkwürdigen Menschen, den nur wenige verstanden. Die meisten hielten ihn für einen Phantasten. Er ist nie ein Phantast gewesen – er war nur ein paar Zentimeter über dem Boden.

Das habe ich in dieser Vorstellung begriffen, lange bevor ich Gelegenheit hatte, mit Reinhardt darüber zu sprechen. Und mich ergriff eine ungeheure Sehnsucht nach diesem Menschen, der das nicht nur *wußte*, sondern *lebte*. Ich sagte mir: Wenn alle Menschen so wären – eine Handbreit über dem Boden – immer in Fühlung mit dem Boden, aber nie auf ihn zurückgeworfen – was wäre das für ein Paradies!

Wer sich ein Ideal ausdenkt, hat im gleichen Moment schon darauf verzichtet, weil er es weit über seine Möglichkeiten stellt. *Dieser* Gedanke aber, auf den mich Reinhardt brachte, erschien mir durchaus im Bereich des Möglichen, denn ich fand: alles das liegt ja in unserer Kraft, wir müssen diese Kraft nur ausbilden.

Denn leider – wir sind abgerückt von dem konkreten Empfinden der Phantasie. Die alten Völker kannten – und die primitiven Völker kennen dieses Kapitel tausendmal besser als wir. Der moderne Mensch entdeckt ständig neue Energiequellen – außerhalb seiner selbst – und vergißt zahllose Energiequellen in sich selbst . . .

Jenes Gefühl – dieses »Handbreit-über-dem-Boden-Gefühl« hatte ich erstmals in der Rolle der Lucie Heil in Hauptmanns »Gabriel Schillings Flucht« im Sommer 1911. Natürlich hatte ich damals noch nicht Reinhardts Ausdruck dafür. Aber es war schon alles da, was ich zwei Jahre später in dieser schicksalhaften Reinhardt-Inszenierung vom »Lebenden Leichnam« entdeckte: diese lockere Gespanntheit.

Als Lucie Heil erlebte ich den hellsichtigen, klaren, besonnenen Rausch, den das Gefühl vermittelt, gerade noch den Bretterboden zu spüren, gerade noch, aber nur noch ganz knapp. Ich nenne es einen »Weg ohne Stufen«.

Seitdem ich das wußte, hörte ein Traum auf, der mich seit meiner Kindheit verfolgte. Dieser Traum gipfelte immer darin, daß ich mich mit ungeheurer Willenskraft erheben und bis unter die Zimmerdecke fliegen konnte. Ich genoß in diesen Träumen regelmäßig das Bewußtsein, etwas zu können, was die anderen nicht konnten. Aber es war jedesmal eine enorme Anstrengung.

Wie gesagt: seitdem ich auf der Bühne (und später auch im Leben) das Zentimeter-Gefühl kannte, hörten diese Plafond-Träume auf, und ich wußte wie Reinhardt: eine Handbreit genügt.

Bis zu diesem Erlebnis habe ich mir das Leben ungeheuer schwer gemacht, obwohl äußerlich dazu nicht der geringste Anlaß war.

Ich wurde in eine schöne, heile, sorglose Welt geboren. Mein Vater – Hofrat Thimig, gebürtiger Dresdner, Handschuhmacherssohn – hatte in Wien als Komiker steile Karriere gemacht und war als Burgschauspieler, Regisseur, Theaterwissenschaftler und schließlich sogar Burgtheaterdirektor eine weit über Österreich hinaus geachtete Berühmtheit.

Mit meiner Mutter, einer gebürtigen Schwäbin, führte er eine äußerst glückliche Ehe. Wir waren vier Geschwister: ich, die älteste; dann kam Hermann; dann Fritz und dann der Nachkömmling Hans. Ich wuchs in einer lieben fröhlichen Familie auf, inmitten einer schönen, behaglichen Umgebung. Vom Herbst bis zum Frühling lebten wir in einer behäbigen Döblinger Villa, im Sommer – drei Monate lang – in unserem Sommerhaus im Dörfchen Wildalpen in der Steiermark. Während dieser drei Monate pflegte mein Vater seine zahllosen Hobbies, darunter Fischen, Jagen, Fotografieren. Untätig sah ich ihn nie.

Vom Theater aber wurde gründlichst – geschwiegen. Mein Vater hatte panische Angst, daß wir in seine Fußstapfen treten könnten. Deshalb wurden wir auch sehr spät erst – und äußerst selten – auf die stets reservierten Freisitze im Burgtheater geführt. Dennoch sind wir alle, bis auf Fritz, der Tierarzt wurde, in diese Fußstapfen getreten. Mein Vater hätte uns dieses Leben gern erspart.

Ich kann mich noch ganz genau erinnern, welche grauenhafte Wirkung meine ersten Theaterbesuche auf mich ausübten. Als erstes sah ich eine Aufführung von Nestroys »Lumpazivagabundus« und bekam tags darauf Fieber und Blinddarmentzündung. Nach einem zweiten Theaterbesuch befiel mich eine Bauchfellentzündung, und nach dem dritten spie ich einen großen Wurm aus, der den Ärzten große Rätsel aufgab, was sie aber nicht zugaben.

Die anderen Theaterbesuche gingen ohne Sensation vorüber, abgesehen von einer Vorstellung, in der ich meinen Komiker-Vater in einer tragischen Rolle erleben mußte. Ich heulte dermaßen, daß mich meine Mutter aus dem Zuschauerraum führen mußte.

Später wurde ich kritischer – so mit elf – und begann, die Schauspielerleistungen, die Autoren und die Regisseure zu klassifizieren. Ich führte Buch und war schärfer als jeder in Wien akkreditierte Rezensent.

Dann kam aber etwas, das meine kritische Vernunft völlig über den Haufen warf: ich mußte erleben, wie mein Vater auf der Bühne einen Liebhaber spielte. Das war fürchterlich, das hat mir enorm zu schaffen gemacht. Wirklich – in solchen Rollen hat er mir *überhaupt* nicht gefallen.

Mein Vater, der ein begeisterter Hobby-Fotograf war, liebte es, mit uns Kindern alle möglichen Szenen zu stellen. Wir verkleideten uns als Bauern, Jäger und Soldaten. Das machte ihm aber nur deshalb Spaß, weil es Spiel war. Im Leben hat er uns nie irgendwelche Rollen zugeteilt.

So waren ihm auch unsere schlechten Schulzeugnisse ziemlich gleichgültig. Er schickte uns zwar in die besten und angesehensten Schulen, doch um die Klagen (oder Lobsprüche) der Lehrer kümmerte er sich wenig. Er glaubte an unseren guten Kern.

So wenig gelernt wie ich hat, glaube ich, noch niemand.

Mir war die Wissenschaft zu dumm. Nur die Literatur habe ich geliebt; ich habe sie so geliebt, daß es mir fast als Entweihung vorkam, daß sie uns – ich war in einem Wiener Lyceum – nur von albernen, sentimentalen, gütigen, kichernden, alten Damen beigebracht wurde.

Ein Jahr vor meinem Abschluß wollte ich dort weg, und die Schulleitung teilte meinen Eltern mit, daß sie über diesen Entschluß nicht traurig sei. Dabei war ich kein Teuferl dort. Nur ein Engerl, das prinzipiell abschrieb, abschrieb, brav war und nichts lernte.

Ich kündigte dem Lyceum, weil ich zu diesem Zeitpunkt schon wußte, daß ich nur in einer einzigen Schule etwas Rechtes konnte: im Theater.

Weinend sagte ich das meinem Vater eines Nachts in seinem Studierzimmer, und zwar mit ungefähr diesen Worten: Ich wüßte zwar, daß ich nicht Schauspielerin werden *könnte* (ich traute es mir nicht zu), andererseits wüßte ich aber, daß ich es – einem unwiderstehlichen Zwange folgend – werden *müßte*.

Mein Vater erschrak, denn er hielt mich für völlig unbegabt, entschied aber, ich könne tun, was ich wolle, wenn ich zuvor einen bürgerlichen Beruf erlerne. Er schickte mich in eine kaufmännische Lehre, und ich bin stolz darauf, daß ich, nach bestandenem Examen, bereits im ersten Vierteljahr alles Gelernte gründlich vergaß. (Übrigens schaffte ich das Dreijahrespensum in zwölf Monaten – ein Umstand, der mir von seiten der Wiener Kaufmannschaft die ehrenvollsten Offerten eintrug.)

Dann – endlich – durfte ich Schauspielunterricht nehmen, bei der berühmten und meiner Familie sehr verbundenen Schauspielerin Hedwig Bleibtreu. Ihr Urteil war niederschmetternd. »Liebe Leni«, sagte sie, »es reicht höchstens bis Brünn.«

Das war so furchtbar. Ich kann gar nicht sagen, wie furchtbar das war. Als sie sah, daß ich mit diesem Urteil unmöglich weiterleben konnte, gab sie mir noch eine kleine Chance. Sie nahm ein Gastspielangebot an in Baden bei Wien und schanzte mir die Rolle der jugendlichen Liebhaberin zu. Das Stück hieß »Die Maus« und war von Edouard Pailleron.

Davon sollte alles abhängen.

Meine Eltern saßen im Publikum, ganz anonym. Und ich – ich war so pietätvoll, daß ich nicht den Namen Thimig in die Schlacht warf, sondern mich Helene Werner nannte. So stand es auf dem Programmzettel.

Als ich auftrat, sah ich nichts mehr. Ich hörte nur das Publikum – wie eine Brandung klang das. So ein schwellendes und verebbendes Mitleidsgemurmel. So schien es mir. Das hat mich merkwürdigerweise nicht entmutigt, sondern aufgestachelt und in ein frisches, herrliches Selbstgefühl getragen.

Mein Erfolg überzeugte meinen Vater, und er brachte mich in Meiningen unter, wo ich alle drei Tage eine neue Rolle lernen mußte. Wenn ein Stück dreimal aufgeführt wurde, dann war das schon ein rasender Erfolgsschlager. Aber ich habe das genossen, denn ich durfte spielen, spielen, spielen.

Zu dieser Zeit war Reinhardt längst ein Star am deutschen Theaterhimmel, doch für mich nichts als ein Name.

Max Reinhardt wurde am 9. September 1873 in Baden bei Wien als ältester Sohn des Kaufmanns Wilhelm Goldmann und seiner Frau Rosa geboren. Goldmann stammte aus einem Marktflecken bei Preßburg und arbeitete sich in Wien zu einem erfolgreichen Geschäftsmann hinauf.

Durch eine Wirtschaftskrise verlor er jedoch fast sein gesamtes Vermögen und bestimmte seinem Ältesten die Laufbahn eines Bankangestellten.

Dieser ertrug sein Schicksal nur kurze Zeit. Dann vertraute er sich einer Verwandten an: seit Jahren besuchte er heimlich jede Vorstellung des Burgtheaters. Er könne nur weiterleben, wenn ihm sein Vater erlaube, Schauspieler zu werden.

Sein Vater gab nach.

Seine Entwicklung hat Reinhardt in Hollywood in seinen Notizen zu einer Autobiographie so beschrieben:

».... Ich bin auf der vierten Galerie (des Burgtheaters) geboren. Dort erblickte ich zum ersten Mal das Licht der Bühne, dort wurde ich genährt (für 40 Kreuzer altösterreichischer Währung pro Abend) mit den reichen Kunstmitteln des Kaiserlich-Königlichen Instituts und dort sangen an meiner Wiege die berühmten Schauspieler jener Zeit ihre klassischen Sprecharien.

Ich könnte ihre wunderbaren Tonfälle noch heute aus dem Gedächtnis aufzeichnen, wenn es für die Melodie des Sprechens allgemein gültige Notenzeichen gäbe.

Das Burgtheater war voll von Stimmen, die wie alte kostbare Instrumente ein unvergleichlich abgetöntes Orchester bildeten. Der Klang kam aus weiter Ferne zu uns, die wir da oben auf dem höchsten Gipfel des Hauses zusammengepreßt standen. Die Worte waren von Shakespeare, Molière, Goethe, Schiller, Calderon, Grillparzer.

Wir kannten die Stücke auswendig, aber man konnte alles immer wieder hören und sehen, wie man die Fünfte oder die Neunte Symphonie von Beethoven, Bach, Mozart immer wieder hören kann. Es waren gar nicht die großen Tiraden, sondern ganz einfache Sätze, in denen die stärksten Melodien lagen ...

Wir kannten nicht nur den Text, wir kannten die Schauspieler auswendig. Meine Nachbarn, die dicht neben mir gedrängt über die Brüstung hingen, kannte ich kaum, ich sah sie kaum. Sie waren mir fremd.

Zwar standen wir zuerst stundenlang auf der Straße zusammen, und manche stellten sich sogar in der vorhergehenden Nacht an und standen den ganzen Tag, um die ersten an der Kasse zu sein. Wenn die Türen geöffnet wurden, rasten wir die vier Stockwerke hinauf, übersprangen Stufen, damit wir uns, wenn irgend möglich, die Plätze an der Brüstung sichern konnten. Die Sitzplätze des vierten Ranges waren zu teuer.

Man mußte drei bis vier Stunden stehen, und es war eine Erleichterung, wenn man sich wenigstens anlehnen konnte ...

Es waren fast ausschließlich junge Leute. Zuerst herrschte bei dem Hin- und Herdrängen eher eine feindselig gereizte Stimmung. Es war ein Kampf ums Dasein. Aber sobald es dunkel wurde und der Vorhang aufging, schmolzen wir zu einer geheimnisvollen Einheit zusammen.

Wir hörten plötzlich auf, uns zu räuspern und hingen an der

prunkvoll schweren Decke wie regungslose Fledermäuse. Plötzlich verzogen sich 250 Gesichter zu einem Lächeln, dann lief ein Kichern durch die Reihen, und plötzlich brach ein schallendes Gelächter aus wie ein Sturm. Man wurde willenlos mitgerissen ...

Dann wurde es allmählich ruhig, immer stiller. Die Schauspieler mußten so tun, als ob sie dieses brüllende Lachen nicht gehört hätten, aber sie machten doch eine entsprechende Pause, denn sie hörten jede Regung, wie wir die ihren hörten. Sie warteten, bis wir uns beruhigt hatten. Einige wollten weiterlachen, brachen aber erschrocken ab. Es wurde ernst. Hunderte beugten sich nach links, wo jemand auftrat. Das Paar auf der Bühne sah ihn nicht. Wir waren im Geheimnis – mit Herzklopfen, im Rhythmus atmend.

Zwei Ensembles: das Ensemble der Schauspieler und das Ensemble der Zuschauer.

Das Schauspiel war damals ausschließlich auf das Wort gestellt. Die Bühne war ganz primitiv. In der Dekoration standen nur Möbel, die unbedingt gebraucht wurden. Alles andere war der Schauspieler und sein Wort.

Am Burgtheater waren die besten Schauspieler, die es gab, lebenslänglich engagiert und zu einem wunderbaren Ensemble vereinigt. Heute kann man kaum mehr begreifen, was das war, ein Burgschauspieler. Er hatte die größten Vorrechte und die größten Ehren. Er bekam spezielles ›Handschuh- und Kerzengeld‹ – man schminkte sich damals bei Kerzenbeleuchtung. – Ja, er wurde täglich mit dem Fiaker abgeholt und ins Theater geführt.

Aber die Leistungen dieser Schauspieler waren auch unvergeßlich. Sonnenthal! Wie er auf der Bühne Schokolade trank – wie er seinen Hut auf die Erde stellte – das alles war so eindrucksvoll, daß es immer sofort von der an sich schon eleganten Aristokratie angenommen und als Regel anerkannt wurde.

Und Lewinsky! Er spielte immer die Schurken und war einer der feinsten, wertvollsten Menschen. Ein großer leidenschaftlicher Büchersammler. Dann Gabillon, Baumeister und der alte Thimig, dessen Rollen ich übrigens immer zuerst spielte.

Und die Wolter, Devrient, die Hohenfels, die Schratt, die berühmte Freundin des Kaisers, die ich später in Karlsbad kennenlernte – das alles sind wunderbare Burgtheatererinnerungen.

Und dabei – was mußte, besonders später, so ein Burgtheaterzuschauer alles überwinden! Die Schauspieler waren schließlich so alt, daß sie sich den Text nicht mehr merken konnten. So spielten sich nicht nur alle entscheidenden Szenen neben dem Souffleurkasten ab, sondern man hörte meist alle Sätze doppelt – zuerst vom Souffleur und dann vom Schauspieler ...

Trotzdem war es wunderbar. Da gab es eigene Schauspieler für die kleinsten Rollen. Devrient, zum Beispiel, spielte immer elegante Leute, die hinausgeworfen werden. (Später spielte er natürlich Hauptrollen aller Art.)

Aber es gab Schauspieler, die sich in ihrer ganzen Bühnenlaufbahn nie auf der Bühne – gesetzt hatten. Meistens ›meldeten sie an‹, oder sprachen sonst ein paar Sätze, aber sie kamen nie dazu, sich zu setzen.

Ebenso war es im Publikum. Auch ich bin damals in diesem Theater kein einziges Mal gesessen. Auf der Galerie gab es ja fast nur Stehplätze.

Meine Vorbilder waren unerreichbar weit von mir entfernt. Man mußte da oben selbst mitspielen, sich alles ergänzen. Und gerade das war für mich vielleicht gerade der Hauptreiz.

Es war gewiß die allerbeste Schule.

Wenn der Vorhang aufging, schienen diese Großen zuerst überraschend klein. Aber sie wuchsen von Szene zu Szene, füllten schließlich das ganze Haus und kamen mir zum Greifen nahe.

Ich atmete mit ihnen, weinte, lachte, liebte, haßte, tötete, starb mit ihnen, und wenn der Vorhang fiel, schlug ich jauchzend in die Hände, glücklich, daß das ganze prächtige, stürmische und erschütternd aufregende Leben nur ein Spiel war.

Das war meine zweite Kindheit ...«

Über Schulen und vor allem über Schauspielunterricht dachte er ähnlich wie ich. Er ging kurze Zeit zu einem Sprachlehrer, der ihm lauter überflüssiges Zeug beibrachte: »Die allmählich aufsteigende Linie einer Schlachterzählung, die senkrecht abstürzende Linie des Schmerzes, die steil hochschießende Linie des Jubels, die Wellenlinie der Konversation, die horizontale Linie einer Meldung, die blitzende Zickzacklinie des Zornes und die Bogenlinie der Ironie.«

Reinhardt sagte über diese Lehrzeit gelegentlich: »Es war schwer und sehr notwendig, das alles wieder zu vergessen.«

Das Beste, was er, seinen eigenen Worten nach, fürs Theater gelernt hatte, hatte er nicht von einem Theatermann, sondern von dem Psychiater Krafft-Ebing. Reinhardt besuchte einige seiner Vorlesungen in Wien. Davon hat er mir oft erzählt. Er erinnerte sich noch an jeden einzelnen der vorgeführten Patienten und zitierte aus seinen Mitschriften.

Einige Jahre, bevor ich Reinhardt kennenlernte, hatten mich Freunde durch ein Irrenhaus geführt, und ich war beim Anblick der Geisteskranken zu Einsichten gekommen, die sich mit Reinhardts Auffassung fast völlig deckten: für einen angehenden Schauspieler, so fanden wir, gibt es keine besseren Studienobjekte als diese Kranken, weil bei ihnen viele Geistes- und Seelenkräfte, die der »Normale« nur gemäßigt und in ganz bestimmten Abstufungen und Kombinationen einsetzt, sozusagen bloß liegen, – oft ins Gigantische, Unmenschliche gesteigert, aber eben darum besonders gut sichtbar.

Meine Sehnsucht nach Reinhardt und dem »Deutschen Theater« wuchs, je öfter ich meine freien Abende in diesem Theater verbrachte, wo sich in jenen Jahren Reinhardts gewaltiger »Shakespeare-Zyklus« ereignete.

Schließlich nahm meine Abneigung gegen das Schauspielhaus (wo ich zwar vielbeschäftigt, aber zu künstlerischer Stagnation verurteilt war) solche Ausmaße an, daß ich – wieder einmal – mit Krankheit reagierte. Ich bekam fürchterliche Kieferkrämpfe, ohne daß die Ärzte die Ursache dieser Krämpfe feststellen und Abhilfe schaffen konnten.

Diese Krämpfe befielen mich eines Tages mitten auf der Bühne und wurden Tag für Tag, Nacht für Nacht schlimmer. Es war grauenhaft. Zwar konnte ich sprechen, doch nur mit äußerster Anstrengung. Oft liefen mir vor Schmerz die Tränen übers Gesicht, auch in Komödien, wo es gar nichts zu weinen gab.

Als ich es nicht mehr aushalten konnte und mich das offene oder unsichtbare Achselzucken der Spezialisten zur Verzweiflung trieb, ging ich zu einem Hypnotiseur.

Er hieß Otto Otto und war fabelhaft berühmt. Ich hatte ihn in einer seiner Vorstellungen gesehen, wo er zwanzig, dreißig Leute aus dem Publikum der Reihe nach auf die Bühne holte und hypnotisierte. Es war unsagbar, was er die alles tun ließ. Er ließ sie tanzen, schreien, fallen – alles, was er wollte. Er versetzte sie in Lach- und Weinkrämpfe, und er holte Dinge aus ihnen heraus, ungeahnte Kräfte und Eigenschaften, von denen sich diese Medien nichts hatten träumen lassen. Oder waren es Dinge, die diese Menschen wohl in sich vermuteten, aber nicht wahrhaben wollten? Ich weiß es nicht.

Jedenfalls war ich stark beeindruckt und dachte mir: das ist vielleicht der einzige, der dir helfen kann.

Ich bin also zu ihm gegangen und saß in seinem überfüllten

Wartezimmer und fragte mich, ob ich mich nicht vor mir selber lächerlich machte. Neben mir saß ein Mann, der mich etwas fragen wollte. Er war aber ein so hoffnungsloser Stotterer, daß er es trotz größter Anstrengungen nicht herausbrachte.

Dieser Mann wurde also ins Ordinationszimmer gerufen, und nach gar nicht so langer Zeit ging die Tür auf und Otto Otto erschien mit dem Stotterer, der eine Zeitung in der Hand hielt und strahlte, er strahlte wie ein Christbaumengel. »Bitte«, sagte Otto Otto, »lesen Sie uns diese Theaterkritik hier vor.« Und der Stotterer las im Eiltempo, mit schöner Betonung, ohne zu stocken, wie in der Schule.

Das war natürlich großartig und hat seinen Eindruck auf mich nicht verfehlt.

Dann war ein Ehepaar dran. Die Frau, die fast völlig gelähmt war, mußte von ihrem Mann gestützt und fast geschleift werden, als er sie ins Sprechzimmer brachte. Dann ging die Tür auf: der Mann heulte und die Frau ging. Mit kleinen Schritten zwar, aber ohne Stock. Der Mann heulte wie ein Schloßhund, auch noch im Stiegenhaus, und zwar so laut, daß wir es bis ins Wartezimmer hörten. Währenddessen stürzte Otto Otto ans Erkerfenster und beobachtete scharf, was sich auf der Straße tat. Offenbar hielt er seine Patientin für endgültig geheilt, denn er drehte sich befriedigt, wenn auch erschöpft wieder um · und erklärte seinem Wartezimmer-Publikum, die Frau sei soeben, ganz ohne Hilfe, ins Auto gestiegen.

Nun kam die Reihe an mich. »Was fehlt Ihnen, gnädige Frau?« – Nun, ich habe da furchtbare Schmerzen und kann meinen Mund nicht richtig aufmachen ...

Ich hatte noch nicht richtig ausgesprochen, da begann sich Otto Otto auch schon zu meinem Schrecken auf seinem Stuhl zu winden. Dabei hielt er sich die Backe, wie jemand, der Zahnschmerzen hat. Oh, oh – wie das weh täte, und jetzt hätte *er* den Schmerz, au, au, dieser furchtbare Schmerz ...

Dann richtete er sich erwartungsvoll auf und fragte: »Jetzt spüren Sie nichts mehr, nicht wahr?«

Meine Schmerzen waren unvermindert stark.

Im Nu rollte sich Otto Otto wieder in seinem Stuhl zusammen und versuchte aufs neue, meinen Kieferkrampf in sich überzuleiten. Er stöhnte grauenhaft, aber völlig dilettantisch – so mieses Theater hätte nicht einmal die Pukersdorfer Waldbühne verzapft. Ich war schon versucht, ihm vorzumachen, wie man das spielt, da richtete er sich wieder auf und sah mich hoffnungsfroh an.

Meine Schmerzen waren unvermindert stark.

Da versuchte er es ein drittes Mal. Das Wasser ist an ihm herunter-gelaufen, solche Mühe gab er sich, mich gesundzukasperln.

Er tat mir leid, und ich verkürzte die Prozedur, indem ich sagte: »Ich bitte Sie, das geht so nicht mit mir. Erklären Sie mir, was los ist und was Sie wollen. Erklären Sie mir's! Ich bin überzeugt: wenn ich es verstehe, wird es wirken.«

Da war er am Ende. Er konnte es nicht erklären – völlig unmög-lich. Erst bei einem Spezialisten für Nervenpunkt-Massage bin ich die Krämpfe losgeworden.

Das war im Jahr 1915. Wenige Monate später heiratete ich meinen Kollegen Paul Kalbeck.

Das Denkzimmer

Am 1. Oktober 1917 konnte ich endlich mein Engagement am
»Deutschen Theater« antreten. Ich debütierte – sechs Wochen
später – als Elsalil in Hauptmanns »Winterballade« – eine typisch
hauptmannsche Mädchengestalt: rein, keusch, problemlos. Es
ging ziemlich glatt und war nicht sonderlich interessant. Die
Kritiken fielen gut aus. Reinhardt, der Regie führte, sprach mit
mir nur das, was auf der Probe nötig war.

Dennoch war ich von ihm so fasziniert, daß ich beschloß, seine
Arbeitsweise auch in Stücken, in denen ich nicht beschäftigt war,
von Grund auf zu studieren. Deshalb hockte ich Tag für Tag in
den Proben und »studierte«.

Das erste, was ich feststellte, war: daß Reinhardts legendäre
Unpünktlichkeit zu fünfzig Prozent eine böswillige Erfindung
war. Wenn er eine Probe für 9 Uhr angesetzt hatte, kam er nicht –
wie immer behauptet wurde – erst um eins, sondern um elf.

Ich habe ihn später, ganz allmählich, dazu gebracht, immer pünkt-
licher zu werden, indem ich ihm schilderte, wie verzweifelt die
Schauspieler waren, wenn er ihnen soviel Gelegenheit gab, her-
umzusitzen und dummes Zeug zu reden.

Eigentlich hätten sie, in meinen Augen, keinen Grund gehabt,
sich unnütz zu fühlen, denn sie hätten während dieser Wartezeit
unbeschränkt über den Assistenten – damals nannte man das
»Hilfsregisseur« – verfügen und rekapitulieren können. Ich jedenfalls habe diese Gelegenheit immer sehr geschätzt, denn ein so
ununterbrochen produktiver, fordernder Regisseur wie Reinhardt
gab einem normalerweise nicht viel Gelegenheit zum Rekapitulieren.

Das Vorarbeiten mit dem Assistenten haben jedoch nur die aller-
wenigsten Schauspieler geschätzt, was mir völlig unbegreiflich
war. Sie wurden erst lebendig, wenn Reinhardt auftrat. Alles,
was sie *vor* seinem Erscheinen leisteten, hielten sie für verloren.

Reinhardt begann seine Arbeit also kurz nach elf und arbeitete
durch bis drei, vier Uhr. Es gab damals noch keine Schauspieler-
gewerkschaft, also fragte auch niemand nach einer Mittagspause.
Reinhardt nahm in dieser Zeit nichts zu sich als einen Mokka.
Auch auf seine geliebte Zigarre verzichtete er.

Wenn er auf die ersten Proben kam, hatte er bereits das ganze

Stück im Kopf und beherrschte die wichtigsten Dialoge, wort-wörtlich, ohne ins Buch zu sehen. Zu diesem Zeitpunkt hatte er sein Regiebuch bereits bis in die feinsten Details ausgearbeitet. Darüber schreibt er in seinen autobiografischen Notizen:

»Wie entsteht ein Regiebuch? – Man liest ein Stück. Manchmal zündet es gleich. Man muß vor Aufregung innehalten im Lesen. Die Visionen überstürzen sich.

Manchmal muß man es mehrfach lesen, ehe sich ein Weg zeigt. Manchmal zeigt sich keiner.

Dann denkt man an die Besetzung der großen und kleinen Rollen, erkennt, wo das Wesentliche liegt. Man sieht die Umwelt, das Milieu, die äußere Erscheinung. Manchmal muß der Schau-spieler der Rolle angepaßt werden, wenn das möglich ist. Manch-mal die Rolle dem Schauspieler.

Das gelesene, das gespielte Stück. Niemals eine absolute Kon-gruenz. Idealfall, wenn der Dramatiker für seine Schauspieler schreibt, ihnen die Rollen auf den Leib schreibt. Shakespeare, Molière (für sich selbst), Nestroy, Scholz. Der Dramatiker als Regisseur. (Die Franzosen.) Die Objektivität fehlt.

Schließlich hat man eine vollkommene optische und akustische Vision. Man sieht jede Gebärde, jeden Schritt, jedes Möbel, das Licht, man hört jeden Tonfall, jede Steigerung, die Musikalität der Redewendungen, die Pausen, die verschiedenen Tempi. Man fühlt jede innere Regung, weiß, wie sie zu verbergen und wann sie zu enthüllen ist, man hört jedes Schlucken, jeden Atemzug. Das Zuhören des Partners, jedes Geräusch auf und hinter der Szene. Der Einfluß des Lichtes.

Und dann schreibt man es nieder, die vollkommenen optischen und akustischen Visionen wie eine Partitur. Man kann kaum nachkommen, so mächtig drängt es an, eigentlich geheimnisvoll, ohne Überlegung, ohne Arbeit. Begründung findet man später. Man schreibt es hauptsächlich für sich. Man weiß gar nicht, warum man das so oder anders hört und sieht. Schwer aufzu-schreiben. Keine Noten für Sprechen. Erfindet seine eigenen Zeichen.

Der gute Schauspieler, den man kennt, steht vor einem. Man komponiert ihn hinein, weiß, was er machen kann und wie und was er nicht kann. Man spielt alle Rollen. Dann liest man das Geschriebene vor der Probe durch, ändert das und jenes, fügt hinzu. Aber das ist gewöhnlich wenig.

Man spricht mit den Schauspielern über ihre Rollen, sagt das Wesentliche. Dann kommt die Leseprobe. Man sagt keine Details, nur denen, die man schon genau kennt. Aber man macht ihnen Lust. Kardinalfrage: sie müssen glücklich sein, freudig, zuversichtlich, müssen an sich, ihre Rolle glauben – auch der, der die kleinste hat.

Man hört zu, kriegt neue Ideen; mancher Zufall spielt mit.

Manche ärgern sich, sind wütend über ihre Rollen. Einige lachen, weinen außerhalb ihrer Rollen. Man belauert sie, fischt, hält fest: ›So müssen Sie schreien, schweigen, aufbrausen in dieser und jener Szene, wie Sie es jetzt getan haben, als Sie sich über Ihre Rolle beklagt haben.‹

Man verhaftet Tonfälle, Bewegungen, spioniert. Manche wollen Hintergründiges hören, tiefere Absichten. Viele wollen nur edle Charaktere spielen. Ein großer Schauspieler lehnt den Cassius im Caesar ab, weil er ›Dreck am Stecken‹ hat. So was kann er und will er nicht machen. Einige haben eigene Ideen, wollen den lustigen Teufel durchaus als gefallenen Engel spielen. Tragisch, großartig.

Man nickt interessiert, bestätigend. Die einzelnen Auffassungen haben selten irgendeine Wichtigkeit, aber man nimmt sie wichtig. Man läßt sich überzeugen.

Manche spielen gleich etwas vor. Das ist schon wichtiger, interessanter und oft irgendwie zu verwerten.

Dann kommen Proben, in denen die Schauspieler lesen. Manche lesen lange, lernen schwer. Man sagt die Stellungen, spricht über die Absichten des Dichters, legt Tempo, das Allgemeine fest.

Dann überläßt man am besten einige Proben dem Assistenten. Das ist gut. Der Schauspieler fühlt sich freier, weniger bedrängt. Der Assistent überwacht den Text, die Stellungen, die Hauptaktionen und läßt die Schauspieler möglichst ihre eigenen Wege laufen. Diese ersten, zweiten, dritten, vierten Proben sind meistens langweilig. Kampf mit dem Text, mit dem Gedächtnis.

Dann kommt man, hört zu. Manches ist neu, interessant, persönlich geworden. Man ändert, verwirft, baut manches neu auf. Man hat von vielem ein neues Bild, spricht mit dem Autor, findet heraus, was für den und jenen Schauspieler geändert, gestrichen oder neu aufgebaut werden muß. Alles ist im Fluß.

Nun beginnt die Arbeit. Man rückt mit den Einzelheiten heraus, probiert, legt fest.

Über die Bereicherung des Tonfalls, der Melodie der Sprache. (Das Tempo von Kainz. Rasend, ohne Interpunktionen. Phänomenales Gedächtnis. Jüdischer Tonfall. Ich kann, Sie müssen. Das ist der Unterschied. Tonfälle und Gebärden der Duse und ihr Einfluß auf die nordische Schauspielerei. Rossi, Novelli. Die heisere Stimme in der Erregung. Das gleichzeitige Sprechen.

Die Pausen: Lears Erwachen, Cordelia. Antoine. Gänge um das Zimmer. Einwirkung auf Hauptmann.)

Die Bedeutung der Pause: das Wichtigste im Sprechen, wie das Stehenbleibenkönnen das Wichtigste beim Skilaufen ist. Ein Pferd zügeln. Die Steigerung nach unten. Die vollkommene Auflösung der Interpunktion. Komma: undramatisch, akademisch, buchmäßig. Das Dramatische ist der Punkt mitten in einem Satz.

Das Denken, das Bilden eines Gedankens. Seine Entstehung, das Suchen nach Worten, namentlich, wenn sie ungewöhnlich sind. Das Zuhören. Das In-die-Augen-sehen. Wie es den Ton verändert.

Wie Füße, Hände, Blicke reden. Das Gehenkönnen in der Erregung. In der Ruhe. Der Stellungswechsel. Das Spielen mit dem Requisit. Möbel, Tische, Stühle, Wände einbeziehen als Ausdrucksmittel. Nichts Zufälliges. Kein Möbel, das nicht mitspielt, nur als Dekoration verwendet wird.

Da jede Bewegung, jeder Blick, jeder Gang, jede Pause etwas bedeuten und ausdrücken muß, keine zufälligen, nichtssagenden Blicke, Gänge, Bewegungen, Pausen. Äußerste Sparsamkeit wie mit dem Wort, dessen letzte Knappheit eine Vorbedingung für das Drama ist. (In der Oper noch weniger Bewegungen.) Deutlichkeit, Plastik, Monumentalität.

Die Schauspieler haben alles mitzuteilen. ›Sie müssen alles ausplaudern‹ (Shakespeare), wenn auch nicht vorzeitig. Jago darf nicht als Schuft wirken (der er ist, nur aus eingeborener Lust am Bösen, ohne ersichtlichen Gewinn für sich selbst), sondern als grober Biedermann, Brustton, der keinen Hehl aus seinem Herzen machen kann.

Ein wirklicher Säufer, der dem Laster des Trunks ergeben ist, darf nicht torkeln. Er bemüht sich, sein Laster zu verbergen. Er ist korrekt gekleidet und versucht, besonders nüchtern und beherrscht zu wirken. (Der ›Professor‹ bei Krafft-Ebing vor den Studenten.)

Nur der den Narren spielt, will närrisch wirken. Der wirkliche Narr erscheint zunächst gar nicht närrisch. Irgendeine zufällige Wendung, eine plötzliche, unerwartete und unbegründete Erregung verrät ihn. Der Ausdruck der Gemütsbewegung bei Kindern und Tieren . . .

Man versucht das und jenes, hält sich nie eigensinnig an das, was man aufgeschrieben hat, bleibt offen für alles, schon um dem Schauspieler den weitesten Spielraum zu geben und um ihm vor allem Lust und immer wieder Lust zu machen. Denn dann wird er am besten sein.«

Reinhardt war während der Proben in der Behandlung *jedes* Menschen – nicht nur des Schauspielers – der perfekteste Psychologe, den man sich denken kann. Dabei half ihm natürlich die lebendige Erinnerung an die Zeit, als er selber Schauspieler war und mit Regisseuren des verschiedensten Kalibers auskommen mußte.

Die typischen Ausreden und Hemmungen seiner Schauspieler kannte er im voraus und begegnete ihnen mit einer gewissen »heiteren Ungeduld«. Wenn er jedoch ernstliche Bemühungen spürte, konnte er sich bezwingend liebevoll mitteilen. Er erzielte das Beste durch seine Liebe, und *nur* durch sie. Das war sein ganzes Geheimnis.

Das Theater ist das Schönste und Einfachste, wenn man diese Grundeinstellung beherzigt. Jede Abweichung davon rächt sich und verbaut dem, der an diese Einstellung nicht glaubt, den inneren Weg zur Kunst.

Womit einer spielt – was auch immer seine Begabung sein mag: die Seligkeit liegt immer, und besonders in der Kunst, in der – Tugend! Da stehen alle, auch die schillerndsten, exotischsten Individualitäten unter demselben Gesetz.

Ich weiß noch, wie gewaltig mich Reinhardts Schlichtheit und Herzlichkeit, seine Hingabe an die suchenden, irrenden, verzagten Schauspieler ergriff. Es widerstrebt mir, in diesem Zusammenhang von »Kunstgriffen« zu sprechen, denn er »wußte und fühlte«. Er war kein »Macher«. Er wußte und fühlte, wo er wiederholen mußte, loben mußte, vormachen oder nur andeuten mußte. Und er wußte, wo er noch warten mußte – bis zur nächsten Probe oder länger. Es gab Hemmungen, die er achtete. Von dieser Sorte hatte ich leider ein ganzes Arsenal. Ich trat an mit einer Unzahl von Hemmungen, jedesmal, und es kostete eine Menge Kraft und Arbeit, bis sie abgebaut waren und die Rolle dahinter sichtbar wurde. Wie gesagt: Reinhardt achtete das. So sehr, wie er Hemmungen, hinter denen sich nur schlecht versteckte Koketterie verbarg, von der Bühne fegte. Nicht durch Wutausbrüche – derartiges war ihm fremd – sondern durch unbarmherzige ausdauernde Gründlichkeit, der keine Heuchelei auf die Dauer standhalten konnte.

Wir Schauspieler haben ihn vor allem deshalb so geliebt, weil er bei den Proben ganz als Schauspieler bei uns war – nicht als

Dirigent, Direktor, Produzent, Autor, Literaturwissenschaftler, Kritiker, sondern als Schauspieler. Er ließ alles »Ideologische«, was er in diesem Stück sah und was er herausarbeiten wollte, tief in sich drinnen und kümmerte sich nur um das, was er uns vormachen konnte und was wir, auf unsere Weise, nachmachen konnten.

Bei den ersten Proben saß er auf der Bühne, so ganz nah vor uns. Zu diesem Zweck hatte er sich einen Steg bauen lassen – nur ein paar Bretter mit einem Tisch. So war er mit uns auf ein und derselben Ebene.

Bald war ihm das nicht mehr genug: die Geräusche im Zuschauerraum störten ihn zu sehr. Darum bekam der Steg noch drei Wände – links, rechts und rückwärts. So war er vollkommen bei uns.

Es gibt viele Dinge, von denen man behauptet hat, Reinhardt habe sie »erfunden«, – vor allem, daß er den Beruf des Regisseurs ganz neu aufgefaßt habe, daß er sich also nicht nur um die Gänge und Stellungen der Schauspieler gekümmert habe, sondern Gesamtkunstwerke aus Sprache, Licht, Musik, Malerei geschaffen habe, daß er mit den Dichtern gedichtet, mit den Komponisten komponiert und mit den berühmtesten Malern seiner Zeit den Bühnenraum als Handlungsträger entdeckt und stilisiert habe.

Ich bin kein Theaterwissenschaftler, und vielleicht denke ich da ein wenig zu sehr in den Denkkategorien des Schauspielers, wenn ich sage: für uns Schauspieler war das Faszinierendste, daß Reinhardt der größte Schauspieler-Regisseur war, daß er alles vorspielen konnte: Greise, Kinder, Käuze, Frauen, Mädchen und Liebhaber. Das erklärt auch, wieso er mit Letten, Schweden und Italienern arbeiten konnte, ohne ihre Sprache zu sprechen. Auch in Amerika blieb sein Erklären immer weit hinter dem Vorspielen zurück.

Dabei spielte er nie voll aus, sondern markierte, akzentuierte. Das wichtigste dabei war sein Gesicht, das ungeheuer ausdrucksstark war. Darin hat es nur so gelebt, wie ein Wetterleuchten. Wenn er zum Beispiel ein Atemschöpfen zeigte – ein Atemschöpfen vor einem Weinen oder vor einem Wutausbruch – das hat derartig gewirkt, daß man es sofort »hatte«.

Selbst an solche kleinen, dem Zuschauer unwichtig erscheinenden Dinge hatte er bereits in seinen Regiebüchern gedacht. Als ich einmal nicht gleich verstand, was er meinte, bat ich ihn um sein Regiebuch. Dort standen in irgendeinem anderen Zusammenhang, in einer ganz anderen Szene nur die Worte: »sie schluckt«. Durch diese Winzigkeit, die auf den ersten Blick wie eine harmlose Zutat aussah, erschloß sich mir nicht nur die schwierige Szene, die ich bislang nicht meistern konnte, – nein, ich hatte plötzlich einen Charakter, eine ganze Persönlichkeit vor Augen.

Es gab nichts, nichts, nichts was er nicht darstellen konnte. Es war alles in ihm drin – jede Frau, jeder Mann, jeder Verbrecher, jeder Dummkopf. Er konnte sogar das Schwerste darstellen – einen Blassen, Mittelmäßigen –, die gewöhnliche Mittelmäßigkeit, die keine Umrisse hat oder nur schwache.

Seine Gründlichkeit erstreckt sich auch auf die Statisten, also auf Schauspieler, die von den Zuschauern oft nur zur Dekoration gerechnet werden.

Fast alle Regisseure, die ich damals kannte, überließen die Arbeit mit den Statisten ihren Hilfsregisseuren, und selbst die beschränkten sich meist auf ein paar, sehr allgemein gehaltene Anweisungen.

Als Anfängerin habe ich mir diesen Brauch in Meiningen zunutze gemacht und mir Rollen ausgedacht, die mich aus der Statistenhorde heraushoben und für Aufsehen sorgten. Wenn ich zum Beispiel dazu verurteilt war, in einem Haufen Volks »Volk« zu sein, erhob ich mich zur »Bittstellerin«, weil mir das Gelegenheit gab, mich auf den Boden zu werfen und den Hauptdarstellern die Füße zu küssen, so daß ich für ein paar Sekunden nicht nur Dekoration war, sondern sichtbar wurde.

War ich Bettlerin unter Bettlern, so suchte ich das Bühnenbild gründlichst nach einer Möglichkeit ab, mich in Szene zu setzen, und fand ich dabei z. B. einen Brunnen, so konnte ich unmöglich darauf verzichten, mich in diesen Brunnen hineinzustürzen oder es jedenfalls zu versuchen, bis mich jemand davon abhielt, was die Szene verlängerte. Für diese Zwecke hatte ich mir in der Statisterie einen lieben, netten Burschen gesucht, der sich meiner Regie und meinem Aufstieg willig unterwarf. Er hatte eingesehen, daß er es nie zu Faust oder Wallenstein bringen würde, so beschränkte er sich mit Hingabe darauf, mir die Erfolgsleiter zu halten.

Mir war die Sache so furchtbar ernst, daß ich auch nicht eine Sekunde lang daran dachte, ich könnte vielleicht die Gesamtwirkung stören. Und es ist sehr bezeichnend für die Kunstauffassung der Regisseure jener vor-reinhardtschen Zeit, daß auch der Meininger Regisseur anscheinend keine Sekunde lang daran dachte ...

Tatsächlich habe ich auf diese Weise mein Glück gemacht. In irgendeinem Stück, in dem eine Frau auf einem Schafott hinge-

richtet werden sollte, geriet ich als siebenunddreißigste oder acht-
unddreißigste »Frau aus dem Volke« in solche Verzweiflung, daß
das Publikum mehr Mitleid mit mir als mit der Verurteilten empfand. Zufällig saß in der Vorstellung auch der Sohn des berühmten
Dramatikers Björnstjerne Björnson, der sich von mir zunächst
ausgesprochen belästigt fühlte, weil ich ihn dauernd von der
Handlung ablenkte. Schließlich entschied er sich, nur auf mich
zu achten, und das scheint ihm recht gut gefallen zu haben, denn
er empfahl mich nach Berlin. Dort war ich dann sehr froh, daß ich
meistens eine ausgesprochen friedliche Statisterie im Rücken
hatte, denn als Hauptdarstellerin hat man ja im allgemeinen kein
allzugroßes Verständnis für diese karrierewütigen jungen Damen
und Herren aus der Komparserie, die sich unbedingt nach vorne
drängen wollen, ohne zu merken, daß sie die fein abgestimmte
Gesamtwirkung zerschlagen ...

Als ich sah, wie penibel Reinhardt seine Statisten festlegte, dankte
ich jedenfalls Gott, daß mein Meininger Regisseur damals so oft
während der Proben in seine Weinstube ging! Ohne diesen Umstand hätte ich sicher noch einige Zeit länger für Volksgemurmel
sorgen müssen.

So geduldig Reinhardt war, wenn es galt, mit *menschlichen* Komplikationen fertig zu werden, so ungeduldig war er, wenn es während
der Proben einmal *technische* Probleme gab. Bei längeren Umbauten
sah man ihm an, wie er litt. Seine typische Haltung in solchen
Fällen: er stützte den Kopf auf die Hand. Warten war seine
Sache nicht. Allerdings: es ließ ihn auch kaum jemand warten,
jedenfalls keiner, der ihn kannte.

Nie habe ich ihn auf einer Probe schreien hören, obwohl es gewiß
sehr häufig in ihm tobte. Nur seinen Notizblöcken, die er während
der Proben stets in Reichweite hatte, merkt man seine Wut an.
Dahin kritzelte er Worte, die er nie in den Mund genommen
hätte – »Mist« gehörte zu den allermildesten! Manchmal schrieb
er so rasend drauflos, daß das Papier zerriß!

Acht Wochen nach meinem Debüt bei Reinhardt kam meine
erste große Bewährungsprobe. Er gab mir die weibliche Hauptrolle in Sorges »Bettler«, eine riskante Sache: der Dichter war
völlig unbekannt, das Stück ausgesprochen schwierig – eine offene
Rebellion gegen alle herkömmlichen Theatergesetze. Ein weniger
experimentierfreudiger Regisseur hätte es mit seinen lyrischen
und epischen Einschaltungen als schlichtweg undramatisch bezeichnet. Aber Reinhardt hatte eine große Freude daran.
Er hatte sich eine ganz neuartige, sehr stilisierte Dekoration aus-

gedacht: Keine Kulissen – im Dunkeln brannten nur einige Lampen mit breiten schwarzen Schirmen; die Hauptsache spielte in einem Kaffeehaus ohne Wände.

Diese Zeit war vielleicht die schönste und merkwürdigste in unserer Beziehung. Reinhardt hatte bei der ersten Probe, der sogenannten Arrangierprobe, sein Regiebuch in seinen Händen und stand vor mir, um meinem Partner Ernst Deutsch und mir Anweisungen zu geben. Als ich zu sprechen anfing, legte er das Regiebuch weg und beschränkte sich aufs Zuhören: es war alles schon da, was er mir hatte sagen wollen. Das zeigte er mir anschließend Seite für Seite. Ich war sehr glücklich.

Was uns schlagartig verband, war die Tatsache, daß ich mit der größten Selbstverständlichkeit die epischen und lyrischen Passagen des Stückes bruchlos in die konventionelleren, realistischeren Teile des Ganzen einfügen konnte. Die Gedichte – Liebesgedichte – hatte ich nur zu Reinhardt gesprochen.

Wir wußten beide, daß an diesem Tag das Entscheidende zwischen uns geschehen war. Aber keiner hat das ausgesprochen.

Bei der Premiere des »Bettler« erlebte ich Reinhardt zum erstenmal nervös. Er stand in den Seitenkulissen und fühlte sich ohnmächtig, ohnmächtig und »in die Anonymität gestoßen«.

Während des ganzen Stücks war er ebenso angespannt wie wir Akteure. Manchmal, in den kurzen Verschnaufpausen, die ich hatte, drängte sich mir der Eindruck auf, er wolle uns beschwören – mit seinen Augen und mit seinen Wünschen und Gedanken. Wenn er ein Nachlassen der Publikumsspannung verspürte, zischte er: »Schneller! Tempo!« Wenn es draußen im Saal still und atemlos wurde, lächelte er. Man sah, er war wirklich glücklich. Bei schwierigen Manövern der Bühnentechnik betete er um Präzision. Wenn ein Schauspieler dem Publikum und seiner Eitelkeit nachgab und überzog, wand er sich in Qualen.

War die Vorstellung zu Ende, dirigierte er unsere Verbeugungen, natürlich unsichtbar, aus der Kulisse heraus. Er haßte jede Ziererei – hier aber machte er eine Ausnahme und hielt uns gelegentlich am Arm oder Rockzipfel zurück, um den Applaus, das Herausrufen zu steigern.

Die Premiere erlebte Reinhardt in den Kulissen, die folgenden Vorstellungen – wenn ihn das Stück interessierte – in seiner Loge. Ich weiß nicht, ob er das auch bei Sorges »Bettler« tat; jedenfalls hatten wir alle gute Kritiken und auch das – zumeist recht jugendliche Publikum – war recht angetan. Es gab Stücke, die Reinhardt wieder und wieder sah, und er konnte wieder und wieder über gewisse Stellen lachen, so lachen, daß er das Lachen des Publikums noch steigerte. Und es gab Stücke, in denen er immer wieder weinen mußte, obwohl er alles, was ihn zum Weinen brachte, doch selbst inszeniert hatte und er sich immer wieder vornahm, die betreffenden Szenen das nächste Mal in guter Haltung zu überstehen. Aber jedesmal ging er wieder mit rotgeweinten Augen aus dem Zuschauerraum. Er konnte machen, was er wollte.

Auch auf den Proben ging es ihm so. Ich höre noch, wie er in größter Verlegenheit, nachdem er sich die Augen getrocknet hatte, zu sagen pflegte: »Ich schäme mich ...« Es passierte ihm aber immer wieder.

Dieser hemmungslos genießende Zuschauer war für uns Schauspieler das beste Publikum, das wir uns wünschen konnten, und während der Proben ein unentbehrliches Stimulans.

Auch nach dem »Bettler«-Erfolg behielt ich meine Gewohnheit bei, alle Reinhardt-Proben zu besuchen – jetzt allerdings nicht mehr in den hinteren Reihen, sondern auf Reinhardts ausdrückliche Bitte, ziemlich in der Nähe des Regie-Stegs.

Reinhardt kam öfters zu mir und bat mich um meine Meinung. Wenn es Umbaupausen gab, unterhielten wir uns – über das Stück und über die Stücke, die mir Reinhardt als Lektüre mit nach Hause gab. Damals las ich ein Stück pro Tag. Ich war unersättlich.

Reinhardt hatte am »Deutschen Theater« eine neue Reihe eingeführt, die ausschließlich der modernen Literatur gewidmet war, denn es war ihm wichtig, nicht nur das etablierte, zahlungskräftige Berliner Theaterpublikum, sondern auch die Jungen, das Publikum von morgen, anzuziehen. Die Reihe hieß, wenn ich mich recht erinnere, »Junges Deutschland«.

Er schätzte mein Urteil, ohne selbst viel zu reden. Dennoch hatte man im Gespräch mit ihm immer das Gefühl einer höchst gespannten Wechselbeziehung – einmal auf Grund seiner restlosen Konzentration, Aufmerksamkeit und Aufnahmebereitschaft, dann auch durch seine Kunst, immer die richtigen Fragen zu stellen. Seine ungeheure Intelligenz erkannte man an seiner Art, Fragen zu stellen.

Man sagt mir nach, daß ich im privaten Gespräch eine näselnde Stimme habe, daß ich privat »mit Reinhardts Stimme spreche«. Das ist merkwürdig. Wenn ich mich auf einem Tonband höre, muß ich den Leuten ein bißchen recht geben – es hört sich tatsächlich etwas knautschig an, was ich da von mir gebe. Nun weiß ich aber ganz genau, daß ich meine Stimmführung unter Reinhardts Einfluß nicht im geringsten verändert habe. Sollte ich am Ende meine Bühnensprache beibehalten und meine »Privatsprache« Reinhardt unbewußt angepaßt haben?

Aus unseren Probengesprächen über Theaterstücke ergab sich ganz zwanglos und zwangsläufig, daß mich Reinhardt bat, nach der Probe in sein Direktionszimmer zu kommen und das eine oder andere noch etwas ausführlicher zu besprechen. Unsere abendlichen Gespräche wurden länger und länger, und schließlich war außer uns nur noch der Portier da. Wenn wir schließlich an ihm vorbei mußten, wagte keiner von uns, ihn anzusehen.

Dabei hätten wir wirklich kein schlechtes Gewissen zu haben brauchen. Die einzige Intimität, die sich Reinhardt erlaubte, war, selbst nach strengsten Moralgrundsätzen, äußerst geringfügig: er bat mich, meine Handschuhe auszuziehen. Das war nicht viel für einen erfolgreichen und erfolggewohnten Mann, dem die Frauen von halb Berlin zu Füßen lagen. Trotzdem sagte ich nein. Ich war furchtbar verlegen ...

Seine zweite Bitte erfüllte ich anstandslos, das heißt: diesmal war er so klug, seine Bitte nicht offen als Bitte zu deklarieren. Bei einer Probe sagte er, als ich auf der Bühne stand, sehr nachdenklich und so, als ob es sich wirklich um ein Problem handle: »Ich weiß nicht – alle Frauen haben jetzt so glänzende Strümpfe ... Haben Sie nicht auch so was?« Ich trug damals, jeder Mode und jeder Anpassung abgeneigt, immer noch Zwirnstrümpfe. Aber zur nächsten Probe erschien ich dann doch, Reinhardt zuliebe, mit Seidenstrümpfen, während er so taktvoll war, mich nicht merken zu lassen, daß er es merkte.

Damals war mir noch nicht recht klar, warum Reinhardt sich für mich interessierte. Er konnte jede Frau haben, die er sich wünschte, und ich war nie das, was man ein »Rasseweib« nennt. Für ein Abenteuer war ich sicher nicht die richtige Besetzung. Das mußte Reinhardt, dem Menschenkenner und Besetzungskünstler, doch klar sein.

Da er sich in all den Jahren, die wir miteinander verlebten, nie, nie, nie über seine Gefühle und Gedanken zu Anfang unserer Beziehung ausgesprochen hat, bin ich absolut auf Vermutungen angewiesen. Wenn ich meine Kritiken aus jener Zeit lese, glaube ich zu wissen, was ihn reizte. Ich betone: ich *glaube* es zu wissen. Sicher kann ich nicht sein – erstens, weil ich viel zu sehr in mir drinstecke, als daß ich mich von außen beurteilen könnte (das klingt merkwürdig bei einer Schauspielerin!); zweitens, weil man als

Frau nicht mit den Augen eines Mannes sehen kann.

War es das, was der Schriftsteller und Kritiker meine »Reinheit«, »die unberührte Anmut einer freien Stirne« nannte? War es, wie Stefan Großmann schrieb, die Mischung von »Härte und Kindlichkeit«, von »Engelsstrenge und Eigensinn«? Oder war es einfach unsere Übereinstimmung in dem leidenschaftlichen Wunsch, in der korrumpierenden, eitlen Welt des Theaters, *ehrlich* zu sein, sich nichts durchgehen zu lassen, sich furchtlos öffnen zu dürfen, statt sich zu kostümieren?

Ein halbes Jahr, bevor ich mein Engagement bei Reinhardt antrat, hatte ich einem Interviewer des »Neuen Wiener Journals« gesagt: »Ich möchte mich ... dagegen wehren, irgendeiner ›Schule‹ anzugehören; was ich angestrebt habe, war immer: mich im Laufe der Zeit von der Schule der Technik, einer vielfältigen Technik, zu befreien und den Weg *zu mir selbst* zurückzufinden.«

Ich glaube heute, daß Reinhardt auf mich neugierig wurde, als er das merkwürdige Gegensatzpaar entdeckte, das damals mein Schauspielerleben bestimmte: Naivität und Strenge gegen mich selbst. Nicht nur meine Kollegen – auch das Publikum hielt mich für unnahbar. Noch zehn Jahre später teilte mir eine gute Bekannte mit, »es wäre im Publikum verbreitet, daß ich nicht wolle, daß mir applaudiert wird«, und zwar wäre ich »in meinem Gesicht so wenig zugänglich, daß man sich nicht traue«!

(Dabei brauche ich Applaus wie das tägliche Brot, auch wenn mich direktes Lob andererseits regelmäßig in die Flucht treibt. Ist das nicht tragisch?)

*

Ich will versuchen, einige dieser nächtlichen Gespräche in Reinhardts Direktionszimmer bruchstückhaft zu rekonstruieren, wobei ich mich allerdings nicht dafür verbürgen kann, daß mir keine Gedanken aus einer späteren Epoche dazwischen geraten. Da aber der Zyklus unserer »Grundsatzgespräche« eigentlich all die Jahre derselbe geblieben ist, ist die Gefahr, eine historische Fälschung zu begehen, nicht allzu groß.

*

Eines unserer Lieblingsthemen war das Thema »Kind und Schauspieler«. Ich war zum Beispiel als Kind sicherlich keine besonders gute Schauspielerin, meine Brüder waren mir turmhoch überlegen, – vielleicht weil ich das Kindsein so furchtbar schwernahm. Besser wurde es mit mir erst, als ich meine Stücke und Szenen *denkend* bewältigen konnte. Reinhardt erklärte mir, daß das ein ganz natürlicher Prozeß sei. Ein Kind habe zwar oft außerordentlich künstlerische Möglichkeiten zur Verfügung, erziele bestechende schauspielerische Leistungen, sei aber dennoch – im Gegensatz zu den musikalischen Wunderkindern – kein Künstler, weil es Situationen nicht *vorstelle*, sondern *erlebe*. Das unterscheide eben das Kind vom Schauspieler: nur der Schauspieler sei in der Lage, den Schritt ins Bewußte zu tun und auf diese Weise ein Erlebnis immer wieder sichtbar zu machen, ohne sich in dieses Erlebnis zu verlieren wie das spielende Kind.

Schauspieler, sagte Reinhardt, lieben es, sich mit Kindern zu vergleichen, weil das bescheiden und so schön poetisch klingt und beim Publikum eine gute Resonanz findet, aber natürlich ändere das nichts an der Tatsache, daß Schauspieler, die so etwas behaupten, Schwindler seien. Ein Schauspieler in Trance-Zustand höre auf, ein Schauspieler zu sein.

*

Ich sagte ihm, daß ich das Lampenfieber oft wie eine Verliebtheit empfinde, mit allem, was zu dieser Verliebtheit gehöre – dieses Kribbeln und dieses merkwürdige Gefühl, das man dann in den Knien hat.

*

Reinhardt kam oft darauf zurück, daß er keinen Schauspieler brauchen könne, der auf der Bühne »bewußt-los« wird. Alles, was er einem Schauspieler beibringen könne, sei: von der ersten Minute bis zur letzten zu *denken*. Einen nicht denkenden Schauspieler, sagte er, solle man überhaupt nicht auf die Bühne lassen. Deshalb sei die beste Schule für einen Schauspieler nicht die, die sein Komödiantentum fördere, sondern die, die ihm helfe, seine Allgemeinbildung zu erweitern.

*

Er ahnte, mit blutendem Herzen, daß er eine ganze Reihe von Schauspielern beschäftigte, die von dem Stück, in dem sie spielten, nur ihre Rolle kannten und sonst gar nichts. Diese Schauspieler waren aber alle geschickt genug, ihn das nicht merken zu lassen.

*

Reinhardt konnte sich furchtbar aufregen, wenn jemand über einen Schauspieler zum Beispiel sagte: »Mimik gut, Gestik schlecht, Organ leidlich.« Er fand, so etwas könne man über einen Operettentenor sagen, nicht über einen Schauspieler. Wer ihm so etwas sagte, war in seinen Augen ein gebildeter oder halbgebildeter Banause, ein Mensch, der zu unbegabt war, um sich vorstellen zu können, daß beim Schauspieler alles aus *ein und demselben* Zentrum kommt und kommen muß. Daß man seine Begabung nicht gesondert betrachten kann.

*

Wir einigten uns darauf, daß es nichts Schöneres für einen Schauspieler geben kann als die Stille im Publikum, die immer dann eintritt, wenn man die Leute fest in der Hand hat. Dann weiß man, daß nichts ungesehen bleibt. Man könnte den kleinen Finger rühren, und sie würden darüber nachdenken.

Reinhardt war fasziniert von der merkwürdigen Situation, in der wir uns befanden: wir saßen stundenlang in seinem Büro, ohne daß ich diese Gelegenheit, um die mich viele beneideten, dazu benützte, mit ihm zu flirten. Daß ich in ihn verliebt war, wird er mir angemerkt haben. Aber auch er unternahm nie den geringsten Flirtversuch.

Vielleicht glaubte er zunächst noch einige Zeit, ich spiele nur eine »Rolle«, die Rolle der Nachdenklichen, Komplizierten. Vielleicht wollte er mich beobachten und bei einem Fehler ertappen. Aber es gab keinen Fehler, konnte keinen geben, weil ich das unbändige, zitternde Vergnügen, das ich bei diesen Gesprächen verspürte, nicht spielte, sondern wirklich empfand. Es war das Vergnügen, den Dingen auf den Grund zu gehen – ein Vergnügen, das ich seit frühester Jugend kannte und mir immer abgenötigt hatte, – ich sage »abgenötigt«, weil es mir zuerst eine unausweichliche Qual und Notwendigkeit und erst sehr spät eine herrliche Freiheit war.

Allen Dingen auf den Grund gehen – dadurch erfaßte ich mich, das Theater und alles, was mich sonst interessierte. Wenn ich aus der Schule kam und gegessen hatte, rannte ich die Treppe hinauf in mein Zimmer und schloß mich ein. Um zu denken und zu erleben. Ich habe mir Situationen ausgedacht und ausgespielt, monologisch. Reden durfte nur ich. Die anderen Gestalten, die um mich herum waren, attackierten mich, machten Einwände, versuchten mich einzuschüchtern. Aber meinen Gefühlen und Argumenten hielten sie auf die Dauer nicht stand.

Nach meiner ersten Saison in Meiningen kam ich nach Wien – es waren noch einige Wochen vor dem allgemeinen Aufbruch in unser Sommerhaus – und erklärte meinem Vater, ich könne unmöglich mit meiner Familie unter einem Dach leben.

Er war verblüfft, ließ es sich aber nicht merken. Wirklich nicht? Nein, ausgeschlossen.

Und warum?

Weil mich die Familie vom Nachdenken abhalte. Ich brauche eine eigene Wohnung – ein Zimmer irgendwo anders.

Er sah es ein und erlaubte mir, ein Zimmer zu mieten, das ich mir vor diesem denkwürdigen Gespräch gesucht hatte, in Döbling, im selben Viertel. Dieses Zimmer wurde mein »Denkzimmer«.

Ich sehe es noch manchmal in meinen Träumen. Neuerdings schlafe ich fast traumlos, doch dieses »Denkzimmer« kommt mir ab und zu doch noch im Traum. (Also ist es anscheinend eine viel wichtigere Sache, als ich tagsüber meine . . .)

Ich gehe in diesen Träumen durch ein Gartentor und dann über einen gepflegten Weg, an einem Dickicht vorbei. Es ist heiß, aber dort ist Schatten. Dann steige ich eine Holztreppe hinauf und drücke eine Klinke. In diesem Moment habe ich immer denselben Gedanken: »Ach natürlich, das ist doch meine Wohnung! Wie habe ich das nur vergessen können!«

Dann stehe ich in meinem »Denkzimmer«. Eigentlich ist es mehr eine hölzerne Veranda, mit großen Glasfenstern zum Garten. Ich sehe mich um: da ist mein Bett, dort mein Tisch, dort meine Truhe . . . und dann wache ich auf.

Hinterher habe ich immer das Gefühl, daß das ein besonders schöner Traum war, obwohl ich mich in diesem Denkzimmer ganz bewußt und heiligster Überzeugung gequält habe, ganz fürchterlich gequält habe.

Obwohl ich die wunderbarste Kindheit und Jugend hatte, was die äußeren Umstände und die Menschen betraf, mit denen ich sie verbrachte, so möchte ich diese Zeit doch um keinen Preis der Welt noch einmal erleben!

Meine Jugend war deshalb so schmerzhaft, weil ich mir absolut nichts zutraute, aber maßlose Wünsche hatte. Ich glaubte, dieses Schicksal am anständigsten zu ertragen, wenn ich die anderen mit meinen Problemen in Ruhe ließ, und darum war ich, so oft es ging, allein, – ich genoß das Alleinsein mehr als alles andere.

Das geschah nicht aus Angst vor Schwierigkeiten, denn ich unterzog mich allen Schwierigkeiten und allen Martern, die mir nur einfielen: ich zwang mich zum Beispiel, die ganze Nacht auf dem Rücken zu liegen, alle zwei Stunden aufzuwachen und meine

Lage zu kontrollieren; nichts zu denken, ohne es aufzuschreiben; nichts zu denken, was ich nicht denken durfte, wollte, sollte; nach dem Aufwachen sofort mit weit aufgerissenen Augen aus dem Bett zu springen; meine Träume zu unterbrechen, die Lampe anzuzünden und Traumteil Nr. eins aufzuschreiben, das Licht zu löschen, weiterzuschlafen, weiterzuträumen und Traumteil Nr. zwei zu notieren.

Das größte Erlebnis dieser Zeit im »Denkzimmer« war die Stunde, als ich mit weit ausgestreckten Armen auf dem Boden lag und den Mittelpunkt der Erde spürte. Damals fühlte ich: jetzt kann mir nichts mehr geschehen ... Das war wohl der erste wirkliche Schritt ins Leben.

*

Im Dezember dieses ereignisreichen Jahres 1917, noch vor der »Bettler«-Premiere, erklärte ich Paul Kalbeck, meinem Mann: »Ich muß mich scheiden lassen, weil ich Reinhardt kennengelernt habe.«

*

Wenig später überraschte mich Reinhardt mit der verlegenen Bitte, mit mir in ein Kaffeehaus zu gehen. Ich glaube, es war am Kurfürstendamm oder in der Tauentzienstraße. Ich weiß noch, wie sehr ich mich über Reinhardts Courage wunderte – darüber, daß er Initiative ergriff.

In diesem Kaffeehaus fragte er mich, ob ich meine Ehe mit Kalbeck, seit ich ihn, Reinhardt, kenne, noch mit den gleichen Gefühlen konsumiere wie zu Anfang.

Ich erwiderte, daß ich diese Ehe *überhaupt* nicht mehr konsumiere. Und das war die reine Wahrheit.

Paul Kalbeck lernte ich 1909 im Haus seines Vaters, des Wiener Musikkritikers Max Kalbeck, kennen. Damals war ich 20 und immerhin schon seit einer Saison Elevin des Meininger Hoftheaters. Der junge Kalbeck und ich wirkten in einer Privatvorstellung von Goethes »Geschwistern« mit. Ich spielte dieselbe Rolle, aus der mich später Max Reinhardt vorsprechen ließ, nämlich die Marianne. (»Zufall«?)

Kalbeck war eine attraktive Erscheinung: groß, schlank, hübsches Gesicht – ein Gesicht, in das seine Gutherzigkeit offen geschrieben war. Als ich nach der Vorstellung in das Zimmer ging, das mir als Garderobe diente, kam Paul Kalbeck hinter mir her. Der Unglückselige wollte mir einen Kuß geben, ohne zu ahnen, was er mir damit antat. Ich hatte mich bis dahin noch nie auf etwas derartiges eingelassen.

Kalbecks Attacke mißlang: es wurde kein richtiger Kuß, nur so ein abgerutschter, weil ich mich mit einer geistesgegenwärtigen Drehung in Sicherheit brachte.

Es klingt heutzutage wie blödsinnige Koketterie – aber ich habe damals effektiv gedacht: Vielleicht bekomme ich jetzt ein Kind! Wer das nicht glaubt, dem kann es mein Bruder Hermann bezeugen, denn dem habe ich mich am nächsten Tag anvertraut. Es gelang ihm, mich zu beruhigen, indem er mir sein großes Ehrenwort gab und versicherte, seit Adam und Eva habe noch keine Frau ein Kind von einem abgerutschten Busserl bekommen. Da kehrte der Lebensmut in mich zurück.

In den folgenden Jahren sind wir uns dann nähergekommen, Kalbeck und ich, und da sich Kalbecks Aussagen mit denen meines Bruders Hermann absolut deckten, fand ich plötzlich auch das Küssen ganz schön und habe stillgehalten. Noch viel lieber aber habe ich mit ihm gelacht. Ich habe nie wieder so viel gelacht wie mit Kalbeck.

Als der Krieg ausbrach, wurde er jedoch eines Tages sehr ernst und sagte, wir müßten heiraten. Seine Eltern seien schon so alt und würden bald sterben, und dann wäre er ganz allein auf der Welt. Das sagte er ganz schlicht und treuherzig daher. Es war ihm ernst damit.

Mich überzeugte dieses Argument zwar nur unzureichend, aber ich wollte endlich das Kapitel Sex hinter mich bringen, und so haben wir geheiratet – ohne Kirche und Hochzeitstafel. Das war meine Bedingung. Ich fand diese bürgerlichen Hochzeiten einfach unmoralisch – diese Gastereien, die so gar nichts mit den zwei Betreffenden zu tun haben.

Brieflich stellten wir unsere Eltern vor die vollendete Tatsache. Mein Vater antwortete, wir sollten unsere Verbindung wenigstens mit einer Annonce anzeigen, was wir dann auch taten. Im übrigen war mein Vater mit dieser Wahl überhaupt nicht einverstanden. Er sah sofort, daß mich Kalbeck nicht würde halten können und daß ich ihm in mancher Hinsicht überlegen war.

Ich hätte es am liebsten gesehen, wenn wir in verschiedenen Wohnungen gelebt hätten, doch das ließ mein Vater nicht zu. Er meinte, das sei unmoralisch. So zogen wir zwar unter dasselbe Dach, wohnten aber in verschiedenen Etagen, wo wir uns ganz nach unserem individuell verschiedenen Geschmack einrichteten.

Er liebte das Schummrig-Gemütliche mit grünen Biedermeierstühlen und blonden Möbeln. Er hatte einen sehr guten Geschmack – nur sein elektrisches Klavier nahm ich ihm übel.

Ich hingegen liebte es etwas ungemütlicher – blaue Wände, weiße Abgüsse von antiken Statuen und die Möbel schwarz-gelb gestreift.

Nachdem ich also dieses »Kapitel« hinter mich gebracht hatte, konnte ich mich endlich ungestört (und ohne bei anzüglichen Blicken und Gesprächen zu erröten) ganz und gar auf meine Arbeit konzentrieren. Das Tragische an meiner rundum glücklichen Verbindung mit Kalbeck war nur: wir lachten weiter! Wir fuhren fort, uns nicht ganz ernstzunehmen, und das ist natürlich auf die Dauer keine solide Basis für eine Ehe.

So stand es mit mir, als mir Reinhardt seine Kaffeehaus-Frage stellte. Und ich weiß noch, wie erleichtert er war, als ich ihm das erzählte.

Wenig später lud er mich zu einer Hauptmann-Lesung ein: Hauptmann wollte in kleinem Kreis ein neues Stück vorlesen. Ich antwortete, ich wüßte nicht, ob ich kommen würde – eher nicht, denn ich wäre in diesem Kreis der krasse Außenseiter, und jeder würde wissen, daß ich nur Reinhardts Einfluß meine Anwesenheit verdankte. Das wäre eklatant gewesen; ich hielt es nicht für ratsam, mich derart zu exponieren. Ich ging also *nicht*.

Wenige Tage später, am Weihnachtstag, kam von Reinhardt ein großer Strauß Teerosen mit einer Karte. Er schrieb, er habe sich wohl doch ein wenig in der Art unserer Beziehung geirrt, und es wäre wohl besser, wenn wir uns in Zukunft etwas seltener sprächen. Ich empfand eine jubelnde Freude, als ich das las. Noch nie habe ich mich über einen Abschiedsbrief so gefreut wie über diesen. Denn er war eine einzige Liebeserklärung!

Von nun an trafen wir uns öfter und öfter – entweder in seinem Direktionszimmer oder in einem Lokal, wo wir keine Bekannten zu fürchten hatten. Am sichersten aber waren wir doch in seinem Büro abgeschirmt durch den grämlichen, übermüdeten Portier, der uns zuliebe immer länger auf seinem Posten warten mußte. Wir saßen uns gegenüber und erforschten uns.

Eines Nachts nahm mich Reinhardt mit in seine Wohnung. Wir schlichen, um seine Frau nicht zu wecken, ganz leise die Stiege hinauf und dann in sein Arbeitszimmer, in das Zimmer, in dem wir uns zum erstenmal gesehen hatten.

Ich hatte fürchterliche Angst, es könnte jemand hereinkommen. Reinhardt jedoch war völlig gelassen. Offenbar wußte er, daß um diese Zeit niemand mehr im Hause unterwegs war. Die Szene dauerte nur wenige Minuten. Wir legten nicht ab und wir setzten uns nicht. Er wollte nur, daß ich mich umschaute und sah, wie er lebte. Dann führte er mich wieder auf die Straße.

Kurz vor Pfingsten beschlossen wir, während der Feiertage irgendwohin zu fahren, wo man uns nicht kannte. Auf der Karte suchten wir uns ein Nest an der Ostsee und fuhren los. Keiner von uns war je dort gewesen. Es hatte uns auch niemand empfohlen. Wir wußten nicht einmal, ob es dort einen Gasthof gab.

Das war das einzige Mal, daß Reinhardt ohne Vorbestellung reiste – und es war herrlich. Das »Nest« lag am nördlichsten Spitzerl einer Landzunge, an der letzten Bahnstation. Und weit und breit kein Badegast!

Es gab sogar ein kleines Hotel dort. Das hatten wir ganz für uns allein. Ich glaube, daß es sehr einfach war, aber das war uns egal. Wir waren viel zu aufgeregt, uns um solche Nebensächlichkeiten zu kümmern, ungeheuer aufgeregt. Auch Reinhardt, der weltmännische Max Reinhardt, dem man so viele Liebschaften nachsagte!

Wir vergaßen Berlin, verlebten eine wunderbare Zeit. Wenn es zu kalt war, um am Strand zu liegen, machten wir stundenlange Spaziergänge am Wasser entlang, bis uns warm war und wir unsere Jacken und Pullover ausziehen und im Badekostüm weitergehen konnten. Reinhardt nannte das: »Luftbäder nehmen«, »die Haut mit Wind reinfegen«.

An wärmeren Tagen lagen wir im Sand und sprachen über uns, nur über uns. Das heißt: es konnte nicht ausbleiben, daß hin und wieder, versehentlich, auch Reinhardts Ehe gestreift wurde. Dann sprachen wir rasch von etwas anderem.

Nach diesem Urlaub war Reinhardt entschlossen, sein Leben in Ordnung zu bringen. Alles, was ich von seiner Ehe mit der Schauspielerin Else Heims wußte, war: daß diese Ehe unglücklich war und daß Reinhardt schon seit längerem nur noch über seine Anwälte mit Frau Heims Verbindung hatte, obwohl beide noch dasselbe Haus bewohnten.

Über seine Anwälte wollte Reinhardt nun Else Heims davon in Kenntnis setzen, daß er endgültig entschieden sei, sich von ihr zu trennen. Diesen Weg fand ich gräßlich. Ich sagte ihm, ich würde gern mit ihr reden. Doch Reinhardt flehte mich an: ich sollte das um Gottes willen nicht tun, ich würde Fürchterliches erleben!

Ich habe das Gefühl, daß es in meinem Leben kein Zickzack gegeben hat. Das hat sicher etwas mit einem inneren Kompaß zu tun, und dieser Kompaß hat mir wahrscheinlich geholfen, alle Gefahrenzonen dort zu durchqueren, wo sie am schmälsten sind. Selbst in den heikelsten Situationen habe ich nichts Verletzendes erlebt. Sogar meine Scheidung hatte nichts von einer Tragödie, nicht das geringste.

Im Sommer traf ich mit Paul Kalbeck in Wien zusammen, um den behördlichen Teil unserer Scheidung zu beraten. Anfangs war er, trotz aller Einsicht und Bereitschaft etwas traurig gewesen, jetzt, als wir den offiziellen Scheidungsgrund ausknobelten, fanden wir wieder in unsere alte Lustigkeit. Was sollten wir dem Scheidungsanwalt sagen?

Reinhardt, darin waren wir uns einig, mußte aus dem Spiel gelassen werden. Also war klar, daß wir als heillos zerrüttetes Ehepaar aufzutreten hatten – eine Rolle, die uns ganz unmöglich war, obwohl wir doch als Schauspieler derartiges oft genug gespielt hatten.

Der Anwalt hatte dann auch das Gefühl, ein schlichtweg ideales Paar vor sich zu haben, als er den obligaten »Versöhnungsversuch« unternahm. Kalbeck und ich bestanden jedoch darauf, daß unsere Ehe wegen seelischer Grausamkeit geschieden werden müsse.

Zweifelnd sah der Anwalt von einem zum andern. Worin diese seelische Grausamkeit denn zum Ausdruck komme ... Kalbeck erklärte, ich vergesse immer seinen Geburtstag, und mir, mir fiel, glaube ich, etwas ähnlich Plausibles ein. Jedenfalls ahnte der Mann angesichts der guten Laune und offensichtlichen Eintracht, die wir nur schlecht verbergen konnten, daß da etwas anderes dahinterstecken müsse. Und da wir bei unseren Aussagen und Anträgen blieben, wurde unsere lustige Ehe amtlich geschieden.

Wie bei unserer Hochzeitsreise, so war auch bei diesem Ereignis meine Freundin Gusti Adler dabei. Wir feierten zu dritt. Reinhardt war in Berlin.

Ich würde gern im Komödienton weiterschreiben. Daß ich es nicht kann, dafür sorgte damals mein Vater: als ich ihm nämlich gestand, ich würde mich von Kalbeck scheiden lassen und sei entschlossen, mit Reinhardt zu leben, war er erschüttert. Wenn er auch durch und durch Künstler und Freigeist war – sein Moral- und Ehrenkodex war durch und durch bürgerlich. Seine Tochter an der Seite eines verheirateten Mannes, – das war für ihn eine ungeheuerliche Tragödie. Er fürchtete für den Namen Thimig und natürlich, hauptsächlich, für mich.

Das Merkwürdige in unserer Beziehung war, daß zwischen uns – meinem Vater und mir – immer eine gewisse Scheu herrschte. Ich hatte schon sehr früh das Gefühl, daß er Großes von mir erwartete. Es mag arrogant klingen, wenn ich das jetzt ausspreche, aber ich habe es immer gespürt: wie schrecklich es ist, wenn Eltern einem – ohne es auszusprechen – so ein ungeteiltes Vertrauen und soviel Erwartung entgegenbringen.

So hatte mein Vater mich bis zu meiner Selbständigkeit eigentlich nie mit Verboten erzogen, eigentlich überhaupt nie erzogen, hatte mich wunderbar psychologisch behandelt und immer wieder auf meinen guten Stern gehofft. Das war, neben der starken seelischen Belastung, die das für mich bedeutete, natürlich auch ein ungeheures Glück.

Unser Konflikt, der sich aus meiner Entscheidung für Reinhardt ergab, war der erste und einzige ernstere Konflikt, den ich zeitlebens mit meinem Vater gehabt habe. In meinem Zustand begriff ich nicht, wie ihm zumute war, und ihm ging es genauso. Das war so fürchterlich für ihn, so fürchterlich für mich. Wir haben uns angeschrien, grauenhaft. Ich vergaß alles, war völlig außer mir, irgendwie somnambul, gar nicht ich selbst ...

Darauf ist er plötzlich ganz still geworden und hat, als ich ausgeschrien hatte, gesagt: wenn das also wirklich unabänderlich sei, wenn ich meine Entscheidung getroffen hätte, hätte er als mein Vater doch immerhin das Recht, sich vom Ernst und von der Echtheit unserer Gefühle zu überzeugen. Ich mußte ihm versprechen, Reinhardt ein Jahr lang nicht zu treffen. Überstand unsere Liebe diese Trennung, so wollte mein Vater nichts mehr gegen unsere Verbindung einwenden.

Reinhardt und ich akzeptierten das.

Und nun kam eine sehr harte Zeit. Ich fuhr, so furchtbar allein und zwischen Verzückung und Trostlosigkeit auf und ab geworfen, nach Bad Gastein, um mich von den Aufregungen der letzten Monate zu erholen. Briefe an Reinhardt waren mir erlaubt.

So schrieb ich schon im Zug von Wien nach Gastein zwei oder drei Briefe. Alle enthielten das immer wieder neu empfundene und ausgesprochene Bekenntnis: »Ich weiß, daß sich in Dir alle meine Begabung zur Liebe erfüllt ...«

Ich glaubte, diese Tage in Gastein, in denen ich nur in Briefen meine Liebe beteuern konnte, seien das schlimmste. Es sollte noch viel schlimmer werden.

Als ich wieder in Berlin war, begann die Qual, Reinhardt bei den Proben zu sehen, ohne – eingedenk des Gelübdes – die Möglichkeit herbeiführen zu dürfen, ihn unter vier Augen zu sprechen.

Damals, als er dem Wunsch meines Vaters zustimmte, hatte er gesagt, diese unfreiwillige Abstinenz würde sicherlich seine Trennung von Frau Heims in den Augen seiner Anwälte unkomplizierter machen: Frau Heims würde sicher Detektive einsetzen, um Material zu sammeln, welches ihn zum »schuldigen Teil« mache. Aber, war das ein Trost?

Im September war im »Deutschen Theater« Premiere von »Clavigo«. Ich spielte die Marie Beaumarchais. Ein großer Abend für Reinhardt, aber auch für mich. Der Kritiker Stefan Großmann schrieb fast einen kleinen Essay, als er den Versuch unternahm, meine Darstellung zu analysieren: »Sie gab die unheilbare Verliebtheit der Schwindsüchtigen ...«

Kurze Zeit später, wir waren mitten in den Proben zu »Wie es euch gefällt«, wurde ich schwer krank. Während meines einsamen Sommers in Gastein hatte ich mich mit einer Arztfamilie angefreundet, besonders mit einer der Töchter. Um auf andere Gedanken zu kommen, hatte ich ihr vorgeschlagen, Bergtouren zu machen. Sie war eine begeisterte Spaziergängerin und sofort einverstanden.

So steckten wir sehr viel zusammen. Als wir nach Berlin zurück-
kamen, legte sie sich sofort ins Bett. Sie hatte sich eine Art
Erkältung geholt, die damals sehr gefährlich war – ich glaube, es
hieß »spanische Grippe«.

Halb Berlin schien nach meiner Rückkehr von dieser Krankheit
befallen worden zu sein; die Menschen starben scharenweise,
besonders junge Leute. Auch die Arzttochter war darunter. Aber
das wurde mir verschwiegen, denn zu diesem Zeitpunkt lag ich
todkrank, offenbar von diesem Mädchen infiziert, im Kranken-
haus.

Wie lange ich dort war, weiß ich nicht, – wochenlang, meistens
besinnungslos. So habe ich erst später erfahren, daß ich in der
Station eines befreundeten Arztes lag. Als ich wieder sprechen
konnte, erkannte ich ihn und fragte nach seiner Tochter. Um
meinen Zustand nicht zu verschlimmern, erzählte mir der arme
Mann alles mögliche über die Kleider und Vergnügen seiner
Tochter, während der Gedanke an sein totes Kind ihm das Herz
im Leibe umdrehte.

Mein Anblick muß grauenhaft gewesen sein, aber ich hatte nicht
einmal so viel Kraft, mir darüber Gedanken zu machen. In den
ersten Wochen war ich zum Skelett abgemagert, konnte kaum
essen und verlor immer wieder das Bewußtsein.

Als ich einmal halbwach wurde, hörte ich mit geschlossenen
Augen eine Stimme neben mir: »Sie haben doppelseitige Lungenentzündung. Machen Sie sich bereit . . .« Das sollte heißen: »Sie
sind geliefert!« Und gesagt hat das eine Krankenschwester, die –
solange der Arzt im Zimmer war – die Fürsorge und Nettigkeit
in Person war, aber sobald er draußen war, zu ihrem Vergnügen
eine Menge sadistischer Spielchen trieb.

Manchmal, in diesem furchtbaren Fieber, habe ich mich aufge-
deckt. Diese Hitze, diese grauenhafte Hitze . . . Dann habe ich
plötzlich ihre kalte Hand gefühlt, grauenhaft. Sie hat mir Injek-
tionen geben müssen, und einmal, als ich wehrlos dalag, brach
ihr die Nadel an der Spitze ab. Gesehen habe ich das nicht, aber
gehört, wie sie vor sich hinfluchte, und gefühlt, wie sie mir die
abgebrochene Nadel ins Fleisch zwängte.

Reinhardt kämpfte in dieser Zeit einen schweren Kampf. Einerseits hatte er sich meinem Vater gegenüber verpflichtet, andererseits wußte er, daß es mir sehr, sehr schlecht ging und daß mein
Zustand immer hoffnungsloser wurde.

Eines Tages hat Reinhardt sich über das Verbot, mich zu sehen,
einfach hinweggesetzt und hat einige Stunden am Fußende meines

Bettes gesessen, stumm, denn ich konnte ja nicht reden. Daß er da war, habe ich nur kurz und ganz unwillkürlich wahrgenommen. Daß es einige Stunden waren, hat man mir erst später gesagt. Anscheinend war ich schon aufgegeben, und niemand hielt es noch für nötig, die strengen Besuchsvorschriften einzuhalten. Denn eigentlich durfte ja überhaupt niemand zu mir, nicht mal ein paar Minuten.

Nach Reinhardts Besuch wurde mein Körper von einer gewaltigen Krise gepackt, von einer Krise, die mir vor dem völligen Verlöschen die Lebensgeister zurückgab. Ich wurde gesund, und zwar in verhältnismäßig kurzer Zeit, wenige Tage nach Reinhardts Besuch.

Nachdem er damals bei mir gewesen war, hatte ich einen Fiebertraum, der, wie ich fest glaube, die Wende einleitete: Ich stand vor einem Tisch mit einem Richter, und dieser hat mich gefragt: »Entscheiden Sie – wollen Sie am Leben bleiben? Sie werden aber nie wieder ganz gesund sein können. – Oder wollen Sie dieses Leben beenden?«

Darauf habe ich geantwortet: Entweder ganz gesund oder tot! – Und das hat mich gesund gemacht. Davon bin ich überzeugt.

Nach diesem Ereignis mußte mein Vater einsehen, wie stark die Beziehung war zwischen Reinhardt und mir, und seinen Widerstand aufgeben. Er war groß genug einzusehen, daß das nicht unterdrückt werden konnte. Er hat alles verstanden.

Am liebsten hätte ich gleich wieder meine Arbeit aufgenommen. Reinhardt hatte die Proben zu »Wie es euch gefällt« auf unbestimmte Zeit ausgesetzt und gewartet, bis ich wieder auf den Beinen war. Aber so schnell ging das nicht. Ich war so abgemagert, ich konnte nicht gehen. Täglich mußte ein Masseur in meine Wohnung in der Viktoriastraße kommen, und langsam begann die Kraft wieder in meine Arme und Beine zurückzukehren.

Dieser Masseur war sehr berühmt, ein Mann, der mir aber mit seinem »Familienvatergesicht« und dem entsetzlichen schwarzen Vollbart, der nicht so recht dazu passen wollte, nicht ganz geheuer war.

Eines Tages – ich saß in meinem Lehnstuhl, er kniete vor mir und massierte meine Waden – erhob er sich plötzlich mit einem Blick, der mich um ein Haar veranlaßt hätte, laut aufzuschreien, und sagte mit einer ganz fremden Stimme: »Ich kann nicht mehr –«

Ich war in einer aussichtslosen Situation: ohne Hilfe, denn das Dienstmädchen saß ganz am anderen Ende der sehr weitläufigen

Wohnung in ihrer Kammer. Meine Rufe würden nicht einmal die dicken Doppeltüren durchdringen.

Wie ich die Kraft dazu fand, weiß ich nicht, jedenfalls sagte ich nur mit scharfer, befehlender Stimme das Wort: »Raus!«

Der Mann packte stumm seine Sachen, verließ die Wohnung, und ich habe ihn nie wieder gesehen.

Der Vorfall war für mich nicht nur ein unangenehmes Erlebnis. Er erschütterte mich nachhaltig. Mir war ein Blick in den Abgrund aufgezwungen worden. Damals beschrieb ich viele Tagebuchseiten mit Gedanken über die Beziehungen zwischen Mann und Frau, und auch die Begegnung mit dem bärtigen Masseur, der sich nach wochenlangem Schweigen ohne die geringste Eröffnung auf mich stürzen wollte, fand in diesen Betrachtungen Aufnahme. Ich schrieb:

»Bin erschüttert über meine Unbedenklichkeit. (Gottlob hab ich mich in der »Nettigkeit« und »Anständigkeit« dieses Mannes nicht geirrt.) Dieser Leichtsinn im Nachhinein erschreckend. Allein in der Wohnung! – Aber es soll wirklich eine Lehre sein. Es schien mir, zumal bei solchem Unterschied der Schichten, undenkbar. Aber diese Menschen sind eben wie Tiere – sie ›empfinden‹ etwas für jemanden, ohne auch nur die leiseste geistige Beziehung zu ihm zu haben. Es ist grauenhaft.«

Gut zwei Wochen später notierte ich über die (glückliche) Shakespeare-Premiere: »... Erstaufführung von ›Wie es euch gefällt‹. Einiges von all der Liebe muß wohl in der Luft hängengeblieben sein, das heißt: im Ewigsein. Seit ›Bettler‹-Aufführung vorigen Jahres zum ersten Mal wieder Konzentration in der Arbeit und zugleich Zusammensein mit R.

Es kann mir – was Psyche oder Mensch auf der Bühne sein soll – nicht ›geholfen‹ werden. Jeden Fehler oder jede Unzulänglichkeit muß ich selber büßen und mich schämen. Hier *kann* und *soll* auch der Beste mir nichts geben. Aber dort, wo einer anfängt, ein Wesen, ein Vollendetes, in einen Raum zu stellen und eine Atmosphäre für dieses Wesen zu schaffen, wo also einer *darüber* steht und uns nur leicht, mit dem Staberl in der Hand, den Rhythmus in die Luft schreibt – dort bin ich zu finden!

Ich weiß diese Möglichkeiten unerschütterlich – diese Verbindung der Arbeit des Schauspielers und des Regisseurs. Über solche Perspektiven sehr glücklich.

Das Leben in dieser wirklichen Welt Shakespeares war so intensiv – daß die übrige heutige Scheinwelt für eine Weile verschwunden war ...«

So erfüllt diese Zeit für Reinhardt und mich in künstlerischer Hinsicht war, so schwierig gestaltete sie sich im Privaten.

Reinhardts Versuch, Else Heims zu einer Scheidung im gegenseitigen Einvernehmen zu überreden, war gescheitert. Manchmal machte er mir vor, wie sie auf seinen Vorschlag reagiert, wie sie ihm das Wort: »Nie! Nie!! Nie!!!!« entgegengeschrien hatte.

Nach dem Verlauf dieses Gesprächs war es Reinhardt klar, daß er die Scheidung erreichen *mußte*, die Scheidung. Eine andere Lösung – beispielsweise eine Trennung, die beiden erlaubte, so zu leben, wie sie wollten – kam nicht in Frage. Nach diesem Auftritt mußte er Else Heims beweisen, wer der Stärkere war.

In der Folgezeit verbreitete seine Frau eine rührende Geschichte: sie habe Reinhardts harte Anfangsjahre mitdurchlitten, und jetzt, da er berühmt sei, sei ich – »diese andere« – gekommen und schöpfe den Ruhm ab. Natürlich nahm ihr das kaum jemand ab: jeder in Berlin wußte, daß Reinhardt zu der Zeit, in der sich die Heims für ihn zu interessieren begann, längst eine Berühmtheit war, spätestens seit seiner ersten Inszenierung des »Sommernachtstraum«, 1905.

Genauso lächerlich war ihre Art, sich nach der Scheidung, die sie nicht aufhalten konnte, überall als »Reinhardts Witwe« vorzustellen, – so, als sei er, nachdem er sich offiziell von ihr getrennt hatte, tot ...

Als Reinhardt und ich uns zusammentaten, wußten wir, daß wir uns damit enorme Schwierigkeiten einhandelten – es war weder bei mir noch bei ihm auch nur ein Funken »Spekulation« dabei. Ich war nicht die Anfängerin, als die mich die Heims gern hinstellte. Ich hatte bereits die Position (grauenhaftes Wort!), in der ich alle Rollen spielen konnte, die ich wollte, und die prominenten Kritiker, die mich in Reinhardt-Inszenierungen lobten, gehörten schon lange vor meinem Übertritt zum »Deutschen Theater« zu meiner Gemeinde ...

Einige Zeit bevor ich Reinhardt kennenlernte, trat ich mit ihr während eines Gastspiels in »Minna von Barnhelm« auf. Ihr Fach war »Salondame«, und sie spielte die Barnhelm. Ich – als »Sentimentale« – gab die Franziska, ihr Dienstmädchen.

Ehe ich wußte, daß ich in Reinhardts Leben treten würde, und ehe Else Heims ahnen konnte, daß das geschehen sollte, waren wir uns herzlich zuwider.

Sie war sehr gut und sehr schön und hat den Gastspielregisseur enorm eingeschüchtert, indem sie immer sagte: »Das mache ich so und so, weil das Reinhardt so inszeniert.« Sie spielte ganz und gar die Inszenierung des »Deutschen Theaters«, ohne sich um den Regisseur zu scheren und schon gar nicht um uns, ihre Partner, die ja allesamt von anderen Theatern kamen.

Wir haben sie alle bewundert – ich auch – denn sie war ganz genau der Typ, der für diese Rolle paßte, dieses deutsche Fräulein. Ich war jedoch schon bald genötigt, an meiner Bewunderung einige Abstriche zu machen.

Ich kam auf die Proben mit einer Konzeption meiner Rolle, die sich mit der Auffassung der Heims, welche also die Funktion des Regisseurs an sich gerissen hatte, absolut nicht vertrug. Was sie machte, mag wunderbar in die Reinhardt'sche Inszenierung gepaßt haben, doch nicht in diese Stuttgarter Produktion, in diese Produktion, die ja mit ganz anderen Schauspielern gemacht werden mußte.

So verlangte die Heims zum Beispiel, daß ich vor ihr weglaufen mußte und daß ich mir bei dieser Gelegenheit einen Klaps auf den Po einhandeln sollte. Das alles mit viel Gekreische. Meine Rolle war aber ganz anders angelegt, und darum war ich mit diesem Gag absolut nicht einverstanden.

Die Heims blitzte vor Wut, doch schließlich schlug sich sogar der sanfte, zutiefst gedemütigte Regisseur auf meine Seite, und ich bekam recht. Seitdem habe ich nie wieder mit ihr auf derselben Bühne gestanden.

Wir sahen uns nicht, dennoch blieben wir fast siebzehn Jahre lang ein unfreiwilliges Paar: wer (von den Eingeweihten) *Else Heims* sah, dachte an *mich*, wer *mich* sah, dachte an *Else Heims*. Das Schicksal hat es nicht gut mit uns gemeint.

Die Lauckners, die Freunde, die mich für meine Vertragsverhandlung mit Reinhardt gepanzert hatten, schlugen die Hände über dem Kopf zusammen, als sie erfuhren, daß wir uns liiert hatten. Schon mein Vertrag hatte ihnen nicht gefallen – meine Liaison hielten sie für eine Katastrophe.

Die sechzehn Jahre, die mich von Reinhardt trennten, die Tatsache, daß er verheiratet war, störten sie wenig. Aber das Rassische . . .

In der Öffentlichkeit, soweit sie von meinem Verhältnis wußte, stand ich mit einem Mal als die große Sünderin da. Das hätte ich mir nie träumen lassen – ich, die ich die Freiheit, die mir von Kindheit auf beschert war, nur benutzte, um mich zu kasteien!

Wie viele Jahre lang hatte ich Nacht für Nacht stundenlang an meinem Bett gekniet und mich zum »Wünschen« gezwungen!

Ich wünschte mir, zu wissen, was gut ist und gut zu sein.

Erst nachdem ich ein Jahr von zu Hause fort war, erlaubte ich mir einen »Vergnügungsspaziergang«! Bis dahin hatte ich meine Spaziergänge immer mit Denkübungen erschwert und veredelt. Ich habe mich gequält, bis ich fast umfiel. Wie ein Asket.

Meine Jugend bestand fast nur aus dieser Selbsterziehung. Es war mir ein eingeborenes Vergnügen, mich zu plagen und keine lässigen Denksünden zu begehen, meinen Willen zu schärfen, meine Träume von einem Tag zum anderen herüberzuziehen, zu reinigen, zu steigern und zu Kunst zu machen.

Und diese Zucht ist mir Gott sei Dank auch zugute gekommen, als ich in Berlin mit dem Ruf leben mußte, ein »Verhältnis« zu sein: ich dachte nur an Reinhardt und nicht an die anderen, ich hatte ganz natürliche Scheuklappen, die mich das Drumherum nicht sehen ließen, und so habe ich eigentlich nie etwas Unangenehmes erfahren. Höchstens auf Umwegen, die so lang waren, daß sich das Unangenehme darauf zu Tode lief.

»Die Erfüllung besteht aus dem Wunder und aus dem Opfer. Das Opfer haben wir zu leisten, das Wunder Gott.« Das schrieb ich 1919 in mein Tagebuch. Ganz für mich; denn Reinhardt gegenüber wollte ich nicht zugeben, daß ich unsere Zukunft nur aus Schwierigkeiten gebildet sah.

Ein einziges Mal zeigte er mir seine Kinder. Dann habe ich sie nie wieder gesehen, bis sie erwachsen waren. Er wollte sie nicht belasten. Aber das eine Mal sollte ich sie sehen als einen Teil seiner selbst.

Reinhardt hatte eine wunderbare Art, mit Kindern umzugehen: er behandelte sie nie als Kinder, immer als gleichberechtigte Wesen, die ihm ungeahnte Inspirationen vermitteln konnten. Tatsächlich hat er sich von märchenhaften, skurrilen, spontanen Kindereinfällen verschiedentlich anregen lassen.

Schon als Kind, wirklich ganz früh, habe ich einen immer wiederkehrenden Traum gehabt; darin trug ich meinen jüngsten Bruder, der damals noch ein Wickelkind war, über eine blumenbesäte, ganz unwirklich schöne Wiese. Diesen Bruder, er war ein Spätling, hatte ich mir unbändig gewünscht. Ich glaube fast, daß mir meine Eltern dieses Kind »geschenkt« haben.

Ich bin jeden Morgen in das Zimmer meiner Mutter gegangen und habe in ihr Bett geschaut, ob das versprochene Kind in den Kissen lag. Obwohl ich nicht wußte, wie das Kind in dieses Bett kommen sollte, war mir klar, daß ich es dort suchen mußte.

Und eines Tages war es tatsächlich soweit, daß meine Eltern

dieses Kind allen Ernstes erwarteten; zu unserer großen Enttäuschung wurden jedoch ich und meine Geschwister zu Bekannten geschickt. Wir waren – das weiß ich genau – äußerst erbost.

Aber nicht lange, dann kam ein Anruf meines Vaters, und er hat jedem einzelnen von uns gesagt, wir hätten ein Brüderchen bekommen. Als ich das hörte, habe ich vor Begeisterung zu heulen begonnen. Mein Bruder Fritz aber sagte, er hätte lieber ein Pony bekommen.

Ich habe die Kindheit dieses Wunschkindes von Anfang an miterlebt, habe den Kinderwagen geschoben und den Entschluß gefaßt, Amme zu werden. Dabei war nicht nur meine Kinderliebe im Spiel, sondern auch meine Vorliebe für das schöne Kostüm, in dem die Wiener Ammen, die meistens aus Böhmen stammten, die Kinderwagen schoben: eine Art Dirndl mit einem bunten Kopftuch, das hinten heraufgebunden wurde.

Aus dieser Zeit stammte also mein Traum von der Blumenwiese, und ich habe diesen Traum bis ins hohe Alter gehabt. Ein herrlicher Traum, aus dem man mit einem ungeheuren Glücksgefühl erwacht.

Reinhardt wollte ein Kind von mir. Doch ich habe gesagt: »Ich will kein Kind, das mit den Kindern von Frau Heims zu konkurrieren hat.« Ich wollte warten, bis die Scheidung perfekt war. Ich wollte, daß mein Kind kein Schattenkind würde.

In diesem ereignisreichen Jahr 1919 merkte ich schnell, wie schwer es war, »die Frau im Schatten« zu sein. Mit Frau Heims war vereinbart, daß Reinhardt alljährlich mit seinen Jungen Urlaub machen durfte. So verbrachten wir den Sommer, der auf meine Krankheit folgte, getrennt. Ich im Engadin. Reinhardt mit den Kindern in Venedig. Es zerriß uns das Herz, aber ich sah ein, daß er sein eben erkämpftes Recht nicht aufgeben wollte.

Am 22. Juli telegrafierte er: ». . . in tiefster deprimierter Unordnung ohne Dich . . .« – und auf dem Weg ins Engadin, wo er mich vor den Kindern verbarg –: »Gemartert!«

In meinem Leben mit Reinhardt gab es von nun an nur noch Heimlichkeiten. Denn Reinhardt glaubte, eine rasche Scheidung herbeiführen zu können. Er war natürlich sehr bekannt in Berlin und um sein Inkognito besorgt. So hielt er es zum Beispiel für außerordentlich geschickt, wenn er in Hotels, in denen man ihn kannte, das Gesicht verzerrte und seinen Hut in die Stirn drückte. Bei offiziellen Anlässen sahen wir uns nie an. Wir spielten Fremde.

Wenn er mich treffen wollte, hatte er einen Trick. Er tat etwas, was ihm in der Seele zuwider war – er ging in einen Club. In einen sehr noblen Club, ich glaube, er hieß »Deutsche Gesellschaft« oder »Deutsche Tischgesellschaft«. Das war so ungeheuer grotesk, denn Reinhardt war alles andere als ein Clubmensch.

Er blieb immer nur einige Momente dort und ging rasch wieder weg. Das war sein Alibi.

Oft gab es für uns keine andere Möglichkeit als das Telefon. Damals habe ich halbe Tage an diesem gräßlichen schwarzen Apparat verwartet – mit Wonne verwartet, wirklich mit Wonne.

Schließlich zog Reinhardt aus, er verließ das schöne, geliebte Palais und zog ins Hotel Esplanade. Dort haben wir zum ersten Mal für längere Zeit unter ein und demselben Dach gewohnt, selbstverständlich in getrennten Appartements.

Als ich Reinhardts Art, Theater zu machen, kennenlernte, ohne ihn selbst zu kennen, hielt ich ihn für einen Weltmann und Charmeur, für einen Menschen, vor dem man sich in acht zu nehmen hatte. Damals ahnte ich nicht, was für ein scheuer komplizierter Mensch er war.

Eines seiner Lieblingsworte war das Goethezitat: »Man weicht der Welt nicht sicherer aus, als durch die Kunst, und man verknüpft sich nicht sicherer mit ihr, als durch die Kunst.« Dieses Wort umschreibt sein Leben wie kein zweites.

Er war weltsüchtig und weltflüchtig zugleich. Er war unbändig neugierig auf alles, was in der Welt vorging, weil er diese Vorgänge seiner Kunst eingeben wollte, und er floh in seine Kunst, weil er dort viel furchtbarer und großartiger drauflos leben konnte als in jeder nur denkbaren »Weltmannsposition«.

Sein Beruf brachte ihn mit so vielen Menschen zusammen, daß er in den wenigen Stunden, die ihm sonst noch blieben, nur noch Stille wünschte. Er liebte die Einsamkeit, doch wollte er sie nicht allein genießen, sondern mit dem Menschen, den er liebte. Wenn er nicht auf Reisen sein mußte, war es sein größtes Vergnügen, zu Hause zu sitzen.

Reinhardt war ausgesprochen ungesellig. In seiner Jugend mag es anders gewesen sein – da war er mit Kainz und ein paar anderen Schauspielerkollegen per Du. Aber, als ich ihn kennenlernte, war er bereits äußerst zurückhaltend, und es kam für ihn überhaupt nicht in Frage, nach der Probe, nach der Vorstellung oder bei sonstigen Gelegenheiten mit seinen Schauspielern in ein Gasthaus oder Restaurant zu ziehen.

Er schätzte keine Vertraulichkeiten und wurde, genau wie ich, nie geduzt, obwohl das – genau wie das konventionelle Küssen zur Begrüßung und zum Abschied – am Theater etwas ganz Selbstverständliches ist.

Viele Leute haben behauptet, ich sei unnahbar, und meine Augen seien kalt und »unergründlich«. Ich finde, daß diese Leute zuviel in mich hineinsehen. Ich bin scheu, weil ich alle Worte zu ernst nehme und es mir daher nicht liegt, mit den Besuchern einer Cocktail-Party wild drauflos zu reden; und was meine Augen anbetrifft, so sind sie nicht unergründlich, sondern einfach: grau-grün, ohne Wimpern und klein; da ist gar nichts drin – ich kann da gar nichts drin sehen.

Zum Thema Unnahbarkeit fällt mir eine amüsante Geschichte ein, die in Berlin passierte. Mein Kollege Werner Krauss verkündete an einem Schauspielerstammtisch, er werde »meine Vornehmheit testen« und mich in eine Situation bringen, in der sich erweisen werde, ob es mir möglich wäre, in allen Lebenslagen Haltung zu bewahren.

Am nächsten Tag gab er mir am Ende der Probe einen Klaps auf den Hintern und sah mich erwartungsvoll an. Ich ging aber in meine Garderobe, ohne etwas bemerkt zu haben.

Natürlich hatte ich es bemerkt, aber es kam mir nicht eine Sekunde lang der Gedanke, mich umzudrehen und auf diese Sache einzu-gehen. Was hätte das genützt? Was hätte es mir eingetragen? Ein paar dumme Sprüche, wie: »Na, na – tun Sie nicht so!« oder »Nun sein Sie bloß nicht so etepetete!«

Der Kollege war, wie ich von anderer Seite erfuhr, jedenfalls ziemlich verdattert. Er hatte wirklich erwartet, daß ich »mich verrate«, »aus der Rolle falle« – denn er war der festen Überzeu-gung gewesen, daß meine Zurückhaltung nicht echt war.

Nach Premieren ging Reinhardt immer sofort nach Hause. Früher hatte er im Kreis seiner Schauspieler in einem guten Restaurant bis in die Morgenstunden gefeiert, war dann manchmal mit ihnen noch in ein Café gezogen und hatte die ersten Morgenzeitungen abgewartet. Er hat mir erzählt, daß er früher in jenen Nächten nach einer Premiere absolut nicht schlafen konnte, und ich, als Schauspielerin konnte ihm das absolut nachfühlen.

Das ärmste Geschöpf ist der Schauspieler nach einer Premiere! Erschöpft, ausgepumpt, voll unwürdiger Erwartung nach Lob, nach Aufgenommensein.

Und wenn ihm dann das Lob ins Gesicht gesagt wird, ist er erst recht lahmgelegt und tot, weil das berechtigte, richtige Loben eine Kunst ist, der man nur selten begegnet.

Unsere Scheu beschränkte sich nicht nur auf unsere Umgebung, sondern – ein Viertel Jahrhundert lang – auch auf unser Zusammenleben. Niemand außer uns konnte es fassen, daß wir uns während dieser Zeit niemals mit dem Vornamen angeredet haben. Im Gespräch miteinander vermieden wir jede Anrede; im Gespräch mit anderen sagte er manchmal »die Leni«, später »meine Frau« – ich immer nur »Reinhardt«.

Die zärtlichen Anreden in unseren Briefen kürzten wir ab. Ganz wenige Male geschah es, daß Reinhardt die erste Zeile ausschrieb. Er schrieb: »Gute, Sorgliche, Zarte, Verschreckte, Gescheite, S..., Jährzornige, Scheue, Liebe!« S... hieß »Süße«, aber es war ihm ganz unmöglich, das auszuschreiben. Er hielt das für plumpe Vertraulichkeit, für eine Art Roheit.

Das war tief in seiner Familie – alle seine Geschwister waren so. In allen Gefühlsdingen waren sie stumm, und nur einem von ihnen war gegeben, sich in der Kunst auszudrücken. Reinhardt notierte in seinen Entwürfen zu einer Autobiographie: »Max Reinhardt kam aus einer Familie, der das Theater so fern war wie der Mond. Sie wußte zwar, daß er aufleuchtet, wenn die Sonne untergeht, aber das war auch alles. Sie brauchte kein Theater.«

Die Verschlossenheit, die sich in allen Reinhardts verkörperte, muß, meiner Meinung nach, von Reinhardts Vater stammen. Dessen Vater war eine Art Weiser oder Heiliger, im jüdischen Glauben tief verankert. Reinhardt liebte und unterstützte seine Familie aus tiefstem Herzen, ehrte später, Jahr für Jahr, den Todestag seines Vaters, feierte den jüdischen Versöhnungstag und kümmerte sich um seine alte Mutter, die den Vater um viele Jahre überlebte. Er hat mich aber nie mit ihr zusammengebracht. Offenbar wollte er sie mit den Komplikationen, die unser Verhältnis mit sich brachte, nicht in Berührung bringen, außerdem, so vermutete ich, war ihr, der strenggläubigen Jüdin, dieser »arische Einbruch« in die Familie nicht recht. Schon die Notwendigkeit, daß sich die ganze Familie – dem ältesten Sohn und seiner Theaterkarriere zuliebe – von »Goldmann« in »Reinhardt« umtaufen ließ, muß ihr sehr zugesetzt haben.

Er sorgte für seine Familie in ganz rührender Weise, aber er haßte alle Familienbräuche, alle Familiengeselligkeit. Ich habe nie erlebt, daß er dort zur Jause oder zum Nachtmahl erschien – auch mit seinen besten Freunden pflegte er keine derartige häusliche Geselligkeit. Die Tische, unter die er zu Hause die Füße zu strecken pflegte, waren »ambulante Tische«, die vom Diener ins Arbeitszimmer getragen, gedeckt und nach dem Essen wieder hinausgetragen wurden.

Viele persönliche Züge Reinhardts habe ich an seinem jüngeren

Bruder Edmund wiedergefunden. Die beiden waren die Ältesten und wurden in der Zeit geboren, in der ihre Familie noch ein sorgloses Leben genoß. Beide hatten einen ausgesprochen feinen künstlerischen Geschmack, was sich bei Edmund besonders in Fragen der Malerei, der Architektur und der Innenarchitektur zeigte.

Die beiden hingen aneinander, ohne daß darüber viele Worte gemacht wurden. Reinhardt hatte seinen Bruder in einer aussichtslosen Situation, mitten in den furchtbarsten Geldsorgen und in einer tragischen Liebesaffaire, wieder aufgerichtet und ins Leben zurückgeholt, indem er ihm die geschäftliche Leitung des »Deutschen Theaters« übertrug.

Die Liebe zwischen den beiden war ungewöhnlich zart und ihre Korrespondenz das zarteste, das man sich denken kann. Reinhardt wollte Edmund immer in seiner Nähe wissen, obwohl sie sich an den meisten Tagen kaum eine Stunde sahen. Reinhardt war Nachtmensch, Edmund Frühaufsteher.

Edmund war womöglich noch stiller als sein Bruder Max, es war – obwohl er doch Manager des größten europäischen Theaterkonzerns war – überhaupt nichts »Bossiges« an ihm. Er hatte wunderschöne Hände, fast die Hände einer Frau. Seine Beziehungen zu Frauen (und er hatte eine ganze Menge davon) hielt er geheim, so nobel, so diskret, wie ich das selten von einem Mann gehört habe.

Dennoch glaubte ich, daß die größte Liebe seines Lebens Max Reinhardt war. Sie waren sich so ungeheuer ähnlich, liebten dasselbe elegante Leben, das Schönste, Beste für ihr Behagen. Das beste Auto, den besten Schneider, den besten Schuster, die besten Möbel, die besten Wohnungen. Da er Kaufmann von Beruf und Talent war, war es seine Aufgabe, die Träume seines genialen Bruders zu finanzieren wie die Bedürfnisse der übrigen, weniger genialen, Familie, die in aller Bescheidenheit das empfing, was aus jener fremden, ihr völlig exotisch und unbegreiflich erscheinenden Theaterwelt für sie abfiel.

Beide Brüder hatten dieselbe Scheu und lebten so gut wie getrennt von der Familie, aus der sie kamen. Der Mensch, der – nächst Reinhardt – die größte Rolle in Edmunds Leben spielte, war Josy von Soest, eine stille, gescheite und sehr bescheidene Frau, die sich völlig im Hintergrund hielt und dabei zufrieden war, obwohl ihr Geist ihr auch eine ganz andere Rolle ermöglicht hätte. Doch sie zog es vor, sein zurückgezogenes Leben zu teilen. Nur in Salzburg zeigte sie sich ab und zu an Edmunds Seite.

Edmund unterstützte meine Verbindung mit Reinhardt aus vollem Herzen. Er war rührend zu mir, wirklich rührend; obwohl es völlig unmöglich war, mit ihm über diese Dinge zu sprechen. Um die Frauen seiner anderen Brüder kümmerte er sich überhaupt nicht, ich glaube, er wußte nicht einmal, wie sie hießen.

Der sanfte Despot

Wovon ich gerne sprechen möchte, ist der echte Mensch. Der Mensch. Das Theaterleben ist doch nur der Hintergrund, nicht der Vordergrund.

Reinhardts tägliche vierundzwanzig Stunden waren so ausschließlich in den Dienst seiner Kunst gestellt, daß er ohne das geringste Zögern alles, aber auch alles auf diesen einen Zweck hinordnete, auch die Menschen, die das Glück oder das Pech hatten, in seiner Umgebung zu leben.

Es konnte ihm einfallen, mich per Telegramm aufzufordern, ihn nachts »nach eins« anzurufen. Das war die Zeit, in der er besonders wach war.

Er hielt es für selbstverständlich, daß ich in seinem Appartement im Berliner »Esplanade« Nacht für Nacht neben seinem Schreibtisch saß und ihm zusah, wie er arbeitete. Ab und zu liebte er es, sich bei seinen Notizen für den morgigen Tag zu unterbrechen und mit mir zu plaudern. Und ich war glücklich, mit ihm zu plaudern.

Sein Schreibtisch war eine glückliche Insel. Er hat viele davon gehabt, doch auf allen herrschte dieselbe Ordnung: da war eine Aschenschale aus schwerem Glas für seine Zigarren, Briefbeschwerer aus Kristall, Füllfederhalter mit vergoldeten Federn, eine Tintenflasche mit violetter Tinte und ein Papiermesser aus Schildpatt.

Selten konnte ich warten, bis er müde wurde. Ich ging also ins Bett, während er noch arbeitete. Wenn ich erwachte, lag unter der Tür stets einer seiner Nachtbriefe, die er mir unten durch den Türspalt schob, bevor auch er schlafen ging. Darin stand alles, was er mir tagsüber nicht gesagt hatte und was ich vor Probenbeginn den Schauspielern sagen sollte.

Diese nächtlichen Gespräche am Schreibtisch waren eine natürliche Fortsetzung unserer Gespräche im Direktionszimmer, nur ging es viel weniger um Grundsätzliches. Wir hatten unsere Kongruenz entdeckt und sprachen über Details – über Stücke, über Schauspieler und über unser Lieblingsgebiet: über Antiquitäten. Reinhardt entschied, daß ich in meinem Lebensgefühl gotisch sei, während er, seiner Meinung nach, ein Barockmensch war.

Mir fiel auf, wie wenig er über das Theater seiner Zeit und überhaupt über andere Theater sprach. Am meisten sprach er über seinen Probenalltag. Das war ihm eine Erleichterung wie das wütende Probenblockgekritzel.

Es gab in diesen Nächten nie Debatten zwischen uns, obwohl Reinhardt immer meinen Widerspruch suchte. Er war jedoch so ungeheuer überlegen, daß ich oft nur Zuhörerin war.

Er schätzte mein Urteil, besonders bei Einkäufen von Möbeln und Antiquitäten. Da hat er nichts gekauft, ohne mich vorher zu fragen. Es mußte mir gefallen, sonst kaufte er es nicht. Einkäufe mit ihm waren eine merkwürdige Sache. Weil er nie über den Preis sprach. Er hatte nie Geld in der Tasche. Er überließ das Aushandeln des Preises und das Bezahlen seinem Bruder Edmund. Ich glaube, Reinhardt hat nie ein Portemonnaie besessen – jedenfalls nie, seitdem Edmund Reinhardt sein Geschäftsführer war.

Ich hätte ihn gern mit in Modegeschäfte genommen, um sein Urteil zu hören, wenn ich mir Garderobe kaufte. Aber darum hat er sich nie gekümmert. Hingegen war er außerordentlich froh, wenn ich ihm Kleidersorgen abgenommen habe. Zum Beispiel habe ich seine gestreiften Anzüge abgeschafft und ihn britisch eingekleidet, in glatten Flanell. Das war meine Leidenschaft: grauer Flanell. Die Krawatten, die ich ihm kaufte, waren alle uni oder getupft. Er war einverstanden. Das war für ihn auch so ein Abschied von früher.

Die einzigen Damengeschäfte, die er mit mir besuchte, waren Handschuhgeschäfte, besonders in London. Für Handschuhe hat er sich außerordentlich interessiert.

Geschenke für mich sind ihm äußerst selten eingefallen, äußerst selten, vor allem nie zu besonderen Gelegenheiten. Ab und zu brachte er von Reisen etwas mit, – dann meistens etwas besonders Schönes. Einmal einen Nerzmantel. Ein anderes Mal ein Armband. Ein anderes Mal ein Schlafzimmer aus Bauernmöbel.

Er hat mir niemals ein Kleid bezahlt. Alles, was ich für mich brauchte, kaufte ich von meiner Gage, das war selbstverständlich.

Reinhardt war ein schlechter Schenker – er vergaß einfach, daran zu denken. Da war Edmund viel einfühlsamer. Zum Beispiel hat er den Mitarbeiterinnen seines Bruders, die sich für Reinhardt zerrissen, ohne daß er es merkte, ab und zu wirklich schöne, persönliche Geschenke gemacht. Auf diese Idee wäre Reinhardt nie gekommen – aus Abwesenheit, aus Zerstreutheit.

Er dachte auch nicht an meine Geburtstage und natürlich auch an seine eigenen nicht.

Viele, die das lesen, werden ihn für herzlos halten. Aber wieso? Er hatte es nicht nötig, seine Feiertage in einem Kalender zu suchen. Seine Feiertage ergaben sich aus Probentagen, Premieren- tagen, Lesetagen! Die Trennung von Berufs- und Privatleben war ihm unbekannt. Sein Alltag war der Kunst gewidmet und darum niemals Alltag, niemals!

Er ging seinen Weg, wie er ihn gehen mußte, ohne die geringste Kraft in irgendeine Künstlerpose zu verschwenden, ohne sich schwierig zu machen. Er war nicht schwierig, nur konsequent.

Vor allem war es ihm unmöglich zu verstehen, daß die Theater- arbeit müde mache. Als ich einmal mitten in einer Hauptprobe, die bis in die frühen Morgenstunden dauerte, in einer Loge ein- nickte und verspätet zu meiner Szene kam und mich entschuldigte, »ich sei so müde gewesen«, sah er mich ratlos an: »Müde?« Und dann fragte er, immer noch ratlos: »Müde *wovon*?«

Er konnte alles – das Größte wie das Kleinste – nur mit den Augen des Theatermachers sehen. Davon zeugt auch dieses Bekenntnis, das er mir einmal in einem Brief ablegte. Er schrieb: »Seit ich beim Theater bin, hat mich ein bestimmter Gedanke verfolgt: Schau- spieler und Zuschauer so eng als nur irgend möglich zusammen- zubringen. Warum? Das Theater besteht im wesentlichen aus diesen beiden Partnern. Der Schauspieler kann zugleich ein Dichter sein. Shakespeare, Molière waren es – und sie waren die Glücks- fälle des Theaters. Raimund, Nestroy und viele Kleinere waren es. Es ist nicht unbedingt notwendig, daß der Dichter ein großer Schauspieler ist, es ist nicht einmal notwendig, daß er den Beruf ausübt, es ist aber notwendig, daß er *schauspielerisches Talent* hat. Viele haben es, ohne zur Bühne zu gehen.

Mindestens ein Drittel der Menschen hat das Talent zum Spielen, ein anderes Drittel hat das Talent zuzuschauen. Das dritte Drittel ist amusisch.

Der für das Theater schreibt, komponiert, baut, malt, der dirigiert, Kostüme macht, die Bühne beleuchtet, ja der ein Stück produ- ziert oder darüber schreibt, *sollte Schauspieler sein*. Es ist gleich- gültig, ob er den Beruf ausübt oder nicht.«

Reinhardt lebte sich im Theaterleben aus. Dort ließ er sich werden, dort ließ er sich sterben. Und in mir hatte er einen Menschen, der das verstand. Einen Menschen, der nicht von ihm forderte, es ein kleines bißchen billiger, ein kleines bißchen bürgerlicher zu tun.

Ich wußte, was tagtäglich mit ihm geschah. Ich sah ihn kämpfen. Ein Theaterapparat ist groß – da gibt es viele Menschen, die etwas zu sagen haben. Aber jeder wollte nur von Reinhardt eine Antwort. Er hatte das letzte Wort, und niemand gab Ruhe, ehe er nicht dieses Wort, dieses letzte Wort von ihm hatte!

Bei jeder Szene wollte man sein letztes Wort zur Dekoration. Sein letztes Wort zur Musik, sein letztes Wort zum Tanz, zur Statisterie. Und immer war er freundlich und fraß alles in sich hinein, was er am liebsten herausgebrüllt hätte.

Wenn wir dann nachts miteinander sprachen, war er froh, wenn wir manchmal nur an Bauernschränke und Barock-Kommoden dachten. Und wenn wir in Lokale gingen, war er froh, wenn wir einfach nur Leute anschauten und uns Geschichten erzählten, wie diese Leute wohl leben mochten.

Jeder andere Mensch hätte von diesem Leben Magengeschwüre bekommen. Was Reinhardt rettete, war meiner Meinung nach – seine unzerstörbare Kindlichkeit. Denn er sah überall den höchsten Wert nur in *den* Elementen, die sich ins Spielerische verwandeln ließen.

Er konnte einfach nicht ohne Spiel sein. Sein *Ernst* war die Besessenheit, mit der er diese Spiele verfolgte, seine Unerbittlichkeit gegen sich selbst – gegen seinen Schlaf, gegen seine elementarsten Bedürfnisse. Seine Arbeit nahm er jedoch nur ernst, solange sie Spiel war. In diesem Punkt ging er bis zur märchenhaftesten Übertreibung, so unbedenklich weit, wie nur ein Kind gehen kann, ohne alles Kalkül mitunter.

Man kann das Kindlichkeit nennen. Man kann es ebenso das beste Erwachsensein nennen.

*

Reinhardt war ein Mensch, der klug genug war, das Theater zu durchschauen, und klug genug, das Leben, so oft wie möglich, durch eine Theaterlupe zu betrachten. Einmal sagte er: Im Leben rühre ich ihn bei weitem nicht so, wie auf der Bühne.

*

Zu Reinhardts aristokratischen Wesenszügen gehörte seine tiefe Abneigung gegen jede Art von Hast und Hetze. Er hat sich nie, nie gehetzt. Selbst wenn eines Nachts das Haus gebrannt hätte, er hätte es nicht verlassen, ohne sich mit aller Sorgfalt zu rasieren und anzukleiden – so, wie er es nun mal gewohnt war, aufzustehen.

Auch wenn die Leute, die etwas Dringendes von ihm wollten, vor seiner Tür Schlange standen, nahm er sich die Zeit, seine

Zähne zwanzig Minuten zu bürsten, keine Minute weniger. Dann trat der Punktroller in Aktion – auch diese Übung genau nach der Uhr. Und schließlich hatte er immer noch genügend Muße, über die Krawatte nachzudenken, die er heute tragen würde. Er liebte es, sich mit mir darüber zu unterhalten.

Schlafrockleben war ihm verhaßt. Er hielt das für ordinär. Selbst am Schreibtisch saß er im korrekten Straßenanzug.

Der Tag begann für ihn, indem er sich an seinen Toilettentisch setzte und sich in aller Behaglichkeit zu rasieren anfing. Gelegentlich unterbrach er sich dabei und tat einen Blick in seine Post. Wenn ich nicht bereits auf der Probe war, saß ich daneben und mußte ihm die Briefe öffnen. Teile habe ich ihm vorgelesen, Teile hat er selbst studiert. Gelegentlich legte er das Rasiermesser beiseite und machte sich Notizen. Wir entschieden, welche Anfragen telefonisch beantwortet werden sollten und durch wen, ihn oder mich. Da er nicht gern telefonierte, heißt das, daß also bei diesen Gesprächen über Reinhardts Arbeitstag eigentlich und besonders auch *meiner* festgelegt wurde.

Ich habe das Telefon immer gehaßt, – vor allem wenn ich mit Leuten, die mich nicht interessierten, aus Anlässen, die mich nicht interessierten, Dinge besprechen mußte, die mich nicht interessierten. Aber danach hat mich Reinhardt nie gefragt. Mit der Selbstverständlichkeit des Aristokraten ließ er sich alles abnehmen, was ihm unangenehm war. Das war ihm so selbstverständlich wie die Luft.

Es war ihm selbstverständlich, daß immer jemand bei ihm war, der Geld bei sich trug und das Bezahlen von Rechnungen übernahm. Es war ihm ebenso selbstverständlich, daß irgend jemand für ihn eine Fahrkarte gekauft hatte, wenn er einen Zug oder Schiff bestieg. Er erwartete, wenn er ein Haus verließ, daß davor ein Wagen stand, der ihn abholte. Er wußte, wie Berlin aussah, aber nicht, wie die Straßen lagen – das war Sache seines Chauffeurs.

Hätte ihm jemand ein Ei für fünf Mark verkauft oder eine Zigarre für zwanzig, er hätte an diesen Preisen nichts Merkwürdiges gefunden. Über Preise wunderte er sich prinzipiell nicht: er kannte gar keine. Nie habe ich ihn die rechte Seite einer Speisekarte lesen sehen. Das mag daran liegen, daß er meistens in Restaurants speiste, die diese Spalte ausließen.

Jeden Morgen mußte ich ihm einen Anzug auswählen und zurechtlegen, Hemd auswählen, Krawatte auswählen, Schuhe auswählen. Er brauchte eigentlich nie in seinen Kleiderschrank zu schauen. Selbstverständlich war ihm auch, daß sein Diener auf Reisen immer ein Bügeleisen mitführte. Daß der Diener damit auch vor dem Restaurant und dem Theater wartete, ist natürlich ein Witz.

Aber auch mit Diener hatte ich auf Reisen genug für Reinhardt zu tun. Mir fällt da gerade eine Wunschliste von Reinhardts Hand entgegen, darin teilte er mit, was in letzter Minute noch in sein Gepäck aufgenommen werden sollte: eine ungarische Salami, 50 Flaschen Tokayer, Linzer Torten von der Wiener Hofkonditorei Demel, zehn Seidenhemden, die gerade fertig geworden waren, Stiefelleisten, ein Buch über Rasputin usw. Wenn es zu Reinhardts Zeiten noch keine Schrankkoffer gegeben hätte – Reinhardt hätte sie für sich erfinden lassen!

So war das immer: er hatte das Gepäck einer Diva und ich ganz, ganz wenig. Erst jetzt bin ich so weit, daß ich mir viel Gepäck leiste. Da spielte ich mehr so eine Dienerrolle; ich muß aber ausdrücklich betonen, daß ich diese Dienerrolle geradezu mit Lust gespielt habe.

Eine andere Rolle fiel mir schwerer, – die der Eingesperrten. Der Traum, den ich am häufigsten träumte, auch heute noch, handelt von Reinhardts Eifersucht. Ich stehe im Zimmer, die Tür öffnet sich, Reinhardt – der Reinhardt aus der Berliner Zeit – tritt herein und sieht mich an, vorwurfsvoll, forschend und ein bißchen traurig. Ich weiß, ich muß mich verteidigen, obwohl ich keinen Grund dafür habe. Ich habe mir nichts zuschulden kommen lassen. Dennoch sage ich: »Du warst nicht da ...« Ich sage das genauso, als wenn ich ihn betrogen hätte. Dieser Traum ist grauenhaft.

Es hat Reinhardt ganz enorme Überwindung gekostet, mich Schauspielerin bleiben zu lassen, mir das Theater zu lassen. Das war ein großes Opfer für ihn, und er fand, wenn er es auch nicht aussprach, daß ich irgendwie in seiner Schuld stand.

Mit mir zu arbeiten, fiel ihm außerordentlich schwer, obwohl er diese Zusammenarbeit sehr genoß. Über Stellungen, Gänge usw. haben wir uns leicht verständigen können, aber sobald es ins Psychologische ging, kam es mitunter zu großen Komplikationen. Wir litten unter Konzentrationsschwierigkeiten – besonders ich – weil wir eben doch nicht so ganz nüchtern und unpersönlich miteinander arbeiten konnten. Unser persönliches Verhältnis spielte, besonders in der ersten Zeit, sehr stark mit, und jeder war immer mit einem halben Gedanken beim andern. Manchmal, wenn ich mich auch bei den allerletzten Proben noch nicht gefunden hatte, nahm ich mir zu Hause sein Regiebuch, und dann klappte es plötzlich, – dann konnte ich vollkonzentriert in mich aufnehmen.

Nach der Probe oder Vorstellung schickte mir Reinhardt immer einen Wagen, damit sich keine Gelegenheit für mich ergäbe, mit Kollegen in ein Café oder Restaurant zu gehen. Er war da furchtbar eifersüchtig, er hat den Gedanken nicht ausstehen können.

Ich sagte ihm, ich fände es herrlich, eine halbe Stunde im Kaffeehaus zu sitzen, Zeitung zu lesen und mit Bekannten zu reden, womöglich ein bißchen zu diskutieren. Wenn er mich wirklich liebe, dürfte er mir dieses unschuldige kleine Vergnügen nicht verbieten. Darauf antwortete er: er hasse dieses Herumgehocke und dieses Geschwätz, und es sei ihm ganz unbegreiflich, wie ich daran Vergnügen finden könne, da ich ihn doch liebe und wisse, *wie sehr* er das alles verabscheue.

So spielte sich mein Leben vor allem zwischen dem Theater und unserer jeweiligen Wohnung ab, und ich dachte mit Wehmut an die herrlichen Debattier-Nächte mit den Laucknern zurück und an die behaglichen Nachmittage, die ich ganz allein und stillvergnügt in Kaffeehäusern verträumt hatte.

Daß ich meine persönlichen Rechte Reinhardt zuliebe einschränkte, war gut für uns, vielleicht nicht so gut für mich. Aber ich glaube, es war richtig.

Zunächst ist es mir auch gar nicht so schwergefallen, mich bedingungslos unterzuordnen. Ich vergaß mich, denn Reinhardt war allgegenwärtig in mir. Er war der Stärkere. Er war mein Herr. Etwas Derartiges hatte ich nie vorher erlebt. Etwas Derartiges habe ich nach Reinhardt auch nie wieder erlebt.

Kurz nachdem wir uns kennengelernt hatten, schrieb ich ihm: »... ich weiß: wie Du mich wünschst, bin ich gut.« Dieses Vertrauen ist nie ernstlich erschüttert worden. Es sollte zwar eine Zeit kommen, in der ich mich nicht ganz so »bedingungslos« unterwarf, eine Zeit, in der auch ich Bedingungen stellte.

Doch diese Bedingungen haben unsere Beziehung nur noch vertieft.

»Mir graut vor Berlin. Schon lang. Ich bin fertig mit dieser Stadt. Sie hat mir alles gegeben, was sie zu geben vermag, und die Erinnerung würde mir kostbar lebendig sein und mich innig dankbar finden, wenn sie mich nun frei ließe von allen Verpflichtungen, von allem Zwang, wenn ich mich ganz und gar von ihr trennen dürfte, da mein Herz nicht mehr ihr gehört.«

Das schrieb Max Reinhardt, der Mann, der alles, was er war, durch Berlin geworden war! Hier hatte er in der Saison 1894/95 als Mitglied des berühmten Brahm-Ensembles debütiert, hier hatte er, sieben Jahre später, sein Kabarett »Schall und Rauch« gegründet und erste Proben seines Könnens als Regisseur geliefert, auch bei Stücken, die weit über den Rahmen eines Kabaretts hinausgingen. Hier hatte er es 1903 riskiert, sich trotz einer gewaltigen Konventionalstrafe, die ihm wegen Vertragsbruchs auferlegt wurde, von Brahms »Deutschem Theater« zu lösen und sich als Regisseur und Theaterleiter auf eigene Füße zu stellen. Hier war ihm der erste aufsehenerregende Erfolg mit Gorkis »Nachtasyl« gelungen und hier war ihm schließlich, zwei Jahre nach dem Bruch mit Brahm, die Direktion des »Deutschen Theaters« übertragen worden.

In Berlin hatte er seinen Durchbruch zu europäischem Ruhm durch seine Shakespeare-Inszenierungen und sein aufsehenerregendes Wagnis, die großen Dramen der Antike in einer Zirkusarena zu spielen, eingeleitet.

Was der Österreicher Reinhardt Berlin und der Welt vorführte, hatte man früher nicht für möglich gehalten: Shakespeare als Serienaufführung mit hundert aufeinander folgenden Vorstellungen – und vor allem: die Kühnheit, mit der er immer wieder Brahms Bühnenraum, die Guckkastenbühne der Naturalisten (und ihrer Vorgänger) aufbrach. Er war es, der als erster auf die Idee kam, einen »chinesischen Steg« ins Publikum zu bauen oder die Vorzüge antiker Spielstätten wiederzuentdecken.

Ich habe die Brahm-Zeit nur als Zuschauerin und auch nur in einem winzigen Ausschnitt kennengelernt: während eines Berlin-Besuchs mit meinem Vater habe ich eine Reihe von Brahm-inszenierungen gesehen, darunter auch die »Weber«. Ich war hingerissen von den Schauspielern, aber nicht vom Stil dieser beklemmend-düsteren Aufführungen. Brahm war berühmt, das »Deutsche Theater« unter seiner Leitung war berühmt, seine Schauspieler waren berühmt – dennoch habe ich mir damals nicht gewünscht, dort engagiert zu sein. Ich sagte mir: »Das ist zwar sehr gut, aber nichts für dich …«

Brahm und Reinhardt sollen sehr miteinander befreundet gewesen sein. Genaues weiß ich darüber nicht, da Reinhardt sich mir gegenüber nie richtig darüber ausgesprochen hat. Alles, was ich über dieses entscheidende Lebenskapitel weiß, weiß ich nur bruchstückweise, und deshalb finde ich es auch am richtigsten, wenn ich es hier bruchstückweise niederschreibe.

*

Leute, die Otto Brahm gut kannten, erzählten mir, daß Brahm und Reinhardt Gegensätze waren, wie man sie sich krasser nicht vorstellen konnte. Wenn man Reinhardt oft den »Schauspieler-Regisseur« unter den Regisseuren genannt hat, so war Brahm eindeutig ein Regisseur für Germanisten. Er war wirklich »studierter Germanist« und mußte viel reden, weil er nichts vormachen konnte. Deshalb konnte er nur mit intelligenten Schauspielern arbeiten.

Diese Abgrenzung von Reinhardts und Brahms Arbeitsweise soll aber nicht heißen, daß Reinhardt Brahms Belesenheit als theaterfremd empfunden hat. Im Gegenteil: er versuchte Brahm darin noch zu übertreffen. Er hat doch wahnsinnig viel gelesen, und nicht nur Theaterstücke.

Wenn Reinhardt ein Regiebuch vorbereitete, ist er durch alle in Frage kommenden Bibliotheken und Buchläden gezogen und hat sich Stöße von Literatur auf seinen »Nachttisch« – und damit meine ich seinen Schreibtisch – gehäuft. Vor allem las er Dokumentationsmaterial, er suchte die Quellen, nicht so sehr die Kommentare dazu. Also lieber die Redeprotokolle aus den Jahren der Französischen Revolution als irgend welche von Historikern zusammengeschriebenen Folianten. Das war, als er »Dantons Tod« inszenierte.

Seine echte, universelle Bildung hatte Reinhardt vor allem aus dieser sehr zweckgebundenen, aber ausführlichen Lektüre.

*

Was er an seinem Lehrmeister Brahm kritisierte, war Brahms Angewohnheit, bei Gesprächen mit seinen Schauspielern Proben-Kritik zu üben, statt das Bessere vorzumachen. In Reinhardts autobiographischen Notizen findet sich die Bemerkung: »Kritik ist eine gefährliche, oft tödliche Waffe. Brahm hatte fast immer recht. Er war der beste, fast unfehlbare Kritiker. Aber er deprimierte.«

*

Wenn Brahm inszenierte, dann soll es ungefähr *so* zugegangen sein: Er hatte einen Assistenten, der den Schauspielern sagte: »Jetzt machen wir den ersten Akt!« oder »Jetzt machen wir den zweiten!« usw. Brahm sah sich das Ganze aus dem Dunkeln heraus an und analysierte anschließend mit seinem phänomenalen Gedächtnis das Gesehene, wie ein Autor, Dramaturg oder Kritiker. Er ließ dazu seine Schauspieler herunterkommen und im Zuschauerraum sitzen, wie er. Er soll nie auf die Bühne gegangen sein.

*

Brahm war ein politischer Mensch, Reinhardt war es nicht. Brahm wollte sein Theater ganz in den Dienst seiner sozialen Idee stellen, wollte ein soziales Programm durchsetzen, die Unterprivilegierten dem privilegierten Theaterbesuchern ins Sichtfeld rücken, der Humanität eine Lücke weisen, die noch auszufüllen war. Reinhardt war das zu wenig. Er fand, das parteiliche Theater, also das Theater, das sich nur einem Spezial-Aspekt widmet, sei nur ein halbes Theater; er wollte das ganze.

*

Reinhardt studierte Brahms Naturalismus bis zur Neige, um seine »Handbreit-über-dem-Boden«-Philosophie dem Publikum besonders *realistisch* nahezubringen. Den Schritt, der nötig ist, um sich fünf Zentimeter über den Boden zu heben, konnte Brahm jedoch nicht vollziehen. Reinhardt wurde ihm unverständlich, als Reinhardt diesen Schritt tat.

*

Daß sich Reinhardt von Brahm trennte, wurde ihm nicht nur von Brahm übelgenommen. Einige der prominentesten Theaterkritiker stellten sich demonstrativ auf Brahms Seite und auf die Seite von dessen linken Nachfolgern. Die Kritiker jedoch, die sich auf die Seite der Kunst stellten, folgten Reinhardt begeistert von Triumph zu Triumph, von Experiment zu Experiment, von Verjüngung zu Verjüngung. Nur der Parteilose entgeht der Erstarrung ...

Ich selbst habe von den Parteikämpfen und von den Angriffen, die Reinhardt galten, nicht allzuviel mitbekommen. Ich war abgeschirmt, und auch Reinhardt ließ solche Dinge, dank seiner zurückgezogenen Lebensweise und dank aufmerksamer und taktvoller Mitarbeiter, nicht an sich heran.

Es hat auch nie jemand gewagt, ihm unangenehme Dinge ins Gesicht zu sagen, selbst seine intimsten Feinde nicht, und Feinde hat in der emotionell aufgeladenen Theaterwelt – das war damals wie heute – einfach *jeder*.

Wenn Reinhardt mit Schauspielern sprach, die mit ihren Rollen unzufrieden waren, die sich benachteiligt, verraten, hintergangen fühlten, waren sie Wachs in seiner Hand. Ihm ist jeder zu Willen gewesen, überrumpelt, hilflos, zur Gegenliebe bereit. Denn er ließ sich nur mit Stücken und Schauspielern ein, die er lieben konnte. Thomas Mann hat ihn merkwürdigerweise einen Zauberer genannt. Was war sein Zauber? Sein Zauber war Liebe.

Manche Kritiker hat er gefürchtet, manche geschätzt – aber im Grunde doch alle gefürchtet. Ihering, der ihn besonders wenig verstand, weil der ihn immer als »Feudalen« abtat, nannte er aus tiefstem Herzen eine Null. Dieser Mensch, so klug er war, konnte ihm nicht helfen.

Kerr war nicht weniger schlimm – aber er schob Reinhardt nicht beiseite. Hat immer wieder Reinhardt-Abende gefeiert, wenn Kerr etwas Reinhardtsches kerrisch empfand.

Ich erinnere mich noch genau an meine einzige Begegnung mit Alfred Kerr. Die passierte auf meinem ersten und einzigen »Concordia«-Ball in Berlin, einige Zeit, bevor ich ans »Deutsche Theater« engagiert wurde. Es war die Zeit, in der ich zum ersten Mal ganz groß in der Presse war, und alle Kollegen, die es gut mit mir meinten, sagten, ich müßte einfach zu diesem Ball, weil auf diesem Ball die berühmtesten Theaterkritiker die berühmtesten Schauspieler trafen.

Also habe ich in diesen unbeschreiblich sauren Apfel gebissen und bin hingegangen. An diesem Abend war auch Kerr da und hat das getan, was man mit einer Schauspielerin tut: er hat mich angeschaut, lange und ohne den Vorwand einer Konversation zu gebrauchen. Er stellte sich vor mich hin, mit gerecktem Hals (er trug diese fürchterlichen Vatermörder) und betrachtete mich mit einer Aufmerksamkeit, wie ich sie nie wieder erlebt habe, aus seinen großen hellen und interessanten Augen.

Was soll man da tun als Frau, wenn einer einen so anschaut? Ich sagte gar nichts. Ich ließ mich anschauen. Und das war ganz im

Sinne Kerrs. Er gehörte zur Brahm-Partei und war nicht sofort bereit, sich Reinhardt anzuschließen. Doch im Laufe der Jahre entdeckte der Künstler den Künstler. Viele Inszenierungen Reinhardts hat Kerr gepriesen.

Reinhardts ärgster Gegner war der Wiener Karl Kraus. Kraus warf Reinhardt unphilologische Nestroy- und Offenbach-Inszenierungen vor. Doch so weit ich weiß, hat sich Reinhardt nie auf *Lesarten* eingelassen, sondern hat *Theater* gemacht. Wenn er über Kraus öfters gesprochen hätte, wüßte ich's noch. Von dieser Seite hat er sich offenbar keine Anregungen erwartet.

*

Reinhardt beschreibt in seinen autobiographischen Notizen, wie ihn Brahm in Wien kennenlernte: »Er verwickelte mich in eine Konversation, im Lauf derer er mich nach der chronologischen Reihenfolge der Schillerschen Dramen fragte. (Er war Germanist.) Ich hatte keine Ahnung.

Nichtsdestoweniger bestellte er mich für den nächsten Tag ins Hotel Sacher, wo ich ihm vorsprechen sollte.

Ich sehe noch das Zimmer vor mir – es sah aus wie ein langer Gang, und Brahm saß am Fenster. Ich konnte ihn gar nicht sehen. Ich sprach die ›Traumerzählung‹ und er bot mir sofort einen Vertrag für Berlin an.

Das war natürlich für einen jungen Menschen ein unbeschreiblicher Glücksfall.«

*

Reinhardts Weg vom Schauspieler zum Regisseur hatte auch sehr triviale Gründe: ». . . ich begann langsam darunter zu leiden, daß ich jeden Abend spielen mußte. Es war nicht das Spielen selbst – sondern das ewige Bärte-Kleben, das Masken-Machen – das immerwährende Hantieren mit Mastix (da ich fast immer alte Leute spielte, durfte ich nie ›natürlich‹ aussehen, sondern mußte täglich mein Gesicht, meine Haare, meine Zähne verschminken). Auch wurde in diesen naturalistischen Aufführungen fast immer auf der Bühne gegessen, meist Kraut und Kartoffeln, was zwar gut war, aber einem mit der Zeit auch über werden kann – jedenfalls fing mich die ganze Atmosphäre zum Schluß zu quälen an, und ich wurde direkt unglücklich.«   (Notizen)

*

Um sein »Handbreit-über-dem-Boden-Theater« verwirklichen zu können, brauchte Reinhardt auch die allerneueste Bühnen-Technik; vor allem war er ganz fanatisch an der Durchsetzung der Drehbühne interessiert. Einem Mitarbeiter schrieb er, als es für die Anschaffung der Drehbühne seines ersten Berliner Theaters sehr schlecht stand, weil Technik und Verwaltung dagegen Sturm liefen: »Ich lege auf diese Drehbühne den allergrößten Wert. – So lange das Theater existiert, haben sich die Leute ›vom Bau‹ gegen Neuerungen gewehrt. Das macht mich nicht irre. Deshalb sind wir ja so weit zurück. In dem trüben Dunkel all der alten Bühnenhäuser haust das konservativste und faulste Pack, die schlimmsten Orthodoxen. Hätte ich all diesen Ochsen Gehör geschenkt, so wären wir nicht heute da, wo wir sind.«

*

Berlin hatte Reinhardt »gemacht«, und auch ich hatte keinen Grund, dieser Stadt etwas Schlechtes nachzusagen. Unser Abschiedsjahr, das Jahr, in dem Reinhardt die Leitung des »Deutschen Theaters« aufgab, war im Gegenteil für mich als Schauspielerin und für Reinhardt als Regisseur besonders erfolgreich.
Einen unserer Höhepunkte bildete in jenem Jahr 1920 Reinhardts Inszenierung von Goethes »Stella«, in welcher ich die Hauptrolle spielte.
Diesem Stück hat Goethe zwei Schlüsse gegeben, einen heiteren, einen tragischen. Im einen lebt Stella weiter, im anderen muß sie sterben. Wir haben uns für den heiteren entschieden, ich aber habe – fast nur von Reinhardt wurde das gemerkt – ganz für mich im Innern den ernsteren im heiteren mitgespielt. Das Dunkle zur Steigerung des Hellen.
Das Faszinierende während der Arbeit an »Stella« war für mich neben der Auseinandersetzung mit meiner Rolle Reinhardts Kunst, den Schauspieler des Fernando in diese überaus schwierige Figur zu führen. Dieser Mann, der zwei Frauen mit gleicher Liebe zugetan ist, gehört ja nicht gerade zu den glaubwürdigsten Bühnengestalten. Doch wie Reinhardt ihn während der Proben entwickelt und vorgespielt hatte, wurde er überzeugend. Dabei vergaß man, daß Reinhardt das Liebhaberfach auf der Bühne so gut wie nie gespielt hatte und in seiner Erscheinung eigentlich auch nichts an sich hatte, was ihn dazu prädestinierte.
Für mich ist die »Stella« bis heute eine der wichtigsten Rollen und eines der wichtigsten Ereignisse meiner Laufbahn geblieben. Presse- und Publikumsurteil waren enthusiastisch. Ein wirklicher

Dichter, Fritz Schwiefert, schrieb über mich und über diese Rolle ein schwärmerisches Buch. (».. . diese Stella ist nicht ›gebaut‹, sondern in eine einzige Melodie aufgelöst. Weil sie nicht mehr die Geliebte Fernandos, sondern schon die Liebe selbst ist.«) Ein Satz aus diesem Buch scheint mir besonders geeignet, etwas über meine Art, gewisse tragische Rollen zu gestalten, mit wenigen Worten auszusagen. Da schreibt Schwiefert über den Ausdruck eines Schmerzes bei mir: »Nicht, daß es *ihr* geschah (läßt sie trauern); (sondern) daß es *überhaupt* geschah.«

Für eine solche Beobachtung verzichte ich gern auf hundert lobende Zeitungskritiken, deren Lob beschämt, weil der betreffende Kritiker schon mit seinem fertigen Urteil ins Theater geht und nur daran denkt, wie er sich selbst inszeniert. Das Sehen ist eine große Kunst, die nur wenige verstehen ...

Um Reinhardts Werk haben sich viele gute, kluge, einfühlsame Kritiker gekümmert; es hat ihn aber immer bestürzt, daß für ihn selber so wenig Anregung von ihnen ausging – auch oder gerade zu der Zeit, von der wir sprechen. In dieser Zeit war es dem größten Teil der Berliner Presse schon zur Gewohnheit geworden, Reinhardt Ovationen zu bereiten.

Warum also schrieb er, ihm »graue« vor Berlin?

Ich glaube, das hatte zwei Gründe. Erstens gefiel ihm das revolutionäre Klima hinter den Kulissen nicht. Er war verzweifelt über die regelmäßige Mittagspause, die der Inspizient mit Hinweis auf die Gewerkschaften erzwang, auch wenn er Reinhardt damit mitunter einen unbezahlbaren, alles entscheidenden Moment in der künstlerischen Entwicklung einer wichtigen Szene oder einer ganzen Inszenierung wegnahm.

Reinhardt verstand auch die Streiks nicht, auch nicht die jungen Schauspieler, die glaubten, bei Inszenierungen ein Mitspracherecht erstreiten zu müssen, während Reinhardt – der dieses Recht nicht politisch, sondern *künstlerisch* verstand – nicht einsah, was damit Neues geschaffen werden sollte: er hatte dieses Recht schon immer eingeräumt, aber nur denen, die künstlerisch dazu berufen waren, nicht durch Ausschüsse.

Der andere Grund, weshalb er aus Berlin wegwollte: er war deutschlandmüde.

Er war in Deutschland »der Reinhardt« geworden, aber Österreicher geblieben. Ich erinnere mich, wie er stets aufatmete, wenn er die österreichische Grenze überfuhr, wenn er zum ersten Mal wieder österreichischen Boden betrat, österreichisch hörte. Er war Österreicher, hundertprozentiger Österreicher, – nicht nur seinem Paß nach.

In Baden bei Wien war er geboren, in Wien ging er zur Schule, begegnete er dem Theater, in Salzburg hatte er sein erstes wichtiges Engagement ...

Mit geringer Übertreibung darf ich sagen: Reinhardt hat die Berliner nur als Zuschauer geschätzt.

Sein Traum war, Festspiele zu machen. Und zwar dachte er sowohl an Österreich als auch an die Schweiz. Die Schweiz hatte ihm verschiedene sehr interessante Angebote gemacht. Davon reizte ihn besonders die verlockende Möglichkeit, in der Nähe von Zürich Sommerspiele zu machen. Die Schweizer hätten ihm alles gebaut, was er sich wünschte, und außerdem: er hätte dort ein herrliches, sehr geräumiges Bauernhaus gehabt, das er sofort kaufen wollte.

Daß er sich dann doch für Österreich entschied, hatte seinen Hauptgrund darin, daß er Österreicher war. Durch Hermann Bahr animiert, von Strauss und Hofmannsthal unterstützt, begann Reinhardt, die ersten Salzburger Festspiele für den Sommer 1920 einzurichten, eine nervenzerreißende Arbeit, denn im Gegensatz zu den Schweizern machten ihm die »Salzbürger«, wie er die Salzburger Honoratioren nannte, enorme Schwierigkeiten. Sie waren eigentlich nur an Musikfestspielen interessiert.

Doch Reinhardt war entschlossen, auch gegen die größten Widerstände seine Idee durchzusetzen. Salzburg, diese prachtvolle, beseelte Kulisse, hatte ihm die Festspielvision vermittelt, und jetzt war es an ihm, diese Vision in Realität umzusetzen. Mit kaum einer Stadt verbanden sich für ihn so freundliche Erinnerungen wie mit Salzburg, der Stadt, in der ihm der Durchbruch als Schauspieler gelungen war. Und diese Erinnerungen mischten sich mit seinem Entzücken über die festliche barocke Architektur. Am 8. März 1918 telegrafierte er mir von seinen ersten Sondierungsgesprächen: »Seit langem wieder einmal bei mir selbst, zugleich ganz bei Dir, laufe ich erlöst durch diese heitere, klingende Stadt. Ersehne Dich immerzu, sehe Dich überall, ringe in frohen und bangen Träumen mit dem Engel, daß er mich segne und mit Erfüllung begnade.«

Die Instanzen, die ihm schließlich am meisten halfen, waren nicht die weltlichen Herren Salzburgs, sondern die geistlichen, besonders der äußerst aufgeschlossene Erzbischof Rieder.

Hier muß ich ein Wort über Reinhardts Religiosität einschalten. Er beachtete einige wenige jüdische Feiertage aus Pietät für die Religion seiner Eltern, ließ sich jedoch hauptsächlich von der

Geschichte der katholischen Kirche inspirieren, die ihm, dem Theatermann, mit ihrer Prachtentfaltung und ihrem Reichtum an dramatischen Stoffen natürlich viel mehr zu geben hatte.

Ich weiß, daß Reinhardt betete und daß er es gerne gesehen hätte, wenn ich ihm darin folgte. Ich bin überhaupt nicht kirchlich, bin es nie gewesen. Doch Reinhardt verwechselte das manchmal mit »gottlos«, was ganz bestimmt nicht zutrifft. In manchen Briefen schrieb er: »Ich bete für Dich.« Das konnte bedeuten, daß er um einen Erfolg betete, den wir uns wünschten; es konnte aber auch bedeuten, daß er um meine Bekehrung betete, um meine Bekehrung vom Skeptizismus.

Daß Kunst und Religion zusammenhängen, war ihm, dem Österreicher, dem Wahl-Katholiken, dem weltläufigen Romantiker nur allzu vertraut. Lange Zeit trugen wir uns mit dem Plan, ein Schauspielerkloster zu bauen. Das war etwas, was nur zwischen Reinhardt und mir besprochen wurde.

Als erstes suchten wir uns eine Landschaft. Ich weiß nicht mehr, welches die endgültige war, denn wir haben sie ständig gewechselt. Dann bauten wir in Gedanken das Kloster. Oder wir haben ein schon bestehendes Gebäude umgebaut. Wenn wir auf Reisen waren, und einer von uns sagte: »Hier könnten wir ›das‹ machen!«, dann wußte der andere schon, was gemeint war. Das Schauspielerkloster.

Reinhardt sagte immer, es sei ganz gleichgültig, wie weit von den Kulturzentren unser Kloster entfernt sei – die Schauspieler, die wir zu »Exerzitien« einladen wollten, würden ja gerade *deshalb* kommen, weil unser Kloster so abseits liegen würde. (Natürlich haben wir uns auch mit dem Gedanken an eine ganze Menge Absagen vertraut gemacht.)

Die Zellen sollten kreisförmig um die Bühne gebaut werden, und jeder Schauspieler, der zu uns kommen wollte, sollte sich vertraglich verpflichten, sechs Monate im Jahr zu reisen und »den Menschen zu studieren«. Die übrigen sechs Monate sollte er keusch nur der Kunst leben, in unserem Kloster, und Aufführungen erarbeiten, zu denen die halbe Welt angereist kommen würde. Das war unser Plan.

Reinhardt schwelgte in diesen Phantasien, besonders, wenn ihn seine Schauspieler – Schauspieler, die unfähig waren, an das Ganze zu denken – zutiefst enttäuscht hatten. Darum wollte er Schauspieler um sich sammeln, denen die nackte Gefallsucht nicht so brutal ins Gesicht geschrieben stand, Schauspieler, die man noch in die Welt der Dichter führen konnte.

Unser Schauspielerkloster ist nie gebaut worden, doch die Festspiele kamen – sozusagen als Ersatzlösung – in diesem entscheidenden Jahr 1920 nach vielen Schwierigkeiten zustande, zwar nicht in einem Kloster, doch immerhin auf dem Salzburger Domplatz. Sogar die Idee, in Kirchen zu spielen, wurde von Salzburgs geistlichen Herren, jedenfalls von einigen einflußreichen, mit Verständnis aufgenommen. Reinhardt hatte das vor allem diesem Erzbischof Rieder zu verdanken, der ein besonders feiner und guter Mensch war und Reinhardt sehr geliebt hat. Manchmal, wenn die beiden zusammensaßen, hat der alte Mann Max Reinhardt, »seinen Sohn«, ganz zärtlich gestreichelt. Wirklich ein herzensguter Mann, der von jedem, der ihn kannte, sehr verehrt wurde.

Als wir unseren Salzburger Wohnsitz, Schloß Leopoldskron, eingerichtet hatten, kam der Erzbischof, ist durch alle Zimmer gegangen und hat unser Haus gesegnet, ganz verstohlen nur, denn er wußte natürlich, daß er unter dem Dach eines »Ungläubigen«, eines Juden war. Er ließ seine Hand herunterhängen und hat das Kreuzzeichen gemacht, hinter jeder neuen Tür das Kreuzzeichen, freilich nur in halber Höhe, um bei seinen Schäfchen kein Ärgernis zu erregen.

Er war eine köstliche Erscheinung: hatte ein Bauerngesicht mit schneeweißem Haar, war klein und dicklich und ging immer mit dicken, schweren Stiefeln umher. Mit seinem Bauernschädel hat er sich überall durchgesetzt, hat die Kirchenglocken läuten lassen, wenn Reinhardt es für seine Inszenierung brauchte, hat alles öffnen und ausmessen lassen, was Reinhardt für die Festspiele in Betracht zog. Er war großartig.

Die Salzburger Festspielidee, so wie sie in Broschüren und Reden verbreitet wird, ist eigentlich schon lange nicht mehr das, was Reinhardt wollte. Er wollte diese herrliche Architektur, diese entzückenden, ihn begeisternden Häuser und Plätze Salzburgs festlich beleben, indem er Schauspieler und Publikum von höchstem Niveau zusammenbrachte – Künstler und Kenner, die sonst selten oder nie zusammenkommen konnten.

Ein Österreich-Festival, ein touristisches Rahmenprogramm, wie es heute veranstaltet wird, hatte er niemals im Sinn.

Der Mann, der diese fürchterliche Fehlentwicklung vorausgesehen und kritisiert hat, war Stefan Zweig, der auf dem Kapuzinerberg ein schönes stilles Haus bewohnte und Reinhardt die Schuld an Salzburgs Kommerzialisierung gab. Er war ein Intimfeind des reinhardtschen Hausdichters Hugo von Hofmannsthal und übertrug die Antipathie, die er für Hofmannsthal empfand, auch auf Reinhardt.

Mit Reinhardt zusammen entwickelte Hofmannsthal das Kassenstück der Festspiele – den »Jedermann«. Wie stark Reinhardt literarisch beteiligt ist, ist kaum bekannt, weil Reinhardt eigentlich nie daran interessiert war, seine Mit-Autorenschaft an die große Glocke zu hängen. Er praktizierte Theater als Teamwork und hielt es nicht für nötig, auf dieses Kunstgesetz eigens hinweisen zu müssen. Unzufriedenen Mitarbeitern, die sich darüber beschwerten, daß ihr Arbeitsanteil auf dem Programmzettel nicht auffällig genug vermerkt worden war, sagte er: »Das Theater ist eben eine zusammengesetzte Kunst, und es trägt zuweilen den Namen dessen, der sie *zusammensetzt*.«

Die Notwendigkeit, Mitautor zu sein, ergab sich für Reinhardt aus der Notwendigkeit, für bestimmte Schauspieler bestimmte Szenen zu ändern. Schon während er ein Stück las, wußte er, welche Schauspieler ihm für welche Rollen zur Verfügung standen und was diese Schauspieler konnten und was nicht. Änderungen ergaben sich also nicht erst bei den Proben – oder jedenfalls nur noch in Kleinigkeiten. Die wichtigen Änderungen hingegen arbeitete Reinhardt schon vor Probenbeginn mit den Autoren aus, wenn es sich um zeitgenössische Stücke handelte; für die Klassiker hatte er Bearbeiter, die sich auf das schwierige Geschäft des »Reinhardtisierens« verstanden.

Reinhardts Anteil an diesen Arbeiten war in jedem Falle ungewöhnlich hoch. Ich habe kaum einen Regisseur kennengelernt, der dieses Zusatzhandwerk des modernen Regisseurs schätzte, geschweige denn beherrschte.

Ich glaube sagen zu dürfen: das Beste von Reinhardt ist nie ans Licht gekommen, da der Beruf des Regisseurs anonym ist, besonders wenn der Regisseur seinen Beruf so auffaßt, wie Reinhardt das tat.

Was ein Schriftsteller geleistet hat, hat er schwarz auf weiß, doch das geistige Eigentum des *Regisseurs* ist ungeschützt. Sein Wort, sein Gedanke wird Gemeingut, ohne daß der Nutznießer den Urheber kennt oder ihn als Urheber empfindet: Schauspieler und Dramatiker, Musiker und Szenenbildner glauben, natürlich ganz besonders im Erfolgsfalle, ihre Leistung sei nur ihr eigenes Werk, ihre eigene Inspiration.

Reinhardts Fähigkeit, zu schreiben, entstand immer nur dann, wenn ihm keiner diese Arbeit abnehmen konnte am allerschönsten und allerbesten. In Pirandellos »Sechs Personen suchen einen

Autor« fügte er ganze Monologe ein, gab der Figur des Theaterdirektors seine eigenen Nöte, reinhardtsche Ideen und amüsierte sich, indem er dieser Gestalt mehr Profil gab, unbändig über die herrliche Gelegenheit, versteckt und doch persönlich das Wort an sein Publikum richten zu können.

In die »Namenlosen« von Lenormand fügte er eigens eine Szene, die vor einem Bühneneingang spielte und gab mir einen Monolog, der genau auf das Einstechen und Hochziehen einer Stopfnadel skandiert war.

Ich könnte endlos weiterberichten, denn jedes seiner Regiebücher war voll von Eigenem – immer natürlich auf dem Boden der Dichtung.

Derartiges habe ich immer besonders gern gelesen. Reinhardts Einfügungen waren knapp und klar, in besonders kurzen Sätzen. Manches schien mir mit Büchner verwandt, aber das war von Fall zu Fall verschieden.

Ist nicht alle Regie – oder besser: *sollte* nicht alle Regie ein solches Mitdichten sein? Ist das Inszenieren – genau wie das, was der aktive Zuschauer zu tun hat – nicht ein einziges Mitdichten?

Weil Reinhardt seine Schauspieler liebte, ersparte der Autor (oder Mitautor) Reinhardt ihnen vieles, was sie nicht sprechen konnten, paßte vieles ihrer Diktion an, was ihnen sonst nur stelzig von den Lippen gekommen wäre. Wo immer er eine *Persönlichkeit* sah, hat er sie bejaht und gefördert, im Interesse des Ganzen. So entstand die (vielen unerklärliche) Lebendigkeit seiner Inszenierungen.

Der »Jedermann« – viele Jahre lang das Herzstück der Salzburger Festspiele – ist ein besonders schönes Beispiel für Reinhardts Fähigkeit, Anreger und Co-Autor zu sein.

Weil er eine starke Persönlichkeit war und den hellseherischen Blick hatte, der nötig ist, wenn man seine Ziele schnell und präzis erreichen will, kannte er den *kürzesten*, den *direktesten* Weg. Da er aber ein *Genie* war, wußte er auch und besonders den *Umweg* zu schätzen.

Auf der einen Seite dieses temperamentvolle Fortschreiten, auf der anderen Seite diese Anbetung des Zufalls. Ein Zufall hat ihm den »Reißer« für Salzburg in die Hände gespielt – eben diesen »Jedermann«, den er vorher bereits mit mäßigem Erfolg in Berlin gebracht hatte.

Es wäre ihm nie eingefallen, dieses Stück zum Mittelpunkt der Salzburger Festspiele zu machen, hätte er sich nicht in einer dieser »ausbaufähigen Notlagen« befunden, die er so schätzte: Das bei dem jungen österreichischen Dichter Max Mell für die Festspiele bestellte Mysterienspiel war noch nicht fertig, als die Spiele begannen. Und »Jedermann« wurde, ohne daß man ihm sehr viel zutraute, als Ersatz genommen.

Er wollte auf dem Domplatz – zwischen Mariensäule und Dom irgend etwas »Christliches« machen. Ziemlich spät entschied er sich dann für ein altes bäuerliches Marienspiel, das im Salzburgischen beheimatet war und Reinhardt und seinem verwöhnten Publikum eine Erholung vom mondänen Großstadttheater bieten sollte, – Mell sollte es gestalten, ich sollte die Hauptrolle spielen. Doch aus schlichten Termingründen wurde nichts daraus, weder für Mell noch für mich. Statt einer Salzburger Legende kam eine englische zum Zug.

Reinhardt gab mit größtem Erfolg – achtzehn Jahre lang – den »Jedermann«, und zwar in einer Fassung, die zu einem ganz erheblichen Teil sein geistiges Eigentum ist. Seine Zusammenarbeit mit Hofmannsthal war außerordentlich glücklich, weil sich Poet und Bühnenpraktiker wunderbar ergänzten. Und weil sich beide Naturen menschlich entsprachen.

Es war Reinhardt ausgesprochen unangenehm, mit einem Menschen »unter vier Augen« zu reden, besonders in einem separierten Raum, von der Gesellschaft getrennt. Er wußte dann nie, was er sagen sollte. Doch bei Gesprächen mit Hofmannsthal und anderen Mitarbeitern, wo alle gut vorbereitet (oft unter Zeitdruck) zum selben Thema zu sprechen hatten, war er ungeheuer konzentriert und von dieser produktiven »gespannten Gelöstheit«.

Wir waren da ähnlich und verschieden: Salongespräche schätzten wir beide nicht. Er verstummte, wenn sie von ihm erwartet wurden; ich versuchte, einige Gäste zu isolieren und zu einer echten Konfrontation zu zwingen. Da gehe ich eigentlich immer viel zu weit. Ich will wirklich etwas wissen und sagen und nicht nur plätschern. Doch weiß ich, daß das auf die Dauer nicht geht. So kann man im Grunde nicht leben, ohne den Leuten auf die Nerven zu fallen. Und deshalb begebe ich mich nicht allzuoft in die Gefahr, den Leuten auf die Nerven zu fallen.

Reinhardt liebte große Gesellschaften – aber nur zum Anschauen. Er hatte Menschen wahnsinnig gern um sich, doch – wie gesagt – er war verzweifelt, mit einzelnen Menschen allein zu sein.

Hofmannsthal und einige andere konnten wunderbar mit ihm umgehen, stellten sich sehr geschickt auf ihn ein. Hofmannsthal war mittelgroß, schlank und von ungewöhnlicher Sensibilität, man kann auch sagen: Nervosität. Wenn er zuhörte, begleitete er alles mit einem kurzen »ja«. Pausenlos. Immer »ja – ja ...

ja ... ja ... ja – ja ... ja ...« Dazu hat er seine schön polierten Fingernägel immer ganz nah an seine kurzsichtigen Augen gebracht.

Diese Kurzsichtigkeit, glaube ich, hat ihn dazu geführt, mehr seinem Instinkt als seinen Augen zu trauen. Reinhardt sagte von ihm: Hofmannsthal könne durch eine große Gesellschaft eilen und hinterher genau sagen, wer anwesend war. So ungewöhnlich aufnahmefähig war er.

Bei einem Empfang habe ich ihn unter zweihundert, dreihundert Menschen erlebt, wie er vor Verzweiflung schreiend, buchstäblich schreiend, durch die Säle gelaufen ist und, wie ein Verirrter, nach seiner Frau rief. Er war so verzweifelt über den Wirbel, den er über sich ergehen lassen mußte. Er war kopflos.

Dabei war er weltgewandter und eloquenter als Reinhardt es war. Reinhardt war seinen Gesprächspartnern hilflos ausgeliefert, konnte sich nicht befreien. Doch konnte er offensichtlich mehr aushalten als Hofmannsthal.

Seit 1919 stand ihm eine ungemein tüchtige und zuverlässige Mitarbeiterin zur Seite – meine Schulfreundin Gusti Adler, die mein tiefstes Vertrauen genoß. Zum Beispiel hatte sie mich auf meiner Hochzeitsreise mit Kalbeck begleitet und war auch am Tag unserer Scheidung dabeigewesen. Ihr Vater war Schriftsteller und Journalist, ihre Mutter eine bekannte Malerin. Sie wollte Bildhauerin werden, unterbrach jedoch während des Ersten Weltkriegs ihr Studium und ging als Journalistin nach Berlin, wo sie für Wiener Blätter Kritiken und Reportagen schrieb, vor allem zu kulturellen Themen. Auch über Max Reinhardt (doch war sie ihm noch nicht begegnet).

Als Reinhardt eine Privatsekretärin suchte, dachte ich sofort an Gusti Adler, und meine Empfehlung hat die beiden nie gereut – weder Reinhardt noch Gusti Adler. Gusti Adler, die in ihrem Taufschein als Auguste Adler geführt und von Reinhardt und mir deshalb intern A. A. (wie »Auswärtiges Amt«) genannt wurde – war viel, viel mehr als eine Sekretärin. Sie hatte mit Behörden und Architekten zu verhandeln, mußte Bücher besorgen und Antiquitäten einkaufen. Sie war ihm so unentbehrlich, daß mir ab und zu nichts anderes übrigblieb, als eifersüchtig zu sein.

Offenbar kannte sie keine Unterscheidung zwischen Berufs- und Privatleben, was Reinhardt sehr schätzte. Denn sie arbeitete rund um die Uhr, und so war der Erfolg der Salzburger Festspiele nicht zuletzt auch ihrer aufopfernden Tatkraft zu danken. Nur eins konnte sie nicht: den Freilichtaufführungen des »Jedermann«

gutes Wetter besorgen.

Reinhardt hatte ein ganz persönliches Verhältnis zu den Salzburger Elementen. Bezog sich der Himmel vor der Vorstellung, wurde er still und betete. War das Wetter gut, sprach man von einem Reinhardt-Wetter.

Aber auch wenn es regnete – das österreichische Theaterwetter gestaltete sich für Reinhardt günstig, und er beschloß, nachdem er Salzburg erobert hatte, auch in Wien, der Stadt, die er zeitlebens als seine künstlerische Heimat betrachtete, Theater zu machen.

Das Erstaunliche war: Wien war auf seinen berühmten Sohn gar nicht so besonders neugierig, sondern verhielt sich (soweit es sich um Unterrichtsministerium, Presse und Theaterbeamtenschaft handelte) eher abweisend.

Reinhardt sah sich gezwungen, seiner Mitarbeiterin Gusti Adler, die einen Teil der Verhandlungen führte oder mit-führte, eine Art Lebenslauf mit einer Aufzählung seiner Meriten zuzusenden. Diese – wie er schrieb – »flüchtig hingeschmierten Bemerkungen« sollte sie an zuständiger Stelle ins Gespräch bringen. Offenbar lag Berlin für manchen Wiener Beamten außer Sichtweite. Sonst hätte Reinhardt es doch gewiß nicht nötig gehabt, Fräulein Adler derartige »Bewerbungsunterlagen« mitzugeben.

Reinhardt machte diese biografischen Notizen übrigens nicht im Zusammenhang mit seiner Berufung zum Direktor des Burgtheaters, sondern zur Unterstützung seiner Anregung, eine Schauspielschule zu eröffnen. Diese Schule sollte unter seiner Leitung stehen.

Er schrieb: »Ich weise auf die von mir gegründete und seit mehr als 25 Jahren bestehende Schule des Deutschen Theaters hin, aus der die stärksten, später bei mir tätigen Kräfte hervorgingen; auf meine eigene Tätigkeit an dieser Schule und (vorher) auf meine Lehrtätigkeit am Sternschen Konservatorium ... Ferner weise ich darauf hin, daß die meisten bedeutendsten Kräfte der deutschen Bühne von mir entdeckt, bei mir angefangen oder sich bei mir entscheidend entwickelt haben. Moissi, Höflich, Wegener, Krauss, Konstantin, Roland, Feldhammer, Aslan, Hartmann, Bassermann, Jannings, Durieux, Wangel, Wassmann, Walden, Schildkraut, Carola Toelle, Eckersberg, Arnold, Fein, Klöpfer und viele andere.

(Ferner:) Daß sich viele der auswärtigen Regisseure, wie Gemier in Paris, Barker in London, Royaards in Holland, Paulsen in Kopenhagen, Linden in Stockholm meine Schüler nennen, daß das Pädagogische in meiner Arbeit das Entscheidende ist und daß, wenn ich in Berlin geblieben wäre, die Leitung des Theaterseminars an der Universität mir anvertraut werden sollte ... Materielle Ansprüche werden von mir nicht gestellt, vorläufig auch nicht hinsichtlich der Wohnung.

Es wäre ferner darauf hinzuweisen, daß sich bei meinen Proben seit jeher hospitierende Ausländer befinden, die nur auf die Einrichtung einer solchen Regieschule warten und daß eine (in Gemeinschaft mit mir zu verfassende) offizielle Ankündigung, die wir durch die uns bekannten Korrespondenten ausländischer Zeitungen herausbringen würden, der Schule ein zunächst unübersehbarer, sicher sehr großer Zulauf erwachsen würde und zur Frequenz der Schule und der Stadt entscheidend beitragen könnte.

Daß alles, was zum Theater strebt, die Aufnahme in die Hochschule suchen würde, steht ja bei meinem Ruf im In- und Ausland außer Zweifel, und ich würde selbstverständlich bei meinen Gastspielreisen in den fortwährenden Interviews darauf hinweisen.

In jedem Fall aber haben die führenden Kreise durch die Möglichkeit einer derartigen Verbindung nicht allein für die Schule, sondern für das ganze Gebiet des Theaters (Festspiele u. a. vorläufig nicht absehbare Gelegenheiten) eine entscheidende Chance in der Hand; abgesehen davon, daß eine offizielle Verbindung mit dem ersten Theatermann der Regierung gewiß nicht zum Nachteil gereichen würde.

Vielleicht renne ich offene Türen ein, vielleicht aber auch verläuft sich die Sache ›österreichisch‹ wie die Salzburger Festspiele, wie die ursprünglich von mir vorgeschlagene Reorganisation des Burgtheaters ... Vielleicht ist der ganze Aufwand, die ganze Schreiberei umsonst – weil, nun weil wir halt eben in Österreich leben, wo nur um Gottes willen nichts Wirkliches geschehen, gearbeitet werden soll.«

In der Tat, es sollte lange dauern, ehe der österreichischste unter den österreichischen Regisseuren in Wien Fuß fassen konnte. Am 2. August 1918 hatte mir Reinhardt aus Ischl nach Berlin telegrafiert: »... mit Andrian verhandelt ... Gott helfe!« Leopold von Andrian, ein Freund Hofmannsthals, hatte sich dann auch in den folgenden Jahren als einflußreicher Ministerialbeamter immer wieder nachdrücklichst (wenn auch erfolglos) für Reinhardts Berufung zum Burgtheaterdirektor eingesetzt.

Auch 1920 war Reinhardt noch durchaus optimistisch gestimmt, wie sein Münchner Telegramm vom 6. November dieses Jahres besagte: »... Wienersache aussichtsvoll ...«

Warum seine Freunde in Wien seinen Gegnern damals unterlagen und warum Reinhardt nie Burgtheaterdirektor wurde, ist für jeden, der Wien und die damaligen Verhältnisse kennt, nicht ganz so unverständlich wie für einen Außenstehenden. Ich jedenfalls habe mich über die Wiener Reaktionen in dieser Frage nie gewundert – weder damals noch später.

Erstens war Reinhardt doch in den Augen der meisten Österreicher – ein Berliner. Ein Mann, der unter Brahm in diesem schrecklichen Naturalismus der Norddeutschen groß geworden war. Gegen so etwas Artfremdes war die Ablehnung – oder mindestens: das Mißtrauen damals sehr groß, viel größer als heute, im Zeitalter der Massenmedien. Dieser norddeutsche Dialekt, die herablassende Art – das alles war etwas unüberbrückbar Fremdes. Also, Reinhardt war Fremdling, und den hat man nicht gern hereingelassen, höchstens zu Gastspielen – die übrigens von der Wiener Presse sehr streng kritisiert wurden.

Das Wiener Publikum möchte ich ausklammern in diesem Zusammenhang: das hat zwar auch diese Vorurteile zunächst übernommen, war mißtrauisch, hat sich dann aber von der Qualität des Reinhardtschen Theaters im Sturm erobern lassen. Als das Wiener Publikum ihn echt gespürt hat, hat sich's geöffnet. Die Österreicher sind nämlich ein hochbegabtes Volk, das sich künstlerisch – im Gegensatz zu den Deutschen – nicht so leicht erobern, aber auch nicht leicht irreführen läßt.

Der zweite große Einwand des bürokratischen Österreich gegen Reinhardt war: daß er Jude war. Gustav Mahler mußte zum Katholizismus konvertieren, ehe man ihm die Leitung der Hofoper überließ; Reinhardt hat man das gar nicht erst nahegelegt. – Er hätte nie um einer Position willen eine Überzeugung geopfert (das hat sich dann 1933 gezeigt, als ihn die Nazis zum »Ehren-Arier« ernennen wollten).

Man darf aber bei allem nicht übersehen, daß viele Gegner Reinhardts durchaus künstlerische Argumente hatten, ihnen gefiel seine Art, Theater zu machen, nicht. Und nun komme ich auf einen heiklen Punkt. Damals, so um 1920 herum, gehörte auch mein Vater zu dieser Gruppe. Er war Anti-Reinhardtianer und gehörte zur Gegenpartei, zur Wildgans-Partei. Es war wirklich keine persönliche Antipathie, sondern die Sorge um das Burgtheater, die ihn so urteilen ließ.

In Wien ist »die Burg« der zweitwichtigste Tempel (nach der Oper) – und da kennen die Wiener keinen Spaß, da sind sie ungeheuer konservativ.

Anton Wildgans, der auch von großen Teilen des Ensembles Reinhardt vorgezogen worden war, ging eigens zu meinem Vater, um sich dessen »Segen« zu holen. Dabei erklärte er, sein Widerstand gegen Reinhardt richte sich selbstverständlich nicht gegen mich – Thimigs Tochter. Wehmütig antwortete mein Vater: auch wenn er es nicht gutheißen könne, so sei es doch völlig in Ordnung, wenn ich zur Partei »dieses Berliner Sensationskünstlers« halte, da ich nun mal völlig unter seinem Bann stehe.

Er wollte mir nie mehr in etwas hineinreden, genausowenig, wie es mir eingefallen wäre, ihn zur Reinhardt-Partei herüberziehen zu wollen.

Reinhardt war der Unterlegene. Dennoch gab er seinen Plan, in Wien ein festes Theater zu haben, nicht auf. Vorbei war nur der Traum, ein subventioniertes Haus zu leiten, ein Leben ohne Geldsorgen zu führen, ohne Steuerverhandlungen, ohne diese fürchterlichen Steuerverhandlungen!

Immerhin wurde ihm 1922 die Möglichkeit eingeräumt, im »Redoutensaal« der Wiener Hofburg zu spielen. In dieser Zeit feierten Reinhardt und ich inniges, ausgiebiges Wiedersehen mit Wien.

Mittags – zwischen den Proben – gingen wir nur rasch die wenigen Schritte bis zur Hofkonditorei Demel, um ein paar von diesen kleinen köstlichen Sandwiches, die dort nach Geheimrezepten gemacht werden, und eine Schale Kaffee zu genießen. Das waren herrliche kleine Unterbrechungen für uns.

Und abends nach der Vorstellung sind wir dann – wieder allein, meistens allein – in Ruhe essen gegangen, meistens in ein Restaurant in der Augustinergasse mit wundervollen alten Gewölben.

Reinhardt hatte damals eine Wohnung im »Uhrentrakt« der Hofburg, während ich aus Gründen der Diskretion in einem Hotel hinter der Peterskirche untergebracht war. Natürlich brachte ich – wie in Berlin – fast die ganze Nacht bei Reinhardt zu. Wenn ich dann gegen zwei Uhr nachts durch die leeren Straßen zu meinem Hotel ging, war mir sehr bänglich zumute.

Ich wunderte mich, daß mich Reinhardt so allein durch das nächtliche Wien gehen ließ. Aber er kam nie auf die Idee, mich zu begleiten. Und ich, ich wagte nie, ihn darum zu bitten.

Das war 1922. Ein Jahr zuvor hatte ich in den Kammerspielen des »Deutschen Theaters« unter der Regie von Bernhard Reich in Hofmannsthals »Schwierigem« gespielt, ganz kurz nach der Münchner Uraufführung. Das Stück stieß beim Publikum und beim größten Teil der Presse auf Unverständnis, dennoch zählt die Begegnung damit zu meinen wichtigsten Erinnerungen. Es wurde für mich – und nicht nur für mich – zum Inbegriff dessen, was am alten Österreich nobel war, im Geistig-Seelischen nobel. Und es förderte meine ohnehin schon kräftig entwickelte Sehnsucht, wieder in Wien zu leben.

Vor allem aber begegnete ich bei dieser Inszenierung einem Menschen, der in den folgenden fünfzig Jahren meines Lebens eine wichtige Rolle spielen sollte: ich begegnete Anton Edthofer, für den die Rolle des »Schwierigen« wie geschaffen war. Obwohl aus ganz einfachen Verhältnissen stammend, war er geradezu prädestiniert, Aristokraten zu spielen. Was er privat gewiß nicht war. Privat war er ein ganz schlichter, herzlicher Mensch.

Ich weiß nicht, ob er überhaupt bemerkte, wie gut er mir gefiel. Vielleicht habe ich es selbst nicht bemerkt – oder, was wahrscheinlicher ist: ich habe mir damals einfach nicht erlaubt, zu bemerken, wie gut er mir gefiel. Außerhalb der Proben haben wir kein Wort miteinander gesprochen, und während der Proben eigentlich nur Hofmannsthal.

Edthofer hatte einen sehr feinen, gutgeschnittenen Kopf. Sein Haar wurde schon ein wenig grau, obwohl er erst 38 war. Dazu die schöne, straffe Gestalt, seine leichte, elegante Art sich zu bewegen, und dieser verhaltene Charme, der jeden bezwang . . . Er war wirklich eine bezaubernde Erscheinung.

Sein Vater war Cafetier in einem Wiener Arbeiter-Bezirk. Seine Mutter starb bei seiner Geburt. Ich weiß nicht, wie er aufgewachsen ist und woher er das hatte, daß er immer die leisen, zurückhaltenden Menschen – mit einem Wort: Gentlemen zu spielen bekam.

Laut wurde er nur, wenn er betrunken war. Laut und fröhlich, aber diese Fröhlichkeit war nicht ganz echt. Erst viel, viel später nach dieser Begegnung im »Schwierigen« hat er mir einmal erzählt, wie er das Trinken anfing. Eine durch und durch tragische Geschichte, die meine Ansicht, er habe sehr viel vom »Schwierigen« in sich, noch unterstrich: Als der Erste Weltkrieg ausbrach, floh Edthofer in die USA. Er hatte wahnsinnige Angst vor dem Krieg, und irgendwie ist es ihm gelungen, mit einem falschen Paß noch herauszukommen. Natürlich riskierte er dabei, nicht mehr zurückzudürfen. Aber dieses Risiko nahm er auf sich. Hauptsache, er mußte nicht schießen.

In Milwaukee gab es ein deutsches Theater, und dort nahm er ein Engagement an als erster Liebhaber. Die erste Liebhaberin war wesentlich älter als er und gar nicht hübsch, eine verheiratete Frau, die sich Hals über Kopf in ihn verliebte. Alles was ich von ihm gehört habe, rührt mich. Sie muß ein Mensch mit einem großen Herzen gewesen sein, und offenbar hat sie Edthofer innigst geliebt und verstanden.

Sie verließ ihren Mann und lebte mit Edthofer, für den sie damals der einzige Mensch war, mit dem er sprechen konnte. Er konnte kein Wort Englisch und war verloren in diesem Land.

Bevor sie zu ihm zog, warnte er sie: er könne nicht treu sein, er könne es einfach nicht. Sie sagte, sie wolle trotzdem bei ihm bleiben, und er, er hat sie geheiratet – aus Rührung über ihre Anhänglichkeit, aus Dankbarkeit, Mitleid – ich weiß es nicht.

Als sie dann nach Kriegsende gemeinsam nach Berlin gingen und sie gesehen hat, wie er, der gefeierte Schauspieler von den Frauen umschwärmt wurde und was er ihr antat, hat sie's doch nicht ausgehalten und sich aus dem Fenster gestürzt.

Von diesem Schock hat er sich nie mehr erholt. Ein anderer hätte in dieser Situation sein Gewissen beruhigt: schließlich hatte er die Frau gewarnt, schließlich konnte man von ihm, dem wahnsinnig beliebten Star nicht verlangen, daß er sich mit gelegentlichen verheimlichten Seitensprüngen zufrieden gebe.

Hatte ihn nicht halb Berlin und ganz Wien vergöttert? Warum sollte er auf das Glück verzichten, das man ihm so reichlich bot? Nur weil er an eine ältere Frau gebunden war, die sich ihm aufgedrängt hatte?

Wie gesagt: ein anderer hätte seinem Gewissen auf diese oder eine ähnliche Art gut zugeredet – Edthofer versuchte es nicht einmal, sich vor sich selbst zu rechtfertigen. In seiner Verzweiflung begann er zu trinken.

Erst gegen Ende seines Lebens hat er – mir zuliebe – auf dieses Betäubungsmittel verzichtet. Aber jetzt bin ich in meinen Erinnerungen zu weit vorgeeilt und kehre zurück in jenes Jahr 1921, in dem ich Edthofer in Berlin begegnete. Ich kehre zurück in die Zeit, in der Reinhardt seine Berliner Theater in die Hände von Stellvertretern gegeben hatte, in Wien ein festes Theater suchte und gemeinsam mit seinem Bruder Edmund den schweren Kampf führte, den damals alle Theaterbesitzer kämpften – den Kampf gegen Wirtschaftsnot und Inflation.

Das einzige Mittel, die desolaten Finanzen des »Deutschen Theaters« aufzubessern, sah Edmund Reinhardt in Auslandsgastspielen. Das bedeutete, daß Reinhardt von nun an jährlich einige Monate auf Reisen war, und das bedeutete für mich, daß ich oft und lange allein sein mußte, denn mir wuchs mehr und mehr die Aufgabe zu, während seiner Abwesenheit als unauffälliger künstlerischer »Stellvertreter und Gralshüter« die Stellung zu halten.

Reinhardt ließ mich als Verbindungsstation zurück. Zahllose Reisenotizen mit zahllosen Aufträgen bezeugen das.

Da Reinhardt stets bemüht war, lästige Notwendigkeiten in Annehmlichkeiten umzuwandeln oder ihnen zumindest einige freundliche Seiten abzugewinnen, stilisierte er auch das Gastspielreisen zu einem kultivierten Vergnügen.

Er hatte eine kolossale Reiseausrüstung – die Ausrüstung eines Aristokraten, der sich um Packen, Auspacken, Gepäckversicherung, Kofferträger nicht zu kümmern hat. Da er grundsätzlich mit seinem Diener reiste, brauchte er sich während des Reisens wirklich nur um seine eigenen Gedanken zu kümmern – für Abschirmung und Bequemlichkeit war gesorgt. Wenn Reinhardt wollte, brauchte er die Umgebung überhaupt nicht zur Kenntnis nehmen. Sie drängte sich ihm niemals auf. Das waren eben die Vorteile eines Extra-Abteils.

Auch bei tagelangen Bahnreisen behielt Reinhardt seine Gewohnheit bei, und zwar in der ihm vertrauten Reihenfolge. Das war wie bei einem Gebet. Er hat bestimmte Kissen haben müssen, bestimmte Nachthemden, seine Daunendecke; über die Matratze mußte ein Rehleder gebreitet werden usw. Es war wirklich ein Ritual.

Das Prunkstück seiner Reiseausrüstung war ein großer Krokodillederkoffer, eigens für sein Bettzeug. Diesen Koffer habe ich heute noch und verwende ihn als Truhe.

Neben allen Nachteilen einer längeren Trennung hatten Reinhardts Tourneereisen den unschätzbaren Vorteil, daß er mir Briefe schrieb, wunderbare kluge und zärtliche, nachdenkliche und lebendige Briefe.

Heute bin ich versucht zu sagen: Reinhardt war leider nicht oft genug fort – sonst besäße ich mehr von diesen kleinen Kostbarkeiten.

Er war kein hastiger Briefschreiber; obwohl immer in Zeitnot, nahm er sich oft halbe Nächte Zeit, um seine Gedanken, Fragen, Wünsche bedächtig und so klar wie möglich zu Papier zu bringen. Seine häufigste Klage war die über die »Mißverständlichkeit« aller Korrespondenz. Das war seine Sorge: durch eine mißverständliche Formulierung ungeahnte Verwicklungen, nicht wieder gutzumachendes Befremden auszulösen. Seine Ungeduld peinigte ihn, während er darauf wartete, daß ich ihm eine seiner Rückfragen beantwortete.

Meistens kamen diese Rückfragen in Form von dringenden Telegrammen, wie z. B. am 21. Februar 1923: »Gestrige Briefandeutung unverständlich beunruhigend, maßlos quälend, gewiß absichtswidrig. Erbitte rückhaltlose Aufklärung. Wiedergutmachung unaufschiebbar.«

Viele seiner Telegramme waren die reinsten Liebesbriefe: »Trage Deine Briefe fetischistisch. Verzehre mich ...« (17. 2. 1921, Kopenhagen); andere klangen wie Hilfeschreie: »Tote leere Tage ... Qual! Frage wofür ...« (22. 10. 1921 Stockholm); wieder andere ersetzten nur seine nächtlichen »Bestellzettel«, wenn er z. B. telegrafisch ein bestimmtes »Reise-Tintenzeug« anforderte, einen eigens anzufertigenden Rasierspiegel, Zigarrenspitzen aus der Tabaktrafik am Wiener Kohlmarkt, ein bestimmtes Lavendelwasser oder seine »Elizabeth-Arden-Salbentiegel«, die der Diener aus unerfindlichen Gründen im Wiener oder Berliner Badezimmer stehengelassen hatte.

Die größten Schätze meiner Korrespondenzmappen aber sind Reinhardts Nachtbriefe, in denen er Dinge aussprach, die ihm sonst – im Gespräch – auszusprechen nicht möglich waren. Ich halte diese Briefe in großen Teilen für literarische Meisterwerke und werde in den folgenden Kapiteln immer wieder daraus zitieren. Vorausschicken möchte ich noch, daß in den ersten Nachkriegsjahren alle Korrespondenz zwischen Reinhardt und mir – Geheimkorrespondenz war. Reinhardt schrieb auf alle an mich gerichtete Post nur die Adresse, nicht meinen Namen. Da kaum ein Tag verging, an dem ich nicht wenigstens ein Telegramm bekam, waren wir der Post natürlich bekannt, so daß dennoch alles richtig ankam.

Ich greife ein Beispiel heraus – einen von Reinhardts schönsten Briefen. Er schrieb ihn nach einer brieflichen Auseinandersetzung über ein Stück, in dem ich spielen wollte, während er dieses Stück ablehnte:

»›Ich bin schon still‹ war mein letztes Wort. Ich hab es mir wirklich gelobt, weil das, was mein Lautsein angerichtet hat, mir unsagbar zuwider war. Wie alles andere ist es verstümmelt zu Dir gekommen, ohne Dir etwas zu sagen. Trotzdem: ich sitze schon wieder da, geschüttelt von der Brunst, mich mitzuteilen, unfähig, dem Sturm zu wehren, der in Dich möchte, und voll Wut über das immer bereite Papier, das alles aufrührt, ohne es wiederzugeben, das die Dinge quälend pervertiert und überhaupt kein Mittler, vielmehr eine Scheidewand ist. Das Beste im besten Fall bleibt, daß sie dünn ist, und das allerbeste: sie zu zerreißen.

So denke ich und trotzdem schreib ich. Weil schwerer als dieses

Denken und dieses Geloben die Sorge wiegt, daß von diesem Mißverstehen Spuren bleiben, die Dich irreleiten könnten. Wohl verstanden: praktisch, sachlich, beruflich. Alles andere ist ja unverwüstlich.

Nur zum Schluß meines unseligen Brieftelegramms hat die persönliche Leidenschaft mir die Sache aus der Hand geschlagen und das Ganze unentwirrbar verknäult. Es sind Explosionen ohne eigentlichen Zusammenhang, hervorgerufen durch Deine Briefe. Mehr oder minder erregte Selbstgespräche, auf viele Tage verteilt, die ein törichter Augenblick zusammenpreßt.

Man wiegt sich in lächerlichen Illusionen und glaubt in seliger Dummheit, der Empfänger könne das alles sondern und auseinanderhalten, wie es entstanden ist. In Zukunft will ich lieber schweigen, aber nun hab ich einmal a gesagt und muß auch b sagen, muß es noch einmal und deutlicher zu sagen versuchen, selbst auf die Gefahr hin, Dich abermals zu verstimmen oder gar wieder mißverstanden zu werden.

Die Sache steht für sich, und das Persönliche steht für sich. Beides treibt starke Wurzeln in mir, wächst aber ganz unabhängig voneinander. Der Teufel soll mich holen, wenn ich das je miteinander verquickt habe. Ich glaube, ich könnte mir eher alle persönlichen Wünsche abhauen, als (von mir aus) Dein künstlerisches Wachstum in Schatten zu stellen.

Glaube also nicht, daß mir die Sache durch irgend eine »Jalousie« verdeckt werden könnte.

Die Sache steht so: ich weiß, wie heftig in Dir das Ringen um die Form ist. Du stehst vielleicht dicht davor, denn oft ist sie schon ganz klar zu sehen. Aber in diesen Umständen ist man leicht reizbar und empfindlich und kann sich leicht verschauen. Du mußt also doppelt auf der Hut sein, wenn Du Dich nicht um das Beste und Eigenste bringen willst.

Das und nichts anderes wollte ich Dir sagen. Deine Briefe sagen mir, wie Du Dich quälst, wie leicht Du (durch nichtssagendes Parteigeschwätz in den Zeitungen) deprimiert bist, und manchmal macht mir, warum soll ich es verhehlen, eine neu errungene Zufriedenheit noch mehr Sorge, weil ich ihren Grund nicht nachprüfen kann. Du bist mir nicht ›zerstörbar‹, denn Du bist von Gott. Gottes Geschöpfe sind, davon bin ich heilig durchdrungen, nicht zerstörbar, nicht einmal veränderlich. Dein Wesen, Dein Inneres ist nicht zu beeinflussen, darum kann ich nie bange sein, auch nicht mir selbst gegenüber.

Deshalb scheue ich mich gar nicht, in der Arbeit mit Dir, Dich bei den Wurzeln Deines Wesens fest anzupacken, ja, in Deine Empfindungen hineinzugreifen, wenn mir das notwendig erscheint. Ich weiß, daß die Seele, der Kern der Menschen, zwar zugänglich (natürlich!), aber unversehrbar, unbeirrbar ist, das einzige, was unzerstörbar, unvergänglich am Menschen bleibt. Wir haben eine schwache, veränderliche, sterbliche Hülle, aber einen festen und ewigen Kern. Die Seele, oder wie Du es sonst nennen magst, kann unendlich zart sein, sie ist dennoch der robusteste und widerstandsfähigste Teil an uns. Sie kann in jedem Menschen Schweres tragen. Der Künstler kann ihr ohne Gefahr die Erschütterung von tausend Schicksalen zumuten.

Ganz anders steht es mit der Form, sie ist Menschenwerk, zeitlich verhaftet und begrenzt. Ihr Werden muß sorgfältig behütet und gepflegt sein. Wie sehr die Form selbst bei bedeutenden Künstlern, unter unglücklichen Umständen, zerstört und beeinflußt werden kann, erleben wir ja immer wieder, auch wie die einmal errungene, vollgültige Form in Manier übergehen kann, ohne daß die Künstler darum wissen.

Es gibt auch Künstler, wenn man sich dann noch so nennen darf, die zu schwach sind, um eine eigene Form hervorzubringen. Sie müssen eine fremde adoptieren.

Du aber (und das habe ich nicht in Unsicherheit gesagt, wie Du mir vorwirfst, sondern in seliger Sicherheit) wirst Deine eigene, unvergleichliche Form zur Welt bringen, die alles von Dir und nur von Dir hat.

Ich weiß, daß sie anders sein wird als alles, was wir heute sehen, und trotzdem und stärker das Zeichen der Zeit tragen wird.

Aber Deine Ungeduld, Deine Depression, Deine Neigung, Dir irgend eine Zucht aufzuerlegen, macht Dich beeinflußbar und gefährdet den einzig fruchtbaren, natürlichen Prozeß. Jeden gewaltsamen Eingriff (und alles ist gewaltsam, was nicht von selbst, aus Deinem eigenen Inneren kommt) halte ich unter diesen Umständen für ein Unglück.

Ob Du im Augenblick Erfolg oder Mißerfolg hast, hängt damit gar nicht zusammen und hat dem viel Wesentlicheren gegenüber gar nichts zu bedeuten. Ein Erfolg hängt ja, wie wir wissen, nicht von der Leistung, sondern von der Konjunktur ab. So glaube ich z. B., daß Dein Zusammenarbeiten mit mir (in Berlin) Dir für den Augenblick den Erfolg erschwert. Man will das (Anmerkung: gemeint ist Reinhardts Verbindung mit mir) nicht sanktionieren ... Deshalb ist es gut, daß Du ohne mich etwas Entscheidendes machst – und wahrhaftig, ich weiß mich hierin frei von jedem Geiz . . .

Aber wenn ich schon nicht dabei bin, muß ich Dir sagen – falls ich überhaupt etwas sagen soll – bezahle *nichts* mit dem Kostbarsten, was Dir eigen ist! Ich bin glücklich – und innerlich glaube ich ja daran – wenn das (hier) alles überflüssig ist und Du Deinen klaren Blick für das, was Dir frommt, behalten kannst.

Aber kannst Du meine Sorge mißverstehen?

. . . Warum hast Du auch nicht einfach herzlich gelacht, mich glatt ausgelacht, statt zu telegrafieren, ich hätte Deine naive Freude gestört? Ich wünschte und wünsche inbrünstig, daß Du gar nicht naiv, sondern Dir vollkommen und heiter bewußt seist, daß Du nichts anderes als Dich selbst gibst, in der Form, die Dir, nur Dir eigen ist. Dann will ich froh und glücklich sein, gleichviel ob Du Erfolg oder Mißerfolg hast, und sogar die traurige Tatsache, daß Du nicht hier bist, preisen, weil dann diese Arbeit etwas ist, was Dich vorwärtsbringt. Alles, was uns nicht umwirft, macht uns stärker. – So, das war das Sachliche.

Ich könnte meine Feder noch seitenlang so weiterrutschen lassen, wahrscheinlich aber doch ohne alles sagen zu können, was ich eigentlich meine und empfinde, ohne mich Dir wirklich ganz mitteilen zu können. Deshalb ist dieser ganze Brief vermutlich wieder für die Katz.

Trotzdem: wenn er Dir ein Zeugnis davon gibt, daß und wie ich mich unaufhörlich mit Dir beschäftige, will ich es sonst hinnehmen, daß ich Dich und mich ganz unfruchtbar damit quäle. Tu es auch!

Das Persönliche kann ich noch viel weniger klar machen. Ich muß schon warten, bis ich wieder bei Dir bin, und das wird dann auch nur eine halbe Sache sein. Eine halbe? Ein Tausendstel von dem, was sein könnte und was sein sollte.

Ich hadere halt immer wieder mit dem unabänderlichen Schicksal, daß Du einen Beruf (Beruf in höchstem und wörtlichem Sinn) hast, der Dich zwingt, woanders und ganz woanders zu sein als ich. Und je weiter, je tiefer Du in Deiner Kunst kommst, desto mehr werde ich Dich mit vielen, mit den viel zu vielen teilen müssen.

Wundert es Dich, daß mich das nicht froh macht. Manchmal empfinde ich den Fluch des Ahasver, der immer weiter wandern muß und nirgendwo zu Hause ist. Soll ich immer nur von Briefen leben? Ich habe Dir schon gesagt, daß sie meine einzige Nahrung sind. Ich bin hier ganz allein, habe alle Abende (fast ausnahmslos) für mich. Was das hätte sein können, – will ich lieber nicht sagen.

Es ist unwiederbringlich, weil es gerade jetzt und gerade hier hätte sein müssen. Müssen? Nein. Sonst wäre es wohl gewesen. – Na, ich will aufhören. Leb wohl.

P. S.: Ich habe diesen Brief noch einmal durchgelesen, d. h. ich wollte es tun, war aber nach den ersten Sätzen voll Zorn und Verzweiflung, weil nichts da steht, was ich eigentlich sagen wollte. Soll ich ihn zerreißen? Ich überlasse das Dir. Es ist hoffnungslos.«

Im vorigen Kapitel habe ich gesagt, Reinhardt habe während längerer Trennungen von mir kaum einen Tag vergehen lassen, ohne mir wenigstens ein Telegramm zu schicken. Ich muß das etwas differenzieren, denn es gab Zeiten, in denen er mir ganze Briefpäckchen schickte – so 1919 aus Venedig – und sich bitter beschwerte, wenn ich nicht Gleiches mit Gleichem vergalt (». . . bin durch Deine Kürze unerträglich gequält!«), – es gab aber auch Zeiten, in denen er fast völlig verstummte.

Eine solche Zeit war Anfang 1922, als Reinhardt in Stockholm mit schwedischen Akteuren »Orpheus in der Unterwelt« einstudierte. Bis auf zwei oder drei Telegramme und zwei Telefongespräche hatte ich in diesen Januarwochen, die Berlin einen ungewöhnlichen kalten Winter bescherten, kein Lebenszeichen von ihm, während ich hingegen Abend für Abend, Nacht für Nacht lange Briefe verfaßte.

In einem dieser Briefe steht meine Bemerkung: »Ich bin bei Dir und rede zu mir . . .« Dieses Zitat erklärt, warum ich dieses Kapitel, obwohl es doch äußerlich einem Monolog gleicht, mit »Zwiesprache« überschrieben habe – in des Wortes weitester Bedeutung und unter Berücksichtigung aller psychologischen Feinheiten und Komplikationen, die für unser Zusammenwachsen damals so charakteristisch waren.

Ich gebe im folgenden Auszüge aus meinen Briefen preis, von denen ich annehme, daß sie möglichst getreu das Reinhardt-Bild geben, wie es sich damals in meinem Inneren spiegelte. Daß ab und zu auch mein Berliner Theater-Alltag hineinspielt, wird den Leser hoffentlich nicht stören; der Freund des »Zeitkolorits« wird das möglicherweise sogar zu schätzen wissen.

Berlin, den 12. Januar 1922

». . . Dieser Weg zu Dir ist mir doch wieder sehr fremd geworden – weil mir aber ein Weg dorthin sein *muß*, so werden die Tage mir ihn schon wieder gangbar und lieb machen.

Ich habe also (wie Du wünschst) *keine Sorgen!* Wirklich, die Sorgen kann ich wieder einmal aufgeben! (?) Du meinst es ja. Dann will ich es *auch* meinen.

Du hast mich am letzten Abend einmal grad ins Zentrum getroffen – daran winden sich meine Gedanken seitdem hoch. Ich erinnere mich an ein paar Phasen in meinem Leben, die so endeten und begannen: nun darfst du genießen!

Zum ersten Mal zur Konfirmationszeit. Ich hatte bis dahin alle Ängste allein bestehen wollen und dachte, ich könnte mir nur erlauben, sie zu bekennen und ihnen auszuweichen.

Dann in Meiningen, als ich das – jahrelang einzige – Gebet um Talent abbrach. Dann als ich mich innerlich von Paul Kalbeck löste und das Alleinsein und die Bewegungsfreiheit genoß. Alles das sind lichte Zeiten auf verdunkelte hin gewesen.

Immer ist dem aber vorausgegangen: »So, nun kann und will ich das oder jenes nicht mehr wollen – und darum: genieße!«

Daß das einer sagen kann! So, wie ich es verstehe, und in einem einzigen Moment!

. . . Der äußerste Umweg ist der nächste Weg. Die Abkehr ist die Näherung. Das sollten Menschen, die zur Verschlingung getrieben werden, nie vergessen. Das Sinnliche in einem verlangt aber nach dem Symbol, – so lange und so drängend, bis es – muß es schon schwer errungen werden – plötzlich Selbstzweck wird, das heißt: bis ein Händedruck bloß ein Druck der Hände aber kein Ausdruck für Unaussprechliches ist.

Vielleicht hast Du *doch* recht, und ich schreibe hier nur an mich selbst. Denn der Weg zu Dir ist ja die Abkehr, die, weil ich zu Dir gehöre, immer nur der *Umweg* wird zu Dir.

Weil ich also nichts zu Dir sage, sondern nur zu mir, so kann ich alles hinschreiben, – sogar Deinen Namen, das heißt: vieles, was ich nie aussprechen würde . . .«

Berlin, den 13. Januar 1922

»Zu Deinem ›Orpheus‹ sollen sich die Leute an den Kassen prügeln. ›So etwas war noch nicht da!‹ Hollaender« (dem Reinhardt damals die Leitung des Deutschen Theaters übergeben hatte) »war auch zu mir weich und mild gerührt über Deine Erfolge – aber er ist trotzdem so feige, daß er jetzt in den Kammerspielen wieder so einen seichten Franzosen bringen will . . .

Wenn nur bald *der* käme, der *Dein* Stück macht!«

Berlin, den *14. Januar 1922*

»Weißt Du, daß man Worte schenken kann, sie hübsch einwickeln und schenken und sich Worte wünschen kann? Eingewickelte, freiwillig geschenkte?

Ein Wort ist wie eine Gabe: Ein Wort, das nichts Neues, nichts Altbekanntes bedeuten soll – ein Wort, das keine Nachricht ist irgendwelcher Art, sondern einfach – ein Wort als Geschenk. Als Weihnachts-, Geburtstags-, Abends-, Morgens-, Mittagsgeschenk!

Es bedeutet nicht mehr und nicht weniger als das Ersehnte für den Liebenden. Endlos schön, es zu geben, – aber erst das Empfangen! Gewißheit, entscheidende Gewißheit liegt doch immer außerhalb aller Wünsche. Aber: immer neue Worte zu finden, um sie wegzugeben, ist die Sehnsucht, ohne die die Liebe nicht sein kann, weil sie die Bezwingerin der Trägheit ist, die Spannung und die Erneuerung, das Leben.

Und diese Sehnsucht zu empfangen, die im Wort vergeistigte Sehnsucht, ist das Entzücken, das schillernde Spiegelbild des Geliebten. Und das Wort so wie es kommt, wird dann um den Hals gelegt, wie ein Amulett, in der Hand gehalten und, vor allem, an die Brust gedrückt.

Du siehst also, das Wort *muß* empfangen werden, um zu leben! Darum bedränge ich Dich so oft, mir zu sagen, daß Du empfängst. Denn daß ich Dir immer schreiben muß und immer sprechen will, ist doch nur, weil es mich drängt, Dir diese bestimmte Art von Wort zu geben.

Das darf aber nie tot sein – darum braucht es Dich so. Du beschenkst mich doch dadurch, daß ich Dir (mich) schenken darf. Wende Dich nicht ungeduldig gegen die ›Aussprache‹ – denn sie ist doch mindestens immer der Ansatz zur Vergeistigung – zur Verewigung des Menschen durch die Neigung.

Ist derjenige, der alles benennt, der Forscher oder der Künstler? Das Geschöpf oder der Schöpfer?

... Wenn in mir alles zum Glücklichsten stünde, sollte ich, wollte ich und wünschte ich Dir dieses, Dir sicher wirre, Zeug ganz zu klären, zu erweitern, vertiefen, verklären, mit dem Einsatz meiner ganzen Natur.

Aber mir fehlt momentan ein kleinstes Teil Sicherheit, was dadurch kommt, daß Du zuletzt sagtest, ich wäre nicht froh in Deiner Gegenwart und nähme Dir damit auch Deine Frohheit. Ich weiß natürlich, daß Du's nur *sagtest*, daß Du's anders fühlst.

Aber trotzdem hab' ich – bloß von Deiner Regung her – noch ein bissl Watte in den Ohren.

Das ist nicht schmerzhaft, sondern: nur so ein wenig taub ist man für alles Bessere (als die ›Realität‹ ist) und darum begeb' ich mich etwas schwerer in den Schmerz, der immer vor der Erlösung steht . . .«

Berlin, den 15. Januar 1922

»Welches künstlerische Gebiet man auch ansieht, immer scheitert es an dem Herzen. Talent, Fleiß, Wissen, Übung, Phantasie – alles ist da (und reichlich da) – nur die Güte fehlt. Sie scheint das Ausschlaggebende zu sein. Immer und überall.

Aber, daß sie so selten ist! –

Du – bist – gut.

Ich bin *so* zerschlagen, jetzt immer, körperlich – wie in einer schweren Rekonvaleszenz. Alle Funktionen dieses Körpers sind träge und langsam. Heute abend bin ich zu Fuß ins Theater geschlichen, so langsam, bewußt einen Fuß vor den anderen setzend, – und da hat die Uhr dieses Tempo mitgemacht – es war zum Verzweifeln, denn ich habe trotzdem (mit Stehpausen, Umschauen etc.) nur zehn Minuten für den ganzen Weg gebraucht. Und sonst durchrase ich ihn in zwanzig . . .

Du sagtest unlängst: Frauen glauben nie, daß sie ihren Höhepunkt erreicht haben. Daraufhin bin ich in mich gegangen. Du weißt doch, daß es Deine Pflicht ist, mir törichte Illusionen zu nehmen, wenn ich sie habe. Denn es macht mich nicht glücklich, Unerreichbarem nachzujagen – ich bin schon auf die Gegenwart oder das mir Mögliche gestellt.«

Berlin, den 16. Januar 1922

»Ich war heute abend in Molnars ›Anatol‹. Mein Gott, es ist doch klar, daß nur solche Leute, wie ich sie heute gesehen habe, ins Theater gehen können – nur Leute, die zu Geld gekommen sind, und die Filmleute. (Klar ist auch) daß die sich dann auch nur ihre Sorte von Stücken aussuchen.

Ich saß so mitten drin. Wenn man das so selten tut, wird man so beeindruckt davon, weil das Publikum sich von Mal zu Mal verändert und einheitlicher wird, in immer bestimmterer Richtung.

Der ganze Zuschauerraum war verpestet von Parfüms und Schminken. Jedes Gesicht sieht ungefähr so aus, als ob es einen

Raubmord begehen könnte . . .
So ein süßer Geruch macht mir so ein Gefühl wie in dem öligen
Maschinenraum eines Schiffes auf hoher See.«

Berlin, den 17. Januar 1922

»Eben auf dem Heimweg vom Theater, dachte ich an etwas Bestimmtes und überlegte, daß ich Dich fragen wollte, was Du
davon hältst.
Ich dachte: sollte ich nicht – da ich doch so viel Gutes gebe, jeden
Abend, und oft das Allerbeste, was ich habe – sollte ich da nicht
verdienen, daß es irgendwo *anspricht?*
Sollte es nicht Menschen geben, die *voll berührbar* werden von
dieser wunderbaren Verbindung zweier Dichter (Schauspieler
und Zuschauer), deren Kind und Bekenner ich bin, täglich neu
bin? Wirklich täglich bin, täglich neu.
Das ist doch die reinste Liebe, die sich täglich vollkommen er-
neut! Fühlte das einer, so müßte er doch ein Zeichen geben!
Warum diese furchtbare Stummheit?
Aber – es ist eben keine Stummheit. Es ist viel einfacher. Es ist
das Nichterkennen.
Es muß doch eine unendliche Fremdartigkeit vorliegen. Sonst
könnte das nicht sein!
Ich sehe mir nach der Vorstellung die Leute in der Straßenbahn
an, mit ihren Operngläsern und Programmen. Wie ist es möglich,
daß sie so offensichtlich ohne Erlebnis geblieben sind? Ich bin
immer gleich für alles schuldig, wenn ich mir an Tagen, wo es
aus körperlichen oder sonstigen geheimnisvollen Gründen nicht
durchaus so gelang, wie es sollte. Ich fühle mich schuldig. Diese
Leute aber kennen offensichtlich kein Versagen, obwohl auch das
Publikum sehr oft versagt, sehr, sehr oft.
Wenn ich versage, nehme ich zur Erlösung *alles auf mich* und empfinde nur die äußerste Gerechtigkeit darin; sogar mit Befriedi-
gung . . .
Ich will wohl immer das Schwerere zwingen, das ist es. Doch
nicht das zu Schwere, nicht? Kann ich das sagen?
Wenn ich nur wüßte, ob Du lesen kannst! Hören kannst Du, –
weil da der ganze Mensch mitspricht, neben und über seinen
Worten.
Aber Geschriebenes, das ganz allein und nackt auf solche Reisen
geschickt wird, das muß doch über-und-übersetzt werden! Denk
Dir: bis dem wieder warm geworden ist, in diesen kalten Brief-

kästen und Nächten auf der Bahn und im Schiff! Da muß man schon gehörig vom eigenen Hauch dazugeben ...«

Berlin, den 20. Januar 1922

»Ich danke Dir für das heutige Telegramm. Ich bekam es früh ans Bett und schlief dann gleich noch ein bissl ein, – es umarmend. Ich hab das Gefühl, Du lebst jetzt eine Zeit lang ähnlich wie ich: Du arbeitest etwas, was Du schon einmal gemacht hast, nimmst den Tag gleichmütig-heiter hin, obwohl er nichts besonderes bringt, sehnst Dich nach Schlaf – und manchmal befriedigst Du sogar diese Sehnsucht und wunderst Dich, wie wenig das dann anhält.

Vielleicht kombiniere ich ganz falsch. Doch kombinieren muß ich. Denn zumindest Deine Grundstimmung müßte ich wissen ... weißt Du, warum ich das Unglück brauche? Warum ich es instinktiv vielleicht suche? Da, wo es gar nicht da ist? Weil ich dadurch zum Denken gebracht werde ...«

Berlin, den 22. Januar 1922

»Ich fürchte, Freude und Schmerz sind ganz unzertrennliche Geschwister. Freue ich mich übermäßig über Dein Telegramm, so leide ich auch übermäßig daran, meine Freude nicht bezeugen zu können.

Laß ich's aber nicht an mich herankommen, auf was muß ich dann verzichten! (Und ich will doch nicht verzichten!)

... Ich sage immer ›mich‹ und meine ›Dich‹ – Oder soll ich mehr ›Dich‹ sagen und ›mich‹ meinen? Es ist – endlich – dasselbe ...

Ich glaube, man muß nur wissen, *warum* man leidet. In lichten Momenten. In ganzen Momenten meinetwegen.

Aber dieses Wissen ist der Beweis, daß eine ›Heimat‹ vorhanden ist.

Und jeder hat die Pflicht, in solch eine ›Heimat‹ zu gelangen ...

Weißt Du, daß ich gar nicht zu Dir rede? Ich bin bei Dir und rede zu mir. Glaube nur nie, daß ich Dich etwas wissen lassen will. Du weißt ja. Und wenn Du mal nicht weißt, dann erfährst Du's nicht auf solchem Wege.

Aber was soll ich tun, als *ich sein*, in Dir? Du sollst mich nur aufgebreitet sehen. Das wünsche ich auch von Dir, das ist mein ganzes Entzücken ...

Weißt Du, was das ist – eine Dame? Das ist ein Mensch, der

seine Sicherheit und Überlegenheit nicht aus dem Menschlichen, sondern aus seiner bürgerlichen Position, wie das heißt, holt.

Und mit solchen Leuten kann ich nie sprechen. Ich bin vor ihnen so verlegen, daß sie sich im Ton ganz fürchterlich irren.

Und weil ich sie doch anschließend *auf meine Art* mit ihrer Gewandtheit schlagen müßte, werde ich ihnen immer unterlegen sein, wegen der ›Gewandtheit‹ die ich so verabscheue.

Abgesehen davon, daß sie bei mir nicht geübt ist, ist sie auch etwas, was so kalt ist, daß ich mich instinktiv und auch bewußt von ihr fernhalte. Ich hasse sie – sie geht lächelnd über Leichen. Kein Gedanke kann in ihr leben. Sie ist ein Laster, eine Verführung, besonders wenn man gut angezogen ist. Man muß gut angezogen sein können, aber bloß um sich mehr zu konzentrieren, um ›ungesellschaftlicher‹ sein zu dürfen.

Deswegen *hasse* ich auch das Anstoßen bei Tisch und die formellen Reden, die Glückwünsche und die Handküsse; und zwar nicht, weil ich sie aus Unroutine nicht belächeln kann, sondern weil sie absolut das Fahrwasser zu dieser harten Unpersönlichkeit bilden, die man Gesellschaftlichkeit nennt.

Schon als Kind ... hab ich immer gemeint, ich muß versinken vor Scham über dieses Getue. Ich habe gelitten, daß mein Vater das gemacht hat, ohne Not, nur so aus Getue. Und so eine Empfindung wird man dann auch nicht mehr los.

Ich hätte nie etwas gegen ›guten Tag‹ und ›Adieu‹ – aber das sagt und empfindet man auch zu *jedem* Menschen, in welcher Schicht er auch steckt. Aber das andre nie, das kommt nur in Betracht für »Seinesgleichen« und soll dazu noch Gefühlswelle vortäuschen. Ebenso wie: ›man‹ läßt nicht warten oder ›man‹ antwortet auf Briefe etc.

Hier fühle ich mich schon sehr schuldig, denn ich möchte natürlich bei Dir nicht, daß andre Leute, wenn's gerade ›Gesellschaftliche‹ sind, über Dich schimpfen, darum möchte ich immer, daß Du ›antwortest und nicht warten läßt‹. Bei *meinen* Unkorrektheiten hingegen bin ich schon konsequenter ich selbst und nehme das Schimpfen auf meine Kappe.«

Berlin, den 23. Januar 1922

»Ich werde Dir heute in aller Ruhe und Geduld telefonieren und Dir sagen, Du sollst mir von Dir sprechen – – oder nein, ich werde das doch nicht tun – das kann und soll man nur aus Bedürfnis tun – das Vonsichsprechen – und ohne Aufmunterung oder

Pistole auf der Brust ... Ich glaube ja noch immer, daß es Dich einmal reißen wird dazu. Und nur so ist es ja das Schönste.«

Berlin, den 24. Januar 1922

»Seit ein paar Tagen ist der Traum meines Lebens: eine Höhensonne zu besitzen! Und warum sollte der nicht erfüllt werden können? ... Es ist eine große Kugel auf einem Ständer und wird an jeden elektrischen Kontakt angeschlossen. Eine Röhre mit Quecksilber, das sich entzündet, wenn es gekippt wird – und das sind also diese wundertätigen Strahlen. Eben ›Höhensonne‹ ... Für Kinder soll es auch unerhört gut sein ...

Ich weiß nicht, ob Du Dich freust, ob Du gelangweilt oder interessiert bist, ob Du rot oder blaß bist, ob Du ausschläfst oder wachst, ob Du ißt oder fastest. Was nützt es, wenn Du mir in vier Wochen davon erzählst! Erstens tut man das dann nicht, und zweitens ist es dann nicht mehr ›wichtig‹. Was ist wichtig?!«

Berlin, den 25. Januar 1922

»Das Beste wäre, ich könnte *ganz* weg aus Berlin. Hollaender hat entgegengesetzte Interessen wie Du – und natürlich auch wie ich ...

Ich habe das Bedürfnis, mir in Deinem Zimmer ein kleines Zimmer, so am Fenster oder wo, für mich einzurichten. Mißversteh mich nicht: nicht um mich zu separieren, sondern im Gegenteil mit der leidenschaftlichen Hoffnung, daß man mich besucht! ... Du kannst in diesen Dingen nichts besseres und sicheres tun, als von Dir auf mich zu schließen ...

Ich wäre beglückt, wenn Du, ohne mich zu fragen, einfach für mich das Zimmer selbständig fertigmachtest. Du glaubst das nicht: aber bis zum letzten Bleistift oder Briefpapier oder was es sonst noch für individuelle Dinge gibt, – alles, alles würde ich mit meiner vollen Person aufnehmen und aufzunehmen versuchen. Und wo es halt einmal grad nicht ginge, da würde das eben gewandelt werden, aber so, daß es, mit dem Deinen verquickt, etwas ganz besonders Gutes vielleicht ergäbe – das heißt: etwas besonders Persönliches.

Ich hab versucht, in diesem Sommer Dir das ganz klarzumachen – es ist nie geglückt ...

Heute bekam ich vom Obmann des Genossenschaftsbetriebsrats im ›Deutschen Theater‹ eine Strafe von zwanzig Mark auferlegt, für Nichterscheinen bei einer Versammlung (›Gerade jetzt, wo unsre Gagenverhältnisse eine Besserung erfahren sollen, ist Ihr Fernbleiben unerklärlich!‹) ... Auf dem Strafzettel steht: ›Die Sitzung hat beschlossen, Sie für unentschuldigtes Fernbleiben mit zwanzig Mark, im Wiederholungsfalle mit fünfzig Mark zu bestrafen.‹ Ich werde schreiben: Ich zahle gleich zwanzig Wiederholungen im voraus. Bitte um Quittung. Helene Thimig.

... Ich kann und kann diesen Brief nicht mehr durchlesen – das ist schrecklich. Es fährt alles so weg – wie etwas Selbständiges, von dem ich nur etwas ganz Entferntes weiß.«

Berlin, den 26. Januar 1922

»Wirst Du denn auch gleich am Ersten fahren?«

Berlin, den 29. Januar 1922

»Du hast heute am Telefon viel zuwenig von Dir gesprochen, und es war eigentlich ein armes Bild dessen, was man ›von Sorgen aufgefressen sein‹ nennt. Dabei sterbe ich nach einer Nachricht von *Dir*, nicht ob ›London wird‹ oder Film, sondern was Du bist im Moment.

Ich sagte Dir schon zuviel, wider meinen Willen, wie ich danach verlange. Aber ich sage es ja auch nicht mit der Absicht, Dich zu irgendwas zu veranlassen. Und darum bin ich Dir ja dankbar, daß Du nicht – also richtig – reagierst. Ebenso wie es mich schließlich nur freut, daß Du unter keinen Umständen Dein Tempo änderst ...

Das weiß ich sicher: daß ich Dir keine einzige Frage gestatte, wenn Du kommst, eh Du mich nicht mit tausend Antworten befriedigt hast. Wenn Du auf dem Bahnhof schon wieder bloß zu fragen anfängst und ich dann die Achseln hochhebe, dann weißt Du, was das bedeuten soll. Ach – Öl her! Das ist eine Idee – ich werde, wie andre Schnaps, Öl zu trinken anfangen – vielleicht hilft das ...«

Keine Inszenierung hat Reinhardt so viele Angriffe eingetragen
wie sein Einfall, sich ein Schloß zu kaufen. Er tat das zu Ende
des Ersten Weltkriegs, am Beginn der Republik – also zu einer
Zeit, in der Schloßherren nicht nur aus der Mode kamen, sondern
sogar äußerst verdächtige Figuren zu werden begannen. Reaktio-
näre Finsterlinge ...
Da Reinhardt sich jedoch nur sehr wenig um die Zeitläufte zu
kümmern pflegte und einzig seinen Wünschen und Träumen, den
Wünschen und Träumen eines *Künstlers* folgte, kümmerte ihn der
»schlechte Ruf«, den ihm seine Neider anzudichten versuchten,
wenig.
Böse Zungen nannten ihn einen »Neureichen«, »Kriegsgewinnler« (die Theater gehen in Kriegszeiten immer besonders gut!),
einen »Parvenü«, der sich mit Schönheit ausstaffiert, um sich auf-
zuwerten.
Das ist alles Blödsinn. Wer Reinhardt kannte, wußte, daß er nur
seinem eingeborenen Schönheitsbedürfnis, seiner Sehnsucht nach
Schönheit folgte. Darin waren wir uns absolut gleich; ich meine:
in der Zielsetzung; in der Verwirklichung dieses Ideals, in der
Jagd nach Schönheit war ich sicherlich um keine Spur weniger
kritisch – nur in der Eroberung dieser Schönheit (ich denke jetzt
an Reinhardts Sammelwut) war ich ganz sicher bescheidener,
»bürgerlicher«. Daß ich hin und wieder bürgerliche Hemmungen
zeigte, hat mir Reinhardt nicht nur einmal, halb belustigt, halb
unmutig, vorgeworfen.
Schloß Leopoldskron bei Salzburg, dieses Barock-Juwel, dieses
vollendete Kunstwerk, wurde achtzehn Jahre hindurch, von 1919
bis 1937, unser »Ferienhaus«. Dort empfingen wir während der
Salzburger Festspiele Freunde und Gäste; dort verbrachten wir
in aller Stille herrliche Wintertage; dort feierten wir das einzige
Fest, von dem Reinhardt – neben wenigen jüdischen Feiertagen –
Notiz nahm: Weihnacht mit unseren Katzen und Hunden.
Leopoldskron war wirklich das Allerschönste, an das man denken konnte, wenn die Arbeit in Wien und Berlin an einem fraß,
wenn man unter den Strapazen der Gastspielreisen seufzte. Und
dennoch – ich habe in all diesen Jahren *nie* das Gefühl gehabt,
diese Pracht zu *besitzen*, obwohl Reinhardt mich oftmals und in-

ständig bat, Leopoldskron als mein Zuhause zu empfinden.

Dabei habe ich jeden Aufenthalt dort wirklich genossen; es war überhaupt nichts von kleinbürgerlicher Gehemmtheit und Verklemmtheit in mir – erst recht kein schlechtes »soziales Gewissen«, so etwas kannte ich gar nicht.

Warum sollte Reinhardt nicht in einem Schloß wohnen, das er sich – aus einer verarmten Kaufmannsfamilie kommend – erarbeitet hatte? Ich ging von der Chancengleichheit (die es in Wirklichkeit auch heutzutage nirgends gibt) wie von einer Selbstverständlichkeit aus und deshalb schien mir eine künstliche Sozialisierung – eine Gleichberechtigung der Klassen gar nicht mehr nötig und zeitgemäß zu sein.

Daß ich so gedacht haben muß, entnehme ich meiner Tagebuch-Eintragung vom 4. März 1919: »Heute Generalstreik. Sozialisierung!« (Am »Deutschen Theater« wurde eine Art Betriebsrat gebildet.) »Es ist nun hoffentlich die *letzte* Schwenkung vor dem ›Kommunismus‹. – Es geschieht und es braucht uns nicht zu kümmern.«

Reinhardt dachte ähnlich. Er dachte nicht in sozialistischen, nicht einmal in ausdrücklich sozialen Kategorien. Er hatte Mitleid mit dem kleinen Mann, aber auch mit den Reichen. Insofern gab es für ihn keine Partei, der er hätte beitreten können. Er wäre zweifelsohne in Gewissenskonflikte geraten.

Daß er für den kleinen Mann ein großes Herz hatte, beweisen seine Shakespeare-Inszenierungen. Er bewies es aber auch im täglichen Umgang. Nicht, daß er sich über Arbeitslosigkeit und Lohnaufbesserung für Bühnenarbeiter informieren ließ. Er partizipierte an jedem Schicksal rein menschlich, er konnte zuhören und teilnehmen. Das war auch etwas. Das haben sie alle gemerkt, die Angestellten seiner Theater oder die Handwerker in Leopoldskron zum Beispiel. Die haben ihn wirklich geliebt.

Sie haben ihm zwar nie mit der Hand auf die Schulter geschlagen, dazu war er nicht der Typ. Aber sie haben ihn geschätzt, weil er sich mit ihnen befaßte, weil er sich ihnen voll zugewandt hat.

Natürlich: weil er politisch völlig ungebildet war, war es ihm völlig fremd, in diesen Leuten »Repräsentanten einer Klasse« zu sehen. Ihn interessierten *Leute*. Arme Leute, reiche Leute.

Man hat manchmal versucht, seinen Inszenierungen versteckte politische Anspielungen nachzusagen. Das kann man nicht tun. Selbst den Offenbach, der ja zu seiner Zeit eine ganze Menge Satire und Zündstoff enthielt, hat er überhaupt nicht auf aktuelle politische Ereignisse hin bearbeiten lassen. In den USA hat man ihm verschiedentlich angeboten, Propagandastücke und -filme gegen Hitler zu machen. Da aber nichts wirklich Künstlerisches darunter war, kein Stoff, der in seiner Gestaltung auch künftigen Zeiten etwas sagen konnte, hat er immer abgelehnt.

Ich möchte die Frage nach Reinhardts sozialem Engagement nicht beiseite tun, ohne auf eine Neigung hinzuweisen, die in diesem Zusammenhang gern übersehen wird: Reinhardts Vorliebe für Massenspektakel. Daß er Theater im Zirkus, Theater für »den großen Haufen« machte, wurde ihm von mancher Seite aus als künstlerisches Jakobinertum ausgelegt. Also insofern war er mehr als mancher »Linke« eine Art Volkstribun.

Die Nachricht, wir seien unter die Schloßbesitzer gegangen, erregte natürlich nicht nur Neid und Kritik, sondern auch das helle Entzücken der »High Society«. Und bald wurde die Jagd nach Einladungskarten ein beliebter und verbissener Sport der eleganten Welt von Wien und Berlin und von halb Europa. Wir hätten uns gewünscht, daß Leopoldskron ein stiller Treffpunkt für Künstler, Schriftsteller, Wissenschaftler würde; aber es war unvermeidlich, auch Politiker und Geldleute einzuladen. Besonders unangenehm waren mir die Vertreter des sogenannten Amüsier-Adels.

Überhaupt fand ich, daß sich Reinhardt viel zu oft und viel zu geduldig der Gesellschaft völlig überflüssiger Menschen überließ.

Einmal schlug ich ihm vor, ein kleines Fest mit unseren Handwerkern und Kunsthandwerkern zu veranstalten, denn mit denen hätten wir doch schließlich ein wunderschönes, uns alle interessierendes gemeinsames Thema: die Ausgestaltung von Leopoldskron! Ich war erschöpft und leer von den läppischen Konversationen, die ich mit sogenannten Spitzen der Gesellschaft hatte führen müssen, und ich stellte mir vor, wie schön es sein müßte, mit den Meistern und ihren Gesellen über Dinge zu sprechen, die echte Hingabe erforderten. – Doch Reinhardt ging auf diesen Plan nicht näher ein, und ich unterdrückte meinen Wunsch, noch einmal auf dieses Thema zu sprechen zu kommen . . .

Daß sich Reinhardt von den falschen Leuten umzingeln ließ, davon war ich eigentlich immer fest überzeugt, besonders seitdem ich mich nicht mehr so im Hintergrund zu halten hatte und ihn bei der Erfüllung seiner Repräsentationspflichten beobachten konnte.

Manchmal frage ich mich allerdings, ob ich nicht viele der Leute, die sich um Reinhardt drängten, vor allem deshalb ablehnte, weil ich fand, ich sei zu wenig allein mit ihm.

Doch selbst ein Außenstehender hätte mir beipflichten müssen, daß Reinhardt, der geniale Menschenkenner, gelegentlich in der Beurteilung von Menschen allzu nachsichtig war. Das zeigte sich zum Beispiel sehr oft bei der Wahl seiner Mitarbeiter. Konnte oder wollte er ihre Unfähigkeit nicht sehen? Ich neige zu der Ansicht, daß er in vielen Fällen aus *Mitleid* beide Augen zudrückte.

Ein Mensch, der nicht nur unfähig, sondern zu allem Unglück auch noch ganz besonders unsympathisch und mir einfach unausstehlich war, wurde von Reinhardt zum Leiter seiner Berliner Schauspielschule eingesetzt, – nur weil dieser Mann mit Reinhardt einige Jahre zusammen im selben Ensemble gespielt hatte (in Salzburg, vor der Berliner Zeit)!

Ich habe diese Entscheidung nie verstanden. Ein Mann, der als Schauspieler gescheitert war! Ein Anti-Schauspieler! Ein Mann ohne Ausstrahlung! Nein, das habe ich wirklich nicht verstanden. Wie kann man eine so wichtige Sache wie eine Schule einem Mann geben, der nicht weiß, wo Gott wohnt, einem Mann, der sogar als Reinhardts Assistent bereits gescheitert war! Leider, scheint mir, hat Reinhardt in diesem Fall zu wenig an seine armen Schüler gedacht. Um diese Schule hat er sich sündhaft wenig gekümmert, wirklich viel zu wenig.

Er hat immer gesagt, er hätte Pech mit seinen Regieassistenten. Ob das wirklich immer nur Pech war, möchte ich bezweifeln. Da hat sicher auch wieder das Mitleid eine große Rolle gespielt. Das hat er meist furchtbar bereut.

Ich war in solchen Fällen wie eine Berserkerin, wenn ich sah, wie schön es sein könnte, wenn an der Stelle des Versagers ein kompetenter Mann gewesen wäre. Aber weil Reinhardt sich von allen Menschen etwas ähnliches wie von sich selbst erwartete, wie das bei allen produktiven Menschen ist, so hat er geglaubt, daß in jedem etwas lebendig ist, was geweckt werden kann. Und hat weitergehofft. »Es wird schon werden . . .«

Nein, da war ich immer ein viel herzloserer Mensch, in Theatersachen.

Andererseits habe ich mich grundsätzlich auch sehr gern von meiner Sympathie oder Antipathie leiten lassen, nur mit dem Unterschied, daß ich dabei nicht so oft hereingefallen bin wie Reinhardt.

Bei Gesprächen über unsympathische Leute hatte Reinhardt übrigens eine immer wiederkehrende, immer wieder angewandte Taktik mir gegenüber. Wenn ich sagte, ich verstünde nicht, warum er sein Leben mit so vielen unsympathischen Menschen teile, antwortete er: es genüge ihm vollkommen, daß wir zwei uns sympathisch fänden, so brauche er die anderen nicht nach diesem Kriterium zu beurteilen und könne sie nur nach dem Gesichtspunkt größtmöglicher Gerechtigkeit behandeln.

Darauf wußte ich dann nichts mehr zu sagen. Meine Bitterkeit darüber, daß sich um ihn – in Leopoldskron zum Beispiel – so viele »unnötige« Leute tummelten, blieb davon unberührt. Ursprünglich war Reinhardts Idee vom »freien Ensemble«, das sich aus den sorgfältig ausgewählten Gästen in den Sälen des Schlosses bilden sollte, bestechend. Wenn Reinhardt im folgenden einige Impressionen von Leopoldskroner Abenden gibt, so folgt er dabei sicherlich vor allem den Umrissen seiner ursprünglichen Vision: »Die heterogensten Elemente«, schreibt er, »waren in diesem Ensemble gewürfelt, das ich sonst nie zum Zusammenspielen hätte bringen können. Sie gehörten den verschiedensten Schichten an, redeten verschiedene Sprachen, waren verschiedenen Glaubens und hatten sogar ein verschiedenes Einmaleins.

Manche hatten das Herrlichste ihrer Zeit geschrieben und einige konnten überhaupt nicht schreiben. Da waren Herzoginnen und Anarchisten, Säufer und Asketen, Kirchenfürsten und Gottesleugner, traumhaft schön gekleidete Fairies, die mit ihren Anbetern erschienen und unverhüllte Fairies, die nur mit ihrem Sekretär erschienen, Juden und Nazis, Filmproducer und Dichter, Generäle und Tachinierer, Musiker und Amusische und schlimmer: Musiker und Musiker, Komiker und Komiker ...«

Natürlich hat Reinhardt durch das Zusammenspiel dieses »freien Ensembles« manche schöne, genußreiche Stunde erlebt, doch mußte er auch oft genug hinnehmen, daß viele »Ensemblemitglieder« nach Leopoldskron kamen, nicht um das freie festliche Spiel, das Reinhardt so liebte, sondern das beinharte Geschäft zu suchen.

Wie oft habe ich – wenn er umzingelt war – in seinem unbewegt freundlichen Gesicht stumme Verzweiflung gelesen. Wie furchtbar ihm die pausenlosen Attacken der Agenten des »höheren Showbusiness« zusetzen, verrät nichts besser als ein Brief, den er mir, in seiner Hilflosigkeit, von Agenten, Dramatikern, Drehbuchautoren, Tourneeveranstaltern umringt, im Sommer 1926 aus Venedig schrieb; der Brief gipfelt in dem Ausruf: »Ich halte das nicht aus! Weiß nicht was ich machen soll! Abreisen?«

Seine erste Sorge, wenn er ein Hotel betrat, war die Sorge, von Bekannten entdeckt zu werden. Und diese Gefahr war nicht eben gering, da er grundsätzlich im besten Hotel abstieg, und die Leute, die etwas von ihm wollten oder sich einfach nur langweilten und sich auf einen Schwatz mit dem berühmten Professor Reinhardt freuten, sich dank dieser Gewohnheit keine große Mühe zu geben brauchten, seinen Aufenthaltsort ausfindig zu machen.

Solch eine unerwünschte Begegnung schildert mir Reinhardt im Sommer 1923, in dem er einige Tage mit seinen Kindern Urlaub in Tirol machte. Die Frau von Richard Strauss hatte ihn entdeckt und ihm den Weg verstellt, als er mit seinen Söhnen gerade nichtsahnend dem Speisesaal zustrebte. Reinhardt beschreibt die Szene so:

»Mit einem ›Jessas, der Reinhardt!‹ stürzte sie auf mich zu, schlug mich auf den Bauch, zauste den Wolfgang am Haar, beutelte den Gottfried am Ohr, riß das Maul auf wie ein Scheunentor, und was da nun alles heraussprang, spritzte, torkelte, läßt sich unmöglich alles erzählen. Ihr Bubi habe sich verlobt – mit den reichen Grabs, Pappi weiß noch gar nichts, wird in Südamerika steckenbleiben, im Dirigieren, wenn er die Nachricht bekommt, haha. Mit Wetzelsberger habe sie kein Verhältnis, er wohne bloß bei ihr, so platonisch, wissen's? In den Hotels in Garmisch sei ein echt bayrischer Hotelfraß. Na, und was macht denn die kleine Thimig? (Vor den Jungen!) Is in Leopoldskron, gell? Gehns, grüßens 's! Na, und habens jetzt endlich die Buben? Sans jetzt immer in Salzburg? (Stotternde Antworten, die übersprudelt werden.)«

Jedesmal wenn es hieß, Richard Strauss bringe seine Frau mit nach Leopoldskron – gar zu oft ist das Gott sei Dank nicht eingetreten –, wurde mir etwas bänglich. Denn Frau Strauss war hauptberuflich Hausfrau und unterzog mich strengen Verhören über Haus, Hof, Küche und Keller, Verhören, denen ich keinesfalls gewachsen war. Als sie das erstemal kam, fuhr sie gleich mit dem Finger über die steinernen Geländer im herrlichen marmornen Stiegenhaus – was sie am Schloß Leopoldskron am meisten interessierte, war: ob überall Staub gewischt war.

In diesem Moment fällt mir auf, daß ich »Leopoldskroner Geschichten« eigentlich nur von »Schlachtenbummlern« und »Zaungästen« erzählen kann, von Leuten, die in der Kunst entweder nur die Rolle von Komparsen oder gar keine Rolle spielten. Die wirklich Großen, die wir zu Gast hatten – Bahr, Bassermann, Beer-Hofmann, die Bergner, Billinger, Ferdinand, Bruckner, Chamberlain, Noel Coward, Gordon Craig, Ernst Deutsch, Tilla Durieux, Rudolf Forster, Heinrich George, Hauptmann, Hofmannsthal, Jannings, Jaray, Kayßler, Lubitsch, Thomas Mann,

Heinrich Mann, Erika Mann, Klaus Mann, Moissi, Polgar, Strnad, Unruh, Viertel, Werfel, die Wessely, Thornton Wilder und andere schöpferische Menschen, die wirklich Schöpferischen, standen bei solchen Gelegenheiten, wo es um leichtverdauliches Geplauder und gewandte Selbstdarstellung ging, eher im Hintergrund.

So war es zum Beispiel mit Toscanini, der mit Reinhardt gemeinsam die Salzburger Festspiele repräsentierte. Die beiden schätzten sich ungeheuer, auch menschlich. Dennoch hat es bei ihnen nie die leiseste Andeutung oder auch nur den Versuch zur Freundschaft gegeben. Toscanini sprach ein wenig Deutsch – es wäre durchaus möglich gewesen. In Leopoldskron habe ich die beiden stets nur ein paar knappe Verbeugungen machen und ein herzliches Lächeln tauschen sehen – dann wußten sie nichts mehr miteinander anzufangen. Auf die Idee, uns einzuladen, zu sich und seiner Familie, ist Toscanini nie gekommen. Er wußte, daß er das Beste, was er von Reinhardt wissen und haben konnte, in Reinhardts Kunst hatte, und Reinhardt ging es mit Toscanini genauso.

Angenehm, geistsprühend, gewinnend, hinreißend charmant waren wirklich vor allem die Leute, die genießend im Troß dieser berühmten Künstler und Schriftsteller reisten, besonders die reichen und schönen Nichtstuer, die sich hin und wieder ein bißchen Mäzenatentum leisteten oder sich als Dilettanten in den schönen Künsten versuchten.

Ich denke dabei besonders an die wunderschöne, sehr vermögende Eleonora von Mendelssohn, und ich denke gar nicht so gern an sie, da ihre Verehrung für Reinhardt für meinen Geschmack etwas weit ging.

Eine gute Bekannte, die Schauspielerin Lili Darvas, hat mich einmal gefragt: »Was würdest du tun, wenn Reinhardt dich betrügen würde?« Und da hab ich geantwortet: »Da würde ich tot umfallen.« Ich habe das nicht für möglich gehalten.

Wenn irgendeiner versucht hat, mir solche Sachen über Reinhardt zu erzählen, habe ich so reagiert, daß sich niemand getraut hat.

Natürlich habe ich bei solchen Gelegenheiten gemerkt, daß über mich gelächelt wurde. Doch das störte mich nicht.

Einmal hat mir Reinhardt gesagt: »Ich werde dir einmal etwas erzählen.« Dazu ist es nie gekommen. Ich habe immer darauf gewartet, aber er hat nie etwas gebeichtet. Manchmal habe ich gedacht, es könnte sich auf eine Zeit beziehen, in der er längere Zeit in London war.

Manche Leute wollen wissen, daß die Zeitungen »voll waren mit Schlagzeilen über Reinhardts Liebschaften«. Ich habe nie etwas

Derartiges gelesen.

Natürlich wußte ich, daß er vor meiner Zeit mehrere Verhältnisse hatte und daß er, bevor diese Sache mit der Heims anfing, ein Kind mit einer Sängerin hatte. Er hat mir davon erzählt, und ich glaube, sie muß eine feine, noble Frau gewesen sein, nach allem was er mir gesagt hat. Sie war aber so außer sich, daß sie das Pech hatte, ein Kind zu bekommen, daß sie sich – vom Tag der Geburt an – nicht um dieses kleine Wesen gekümmert hat. Sie überließ es Reinhardt, und sein Bruder Edmund hat dann dafür gesorgt, daß diese Tochter in guten Heimen und besten Schulen aufgezogen und unterrichtet wurde.

Reinhardt hätte das Mädchen gern zu sich genommen, als er heiratete. Doch das hat Frau Heims nicht zugelassen.

Es ist möglich, daß mir Reinhardt einiges verschwiegen hat. Vielleicht hat es ihn geschreckt, daß ich so unbedingt an seine Treue glaubte.

Vielleicht hat ihn meine Überzeugung, daß das Verschweigen nur eine feinere Form der *Lüge* ist, schockiert und verstummen lassen. Ich weiß es nicht.

Eine Zeitlang habe ich in Leopoldskron echt das Gefühl gehabt, ich hätte Grund zur Eifersucht. Wir hatten eine Gruppe von Engländern zu Besuch, darunter die Frau des berühmten Politikers David Cooper. Lady Diana Cooper war eine große Schönheit, etwas starr im Ausdruck, aber jedenfalls wunderbar anzusehen. Reinhardt war fasziniert.

Er bewunderte ihre Disziplin, ihre Anmut, ihren Humor. Sie war wirklich eine hochinteressante Frau, und ich litt, weil ich sah, wie stark Reinhardt engagiert war.

Über diese Angelegenheit hat es zwischen Reinhardt und mir nie eine Aussprache gegeben, denn ich glaubte, das alles würde vorbeigehen.

Natürlich hat Reinhardt gemerkt, daß ich eifersüchtig war. Er zeigte lediglich eine gewisse Ungeduld mir gegenüber, das war seine einzige Reaktion. Als Eifersüchtige habe ich ihm nicht gefallen.

Über sein Glück bei Frauen hat es, glaube ich, ein einziges Mal ein Gespräch gegeben. Er sagte damals, ich wisse ja gar nicht, auf wie viele Abenteuer er meinetwegen verzichte. Er meinte die unzähligen Gelegenheiten, die ihm geboten wurden, mich zu betrügen.

Einige dieser Versuchungen habe ich so am Rande miterlebt, sozusagen aus den Augenwinkeln, zufällig. Da war zum Beispiel diese sehr schöne junge bezaubernde Schauspielerin Sybille Binder. Mit der hat er lange Gespräche hinter den Kulissen geführt. Das schien mir nicht ungefährlich.

Aber keine dieser Frauen war so aufdringlich wie Eleonora von Mendelssohn, die reiche und schöne Eleonora. Die war wirklich ungeheuer lästig und immer bemüht, sich zwischen mich und Reinhardt zu drängen.

Das Alarmierendste für mich war: daß sie mit Else Heims befreundet war und von der Heims offenbar mit der Absicht eingesetzt wurde, mich und Reinhardt auseinander zu bringen. Ahnte Frau Heims, wie wenig platonisch Eleonoras Reinhardt-Verehrung war?

Sie hat Reinhardt schwärmerisch geliebt – immer unter dem Vorwand, den *Künstler* Reinhardt zu lieben. Hätte sie sich wirklich nur für seine Kunst interessiert, ich glaube, ich hätte gut mit ihr auskommen können, denn auch ich war eigentlich fasziniert von ihr: sie war musisch begabt und hatte eine Stimme, die mir gefallen hat, ich fand diese Stimme sehr schön.

Eleonora bildete sich sehr viel darauf ein, daß die Duse ihre Taufpatin war und daß sie ihr reiches, verwöhntes Dasein immer der Kunst geweiht hatte. Sie war eine schwärmerische Natur und – zu allem Unglück – auch noch eine überschwengliche Natur und hat alles, was ihrer Schwärmerei im Wege stand, gehaßt und nach Möglichkeit beseitegeschafft. Darin war sie hemmungslos.

Ich weiß zum Beispiel, wie sehr sie Toscanini nachstellte, rücksichtslos, bis dicht an den Rand einer Familientragödie. Genauso versuchte sie es bei Reinhardt. Sie nannte es »Verehrung«, Frau Toscanini und ich hätten den Ausdruck »Nachstellung« für passender gehalten, denn man konnte ihr nirgends entkommen – sie folgte einem kreuz und quer durch Europa, damit verbrachte sie ihre Tage.

Ich weiß nicht, wie oft sie verheiratet war. Eimal war sie's mit einem Maler, von dem man, glaube ich, nicht mehr viel hört. Ein andermal war sie's mit einem ungarischen Rittmeister, so einem »Feschak«. Diese Männer lebten alle von ihrem Geld und waren wohl vor allen Dingen für Repräsentationsaufgaben eingeteilt, denn lieben konnte sie nur Männer, die hoch droben auf einer Ruhmesbahn wandelten.

Zunächst war sie immer sehr nett zu mir gewesen; aber auf Umwegen habe ich dann erfahren müssen, daß sie mich in ihrem Schloß am Attersee – das war ihre »Gegenburg«, das Gegenstück zu Leopoldskron – vor versammelter Gästeschar parodiert hat,

– meine Art Theater zu spielen. Jemand zeigte mir Fotos, die damals gemacht wurden und spielte mir vor, wie die Mendelssohn agiert hatte. Da mußte ich's glauben.

Ich habe die Fotos heute noch, und ich muß sagen, daß diese Frau – sie war ja recht begabt – ein paar charakteristische Akzente an meinem Spiel natürlich richtig erkannt hatte, durchaus richtig, aber natürlich grausam verzerrt und überzogen hat. Das war natürlich nicht nur lustig gemeint, das war schon als Attentat gedacht. Seitdem habe ich mich in acht genommen. Reinhardt ging über den Vorfall lächelnd hinweg ...

Die Sorgen der Nachkriegsjahre wurden nicht geringer: Die Berliner Theater gingen unter der neuen Direktion immer schlechter. Kein Theater in Wien. Die so glücklich begonnenen Salzburger Festspiele schienen 1923 aus Geldmangel schon wieder am Ende zu sein. So zog Reinhardt Anfang 1923 eine sehr pessimistische Bilanz:

»So dick in undurchsichtigen Wolken bin ich noch nie gewesen. Von allen Seiten drohen Gewitter. Es ist ein bißchen schwül für eine Arbeit.« Er hoffte, daß Edmund ein Amerika-Gastspiel zustande bringen würde. Reinhardt wollte dort ein als Pantomime mit Tanz, Musik und Gesang bearbeitetes religiöses Spiel – »Mirakel«, die Geschichte einer Nonne (nach Maeterlinck) – herausbringen. Aber auch diese Aussicht schien sich in nichts aufzulösen: »Aus Amerika keine Nachricht. Sonst hätte Edmund schon telegrafiert. ... Dabei liegt dort, nur dort, wie ich glaube, der Schlüssel zur Freiheit.«

Doch im April war es soweit: Reinhardt fuhr nach New York, um die Vorbereitungen für eine »Mirakel«-Inszenierung zu besprechen. Ich blieb zurück, unter der Last seiner Aufträge stöhnend.

Besonderes Kopfzerbrechen bereitete mir seine Bitte, ich solle Richard Strauss ein neues Sujet *so* erzählen, daß er es auf jeden Fall annehme. Völlig ratlos schrieb ich nach Amerika:

»Wie kann ich diesen wichtigsten Augenblick erfassen, den ersten Eindruck *Deiner* Sache? Nein – ich überlege es fortwährend – ich glaube nicht, daß ich mich entschließen werde. Ja, ihm sagen: er muß warten ... Auf einen Monat kann es nicht ankommen. Selbst wenn ich die Charaktere schildern könnte – ich weiß zu genau, wie sehr es auf diese erste Erzählung, auf den ersten Eindruck ankommt. Es liegt oft in einem Wort, in einer Wendung. Wenn es mißglückt, so kommt so ein Mensch wie Strauss, hab' ich im Gefühl, nicht wieder dazu, das abzuschütteln.

So gern ich alles tun möchte, ich fürchte mich vor diesem Entscheidenden. Das was er von *Dir* will – ich war ja dabei, als er sagte, Du müßtest ihm aber Anleitung geben – ist ja etwas ganz anderes als der Inhalt, die Handlung. Er will wissen: hier drücken Sie das oder jenes aus.

Nein, je mehr ich darüber nachdenke, um so unmöglicher scheint es mir. Es ist eine rein künstlerische Frage, wie Du, damit es *ganz* stimmt, aus Dir geben mußt. Ich will es einmal überschlafen – vielleicht ergibt sich mir auch *beim Schreiben* eine Möglichkeit – aber ich kann nicht dafür stehen.

Ich muß mich direkt kontrollieren, daß ich nicht etwas bloß mache, weil Du es wünschst.

Hier muß ich auch überzeugt sein, daß es gut ist!«

Vierzehn Tage später, am 22. April, habe ich dann genau das gemacht, wovor ich mich so fürchtete: ich setzte mich hin und schilderte Richard Strauss den Stoff auf dreizehn großen Briefbögen in allen Details. Welcher Stoff das war, weiß ich leider nicht mehr. Ich weiß nur noch, daß ich von meiner Arbeit angenehm überrascht war.

Während dieser Trennung lebte ich sehr einsam und zurückgezogen in Leopoldskron und erlebte zum ersten Mal so richtig, was es heißt, ein derartig großes Haus zu führen. Außerdem verbrachte ich nach alter Gewohnheit viele Stunden damit, täglich Briefe an Reinhardt zu schreiben.

Leopoldskr. 11. April 1923

»Heute war ich so glücklich, als ich morgens aufwachte und ruhigen blauen Himmel sah. Warum soll es grad bei Dir stürmen? . . . Ich sitze schon die ganze Zeit wie ein Hase mit ›steifen Ohren‹, wachsam und mit ganzer Willenskonzentration. Ich dachte heute schon, daß ich die Nacht jetzt gar nicht als Nacht empfinde. Ich schlafe fort mit offenen Augen.«

Leopoldskron, den 18. April 1923

»Ich bin zerrissen von vielen kleinen Dingen – zu einer ruhigen Besinnung keine Zeit. Immer ergeben sich nach *jeder* erledigten Sache neu zu erledigende. Nichts wird je fertig. Das ist übel, wenn man fertig werden will, um zu etwas anderem überzugehen. Das ist wohl am schlimmsten bei einer ausgesprochenen Frauenarbeit: wo man den Staub wegwischt, legt er sich neu hin. Eine geistige Tätigkeit ist darin doch viel glücklicher. Nicht daß sich da nicht auch Staub ansetzte – aber wenn man ihn zehnmal wieder weggewischt hat, dann kommt eben doch ein Moment und ein Stadium und eine Region, wo das nicht mehr möglich ist. Wo kein Staub mehr hinkommt.«

Leopoldskron, den 23. April 1923

»Als mir das Nachtessen gebracht wurde, fragte ich, ob man mich unten hören könne, wenn ich nachts einmal läuten sollte. Es hieß: ja. Das war mir eine gewisse Beruhigung, obwohl ich ja bisher nie beunruhigt gewesen war. Und denk Dir, an diesem Abend mußte ich dennoch ein paarmal mit der Schreibmaschine meine Furcht übertönen ... Am nächsten Morgen kommt jemand und meldet, daß der schöne weiße Schwan geraubt worden ist! Am Teich alles zerstampft und verwüstet ... Gleich früh war die Polizei da, mit einem Hund – na, Du wirst es ja hören. Ich werde nun bloß nicht diese Aufregung los, dieses Zittern den ganzen Tag ... Habe nun heute gleich an Deinen Bruder um einen Hund telegrafiert.«

Leopoldskron, den 9. Mai 1923

»Daß Du nicht einmal einen Termin angeben kannst, an dem Du abfährst! ... Es wird ja sicher notwendig sein und ist wohl für die Sache sogar ein besseres Zeichen, als wenn Du gleich zurückgekommen wärst, wie Du dachtest. Und da muß man sich freuen, denn es hängt vielleicht etwas davon ab – sicher, daß Du ohne materielle Knappheit für eine gute Weile existieren kannst ...
Ich träume mir, daß Du vollständig zuhörst und dann vollständig antwortest. Dann könnte es Worte geben, Bezeichnungen, bei denen wir beide ganz genau wüßten, was sie bedeuten, uns bedeuten. Ganze Komplexe muß man haben zur Verständigung. Worte, die wie Titel sind zu Büchern – aber nichts Vages; je öfter man sie dann gebrauchte, je schöner wäre es, weil man sich dadurch zwänge, diese paar Komplexe, die wir haben, immer wieder durchzudenken. Und zu fühlen.
Das könnte eine Übung, eine Leistung, ein Werk sein. Zwischen Menschen, die sich vollständig verständigen, ist das eine notwendige, unbedingt zu leistende Arbeit. Man kann sich doch nicht *jedesmal* die Worte, die man gebraucht, ihrem Sinn nach, auseinandersetzen! Sondern: Man muß als Voraussetzung für jedes Ge-

spräch, für jede Verbindung genau wissen, was die Begriffe für mich *und* den anderen besagen.

Bewußter müßte das geschehen. Sonst wird man immer wieder aufgehalten dadurch, daß man plötzlich im Gespräch sieht, daß jeder mit dem selben Wort etwas anderes meint. Vom Oberflächlichsten bis zum Nahegehendsten wird man sonst von der Sorge bedrückt.

Nun wirst Du wohl nicht vor Ende Mai hier sein. – Ich bäte Dich gern um ein Wort, ein ganz persönliches, an mich gerichtetes . . .«

Leopoldskron, den 11. Mai 1923

». . . ich bemühe mich jetzt um einen Kontakt zur Landwirtschaft – versuche es wenigstens. *Mir* glückt es ja, aber ich möchte doch, daß es auch für Dich glückt. Es ist so hübsch – das Leben dieser vielen Tiere zu beobachten. Aber, ich mache Dich darauf aufmerksam: die Landwirtschaft ist direkt etwas unanständig. Oder sagen wir: zum mindesten recht unverblümt. Was da alles besprochen wird – so selbstverständlich, wie die Tiere selber sind. Jetzt ist die Zeit, wo täglich etwas Neues geboren wird.«

Leopoldskron, den 14. Mai 1923

»Jetzt verstehe ich es wirklich nicht mehr – und ich fühle schon, wie sich die Sorge einschleicht. Ich will ihr noch keinen Platz lassen – aber – morgen ist schon der 15te! Oder vielmehr: heute schon, da es spät ist. Und du scheinst noch immer drüben über dem Wasser zu sein. Ich kann es nicht begreifen. Wenn Du depeschiert hättest, daß etwas Neues im Gange ist, aber nur *Prozent-Verhandlungen!*

Oder willst Du's nicht sagen? – Jeden Tag setze ich mir Telegramme an Dich auf – und verwerfe sie wieder . . .

Was sind 10 Worte von Dir in zwei Monaten! Es ist schon entsetzlich. Ich hoffe ja und bete immer darum, daß das ein gutes Zeichen ist – Du wirst viel erledigen und vorwärtsbringen . . .

Heut geht es mir weniger gut. Je mehr ich erledige – je mehr bleibt mir zu tun. Ich weiß nicht was das ist, daß immer neue Sachen kommen, wie Champignons über Nacht. Dieser Besitz schluckt die ganzen Menschen – es schaut nichts mehr heraus von ihnen – weg sind sie, eingeschluckt. Mein gestriges Programm: Vormittags Verpachtungsverhandlungen . . . Bericht darüber an Deinen Bruder . . . Dienstmädchenbesuche . . . Besichtigungen der Arbeiten im Parterre, im Meierhof, im Garten etc. ... nach Tisch Brief auf die Bahn getragen ... Besorgungen in der Stadt ... Besuch in der Fischer-von-Erlach-Ausstellung im Dom – mäßig ... zu Hause genäht, geschrieben, Journal gelesen ... Möchte Dir alles aufheben, was ich lese – aber es wäre nicht nachzukommen. Gute Nacht. Vielleicht hör ich morgen etwas ...«

Leopoldskron, den 19. Mai 1923

»Ich kann es fast nicht glauben, daß Du noch drüben bist und nicht schon unterwegs. Oft bin ich ganz schwer an Gewicht – in Momenten der Sorge! Ich glaube fest, daß man in solchen Augenblicken an Körpergewicht zunimmt – es ist wenigstens so ein Gefühl. Alles füllt sich mit Tränen, glaub ich, die nur nicht geweint werden können. Sie sind eingesperrt – kommen bis an die Gurgel und warten auf die Erlösung von irgendwoher.«

Leopoldskron, den 20. Mai 1923

»Ich fühle stellenweise, wenn ich so lange ohne Dich bin, meine ursprüngliche Veranlagung zur Einsamkeit. Ich rede mit Gott und mit den Menschen, als wären sie seine Symbole ...«

Leopoldskron, den 25. Mai 1923

»Nun hör ich endlich, endlich, endlich auf mit diesem unnatürlichen Geschreibe, das Dich nicht erreicht. Gestern Deine Depesche! Es war doch so, wie ich immer zu Deinem Bruder sagte: er ist schon unterwegs. Nun rechne ich mir hundert Mal am Tage aus, wann Du hier sein *kannst* und *wirst* und *mußt*.

Ich danke Dir für diese Zeit, in der Du mich allein hier hineingesetzt hast – ich bin halt geschwommen, um nicht zu ertrinken ... Ich hatte schöne Ziele und lauter, lauter Geschenke für Dich im Kopf ... Du wirst es kaum merken. Wichtig sind ja auch bloß die Dinge, die man merkt.«

Wenn ich mir diese Briefe heute noch einmal durchlese, so entdecke ich, daß sie in der gleichen Atmosphäre von Einsamkeit geschrieben wurden wie die »Stockholmer« Briefe, mit einem Unterschied: diesmal wurde es mir schon bedeutend schwerer, die Einsamkeit zu ertragen. Das sollte in den folgenden Jahren nicht ohne Folgen bleiben ...

Herrliche Tage in Leopoldskron folgten, in denen Reinhardt sich von seinen erfolgreichen Verhandlungen in New York erholte, ehe er wieder nach Berlin mußte. Im Juli gönnte er sich einen ausgiebigen Urlaub mit seinen Söhnen in Tirol und gab mir eine Art Blankoscheck für alle Entscheidungen, die ihm sein Bruder nicht abnehmen konnte. Aus Lermoos schrieb er: »Entscheide in allen Einzelfragen selbst ... Ich kann es wahrhaftig nicht besser machen, besser wünschen ...«

Auch bei ihm machten sich die Folgen der ungewöhnlich langen Trennungen dieses Jahres bemerkbar. Von Berlin hatte er mir eine lange Liebeserklärung telegrafiert, die mit den Worten endete: »... erkenne getrennt immer neu: klares unverrückbares endgültiges Gebot lebensnotwendigen Zusammenseins mit Dir.«

Jetzt, während er – um ein hart ausgehandeltes Gewohnheitsrecht nicht zu verlieren – wie gewohnt mit seinen Kindern zusammen war, fand er wieder Muße, mir lange schöne Briefe zu schreiben. Im folgenden ein Beispiel aus diesem Sommer:

Lermoos, den 13. Juli 1923

»Ich bin hier angekommen, unsagbar deprimiert und zugleich ungemein entzückt. Dieser Doppelklang ist so merkwürdig und selten ...

Heute früh haben wir gepackt, sind zur Bahn, eine Stunde gefahren (saubere, elektrische Bahn, 3. Klasse). Der Grenzort heißt Griesen – dort haben wir die Zoll- und Paßrevision erledigt. Franz (der Diener) fuhr mit dem Gepäck weiter, und ich und die Jungen machten uns zu Fuß auf den Weg.

Aber diese erste größere Fußwanderung ist übel abgelaufen. Erstens war die heiße, sonnige Straße, sonst schön, sauber und ganz einsam, voll von Bremsen (mein Schicksal!), die uns verfolgten und auch weidlich stachen, zweitens stellte sich nach kurzer Weile – und das ist die Hauptsache – der nun schon wohl bekannte Schmerz in der Leistensehne ein, und zwar in bisher noch nicht annähernd erlebtem heftigen Ausmaß. Ich mußte mich bald auf den Rasen am Straßenrand legen, aber meine Hoffnung, daß er damit bald vorbei sein würde, war trügerisch ... Glücklicherweise war nach ungefähr einer Wegstunde eine Station der Bahn mit einer Wirtschaft sichtbar, und ich entschloß mich, zu meinem eigenen, mehr noch zum Leidwesen der Buben, den Rest des Weges nach Lermoos in der Bahn zurückzulegen. Der Zug ging zufällig in einer Stunde. In dieser Stunde konnte ich nicht gehen, nicht stehen, nicht sitzen und nicht liegen, ohne heftigste Schmerzen zu spüren.

In Lermoos angekommen, zwang mich der Schmerz, mich sofort auf das Sofa zu legen ... Ich hatte aber auch auf dem Sofa keine Ruhe. Bei jeder Bewegung hätte ich aufschreien mögen, aber auch ohne Bewegung tat es mir weh und ich wälzte mich ohne Ruhe hin und her.

Ich schickte die Buben hinaus, sie tobten fröhlich vor dem Hause, der Abend war unsäglich schön. Die Kuhherden kamen heim und läuteten zur Ruhe und – meine Stimmung kannst Du Dir denken.

Glaube mir – Du allein hättest mir helfen, mich beruhigen können. Du fehltest mir in dieser Stunde der Pein, und ich schrie und stöhnte nach Dir ...

Später zog ich mich unter Qualen um, humpelte mühselig mit zusammengebissenen Zähnen einige Schritte auf der Straße am Stock und ging mit den Kindern zum Essen.

Und nun kommt das Entzücken. Ich möchte es nicht berufen. Es ist immer mißlich, am ersten Abend ein Urteil zu fällen, aber ich glaube, wir haben hier einen wundervollen Ort gefunden ...

Der Name Lermoos schmeckte mir gleich, und nach dem zwar landschaftlich schönen und reichen, aber mit scheußlichen menschlichen und tierischen Bremsen belebten Garmisch, ist Lermoos geradezu ein Paradies. Der Gasthof fabelhaft sauber (in Österreich!), einfach, uralt, gehört zwei alten feinen Fräuleins, die ihn pflegen. Wir wohnen zwar minder hübsch in einer Dependance an der Straße, aber ebenso sauber und anheimelnd und haben, da das Hotel zwar vollbesetzt, die Dependance (übrigens ganz klein) aber leer ist, das ganze Haus für uns.

Es gibt da noch ein abseits gelegenes, kleines Blockhaus mit zwei Zimmern und einer kleinen Giebelstube, unbeschreiblich gelegen, und ebenfalls den beiden Fräuleins gehörend, mit dem Gasthof nur durch einen großen Garten verbunden. Ich erkundigte mich gleich nach diesem Häuschen. Es wurde bisher noch nie vermietet, nur für private Besucher der Besitzerin reserviert, ist auch gegenwärtig mit einem solchen Besuch belebt. Aber – mein Herz klopfte bei dem Gedanken – dort *müssen* wir beide einmal wohnen – im Sommer oder im Winter, denn auch im Winter ist das Haus geöffnet, es wird hier viel Sport getrieben ...

Der Ort liegt tausend Meter hoch in einem weichen unbeschreiblich lieblichen von hohen Bergen eingeschlossenen lichten Tal.

Paradiesisch. Die Wirtsstuben altmodisch gemütlich und das Essen einfach, aber sehr gut.

Ich war ganz verzweifelt bei dem unabweisbaren Gedanken, daß es mit dem Wandern doch nichts werden kann, so sehr ich mich darauf gefreut hatte. Ich kann mich doch diesen Qualen nicht wieder aussetzen, es kann ja auch nicht gut sein für mich.

Der liebe Gott hat mir auf den erschreckenden Schmerz sofort einen lieblichen Trost in diesem Ort und in dem Gedanken geschenkt, daß ich hier vielleicht kleinere Spaziergänge machen und dafür werde etwas arbeiten können. Den Jungen gefällt es auch sehr gut.

Es ist auch die Möglichkeit für große Bergtouren hier, nur leider nicht für mich; aber diese Möglichkeiten faszinieren die Kinder. So kommt alles immer anders, als man denkt ... Als ich beim Essen saß und auf Berg und Tal hinaussah, den Frieden atmete, dachte ich unausgesetzt an Dich in meinem Entzücken, wie kurz zuvor in meiner Pein. Wir müssen, glaub ich, bestimmt hier einmal zusammen sein.

Jetzt, während ich Dir hier schreibe, – vor dem Hause rieselt gemütlich und beruhigend ein laufender Brunnen – hat der Schmerz schon etwas nachgelassen. Beim Nachtmahl mischte er sich noch heftig mahnend in mein Entzücken.

Es war in diesem Zusammenklang etwas – ja, etwas philosophisch Resigniertes und dabei köstlich Friedvolles in der Erkenntnis, daß alles irdische Leben aus Schmerz, Enttäuschung und Entsagen – und aus neuer Hoffnung, neuem Glück gemischt ist.«

Im darauffolgenden August fanden die kleinsten und exklusivsten Salzburger Festspiele statt, die seit ihrer Gründung veranstaltet wurden: im Saal von Leopoldskron fand eine Privatvorstellung von Molières »Eingebildetem Kranken« statt.

Die Hauptrolle spielte der Schauspieler, der zeitweise Reinhardts Lieblingskomiker war: Max Pallenberg. Pallenberg – fertig geschminkt, vollständig kostümiert – empfing die Gäste an der Tür und führte sie in den »Theatersaal«, bereits ganz und gar in seiner Rolle. Er klagte über seine hundert verschiedenen Krankheiten, schimpfte auf die Ärzte und Apotheker, bat um gute Ratschläge, Adressen von Spezialisten usw. – alles Improvisationen, aber es ging ihm wunderbar leicht von der Zunge, und das Publikum war sofort in das Stück und seine Atmosphäre aufgenommen.

Dieser Pallenberg war ein köstlicher Mensch. Reinhardt und ich haben ihn heiß geliebt. Ein ganz kleiner Mann, der immer Anzüge mit sehr breiten Schultern getragen hat, elegante Anzüge, die aber nie die wirkliche, dezente Eleganz darstellten. Sonst war eigentlich nichts Besonderes an seinem Äußeren festzustellen, außer daß er am kleinen Finger immer einen Brillantring trug und an seinen winzigen Füßen Lackschuhe.

Obwohl er grundhäßlich war, hatte er für mich, die ich häßliche Menschen nicht ausstehen kann, von Anfang an etwas Faszinierendes. Man muß sich vorstellen: ein kleiner, rothaariger Kopf mit einer Knopfnase, einem ziemlich breiten Mund und einer ziemlich tenoralen Stimme. Wenn er lachte, hat er immer seine Zähne versteckt, hat so die Hand davorgehalten, weil er schlechte Zähne hatte. Aber ich glaube, er ist nicht sehr oft in die Situation gekommen, sie zeigen zu müssen. – Über die Witze der anderen lachte er nicht gern, höchstens über seine eigenen – und da konnte er ja die Hand immer rechtzeitig oben haben, weil er wußte, wann die Pointe kam.

Ich habe ihn immer beneidet – um sein Temperament, um seine Improvisierkunst – ja, vor allem darum. Was hätte ich darum gegeben, wenn ich zum Beispiel statt dieser Jahre in Meiningen ein paar Jahre Operettenbühne gehabt hätte – so wie er! Zwar finde ich Operetten grauenhaft und bilde mir auch nicht ein, daß ich besonders viel Talent fürs komische Fach besaß – aber diese ungeheure Leichtigkeit, diese Routine, dieses spielerische Ausprobieren ... all das hätte ich gern so gut beherrscht wie Pallenberg.

Wie ein Kind ist er an jede neue Rolle herangegangen, wie ein Kind. Hat drauflosgespielt und hat zwischendurch selbst drüber lachen müssen (hinter vorgehaltener Hand). Er konnte sich echt darüber amüsieren, was ihm da wieder eingefallen war.

Das war sehr interessant. Die Sachen sind nur so aus ihm hervorgebrochen, und dann erst – nachdem es geschehen war – hat er das registriert, gewogen, verworfen oder beibehalten. Er hat also, wenn er gelacht hat, ganz »objektiv« über sich gelacht, einfach aus Qualitätsempfinden. Das war köstlich.

Immer wenn ich bei den ersten Proben zu einem Stück Hemmungen hatte – und das war eigentlich bei *allen* Stücken der Fall, habe ich sehnsüchtig an Pallenberg gedacht und ihn beneidet, wie er stets »sofort da war«. Grundsätzlich trat er an, ohne etwas zu können. Er trat an, ohne sich bei den ersten Proben besonders an seine Rolle, an die Absichten des Autors zu halten. Hat sich an ein paar Punkte gehalten und ganz spielerisch eine Figur entworfen – nicht ausgedacht, *gemacht*! Da war ihm seine Intelligenz gar nicht im Wege – er hat geradezu ein animalisches Vergnügen gehabt dabei.

Zum Beispiel hat er furchtbar gern – und Reinhardt, der oft brüllte vor Lachen, hat ihm das erlaubt – den Rollentext verballhornt, hat damit jongliert und gewürfelt, solange bis alles entweder witzig-geschliffen oder grotesk-absurd und ins Aberwitzige verstiegen war.

Ein einziges Mal, glaube ich, ist es mir gelungen, so unbekümmert drauflos zu improvisieren wie Pallenberg. Das war in Meiningen: Ich ließ mich für drei Tage beurlauben, weil ich aufgefordert worden war, in Berlin am Königlichen Schauspielhaus als Georg im »Götz von Berlichingen« zu gastieren. Und als ich zurückkam, mußte ich gleich wieder auftreten in einem grauenhaften Stück vom Schicksal eines Mädchens, das unbedingt zur Bühne will. Ich hatte die Hauptrolle zu spielen und war natürlich überhaupt nicht dazu gekommen, den Text zu lernen. Dabei hatte die Rolle furchtbar viel Text, und ich – ich konnte keine Silbe! Trotzdem wurde das einer meiner sensationellsten Erfolge in Meiningen. Ich habe extemporiert, was das Zeug hielt. Dem Regisseur war's egal und der Souffleuse auch. Was meine Bühnenpartner über mich gedacht haben, haben sie mir verschwiegen oder ich habe es vergessen.

Heute weiß ich nicht mehr, wie das über mich gekommen ist. Es ist mir absolut rätselhaft. Aber vielleicht erklärt sich der Erfolg daher, daß ich so ganz in meiner eigenen Sprache agiert habe, das muß besonders natürlich gewirkt haben.

Was nun die Gabe der Komik anbetrifft, um die ich Pallenberg so beneidet habe: ich habe grundsätzlich *alle* Komiker beneidet! Aus einem ganz einfachen Grund: der Komiker ist der einzige im Ensemble, der noch auf der Bühne bezahlt wird, und zwar sofort, nicht erst beim Verbeugen. Ein Komiker weiß sofort, ob er beim Publikum ankommt oder durchfallen wird. Das ist ein unschätzbarer Vorteil dieses Fachs.

In einem Anflug von Alterstorheit habe ich vor wenigen Jahren – übrigens mit Erfolg – noch den Sprung ins komische Fach gewagt. Und zwar habe ich die Hauptrolle in dem Lustspiel »Katzenzungen« übernommen, in einer Inszenierung, die in den Wiener »Kammerspielen« zu einem ausgesprochenen Kassenerfolg wurde. Ich schäme mich nicht zuzugeben, daß ich das mit Wonne gemacht habe. Es war großartig, wie man da die Leute am Gängelband haben konnte.

Die Leute haben sich kolossal geöffnet, die haben gebrüllt, buchstäblich gebrüllt vor Lachen. An meiner Seite hatte ich eine Kollegin, die eine der größten Wissenschaftlerinnen dieses schwierigen Metiers ist, besonders was das Ernten von Lachern und das Pointensetzen anbetrifft. Die hat mich nun unterwiesen. Das war sehr komisch: Anfangs hatte ich den Bogen noch nicht raus – ich konnte die Lacher nicht so präzis erzeugen, wie jemand, der das gewöhnt ist, und war dann ab und zu sehr erstaunt, wenn sie eines Tages ausblieben. In solchen Fällen hat mir diese Kollegin dann, zwischen den Zähnen, zugeraunt: »Warten, warten, noch warten . . .« und andere Kommandos. Und es war immer richtig.

Das hat mich riesig amüsiert, das hat mir wirklich sehr viel Spaß gemacht. Ich habe selber wahnsinnig gelacht, auch da, wo es gar nicht paßte. Leider bin ich eine Lacherin, das ist schrecklich.

Wie oft bin ich ins Lachen gekommen – durch Kollegen oder durch Bühnenpannen! Ich bin eben eine Lachwurzen, da kann man nichts machen.

Dem Pallenberg war ich auf der Bühne natürlich rettungslos ausgeliefert, und er hat das weidlich ausgenutzt, ohne daß ich ihm das hätte übelnehmen können. Der hätte mir noch viel mehr antun können, als er ohnehin schon tat.

Einmal hatte ich eine Rolle, in der ich nur wie auf heißen Kohlen ging – die »Turandot«. An dieses Stück erinnern wir uns beide nicht gern – Reinhardt und ich. Ich wegen meiner Heiße-Kohlen-Rolle und Reinhardt, weil er den unglückseligen Einfall hatte, die Rollen der Höflinge mit lauter Komikern zu besetzen und ihnen den Auftrag zu geben, nach Herzenslust zu improvisieren. Es war gar nicht komisch.

Am Ende hatte ich einen Epilog zu sprechen, der das Resümee des Stückes enthielt, und die Leute haben sich gebogen vor Lachen. Natürlich habe ich mich gewundert: der Text war nicht komisch, ich war es ebenfalls nicht – warum lachten die Leute so? Ganz am Ende habe ich es herausbekommen: Pallenberg stand ziemlich weit hinter mir und parodierte mich.

Er ging immer als Sieger von der Bühne, war immer wachsam und darauf bedacht, seine Konkurrenten auszuschalten, an die Wand zu spielen, oft mit den brutalsten Mitteln. Da kannte er keine Gnade. Und im Grunde hatte er nie etwas zu fürchten, ganz einfach, weil niemand gegen ihn ankam. Im Moment fällt mir nur eine Ausnahme ein, und damit sind wir wieder bei jener denkwürdigen Privatvorstellung vom »Eingebildeten Kranken« in Leopoldskron.

Bei dieser Vorstellung ging Pallenberg nur als zweiter Sieger von der Bühne. Daran war der Schauspieler Dr. Egon Friedell schuld, der als Verfasser einer »Kulturgeschichte der Neuzeit« berühmt wurde und eigentlich nur als Gelegenheitsschauspieler eingesetzt wurde. Reinhardt schätzte ihn als witziges Original, und er setzte ihn viele Jahre hindurch vor allem in Komödien ein.

An diesem Molière-Abend spielte er Dr. Diafoirus, den Arzt des »Eingebildeten Kranken« Pallenberg, und trat genau in dem Moment auf, in dem Pallenbergs Partnerin weinend abging: der Komiker hatte sie durch hemmungsloses Extemporieren aus dem Text gebracht. Natürlich versuchte Pallenberg sofort, mit demselben Rezept auch Friedell aus dem Konzept zu bringen, zog aber den kürzeren, weil sich auch Friedell sofort aufs Improvisieren verlegte.

Pallenberg erfand neue Personen, auf die aber Friedell sofort bereitwilligst einging, und da ihm seine Schriftstellerphantasie immer neuen Stoff zuführte und er schließlich sogar noch Griechisch und Latein zu sprechen begann, mußte Pallenberg die Waffen strecken.

Das Ganze hatte mindestens fünf bis zehn Minuten gedauert, was auf der Bühne sehr, sehr lang ist und das Publikum hat sich irrsinnig amüsiert. Reinhardt lachte wieder mal am allerlautesten.

Man konnte sich Pallenberg eigentlich nie ohne seine schöne Frau, die legendäre Fritzi Massary, denken. Für beide war es die ganz große Liebe, und sie haben wirklich fast nie etwas ohne den anderen getan. Sie war Operettenstar und trat in Revuen auf, so wie Pallenberg das jahrelang desgleichen getan hat, als Komiker. Sie war ungemein apart und in dieser leicht ordinären Tingelatmosphäre ganz Dame – eine fabelhafte Sängerin, sehr gut im Dialog und, wie gesagt, ganz Dame. Wirklich, sie hat einen enorm guten Geschmack gehabt und hat Pallenberg geholfen, als er von Reinhardt aus diesem Milieu geholt worden war. Die beiden hätten sich nie träumen lassen, daß Pallenberg einmal den Mephisto spielen würde. Ja, ja – Reinhardt hat Pallenberg den Mephisto gegeben, in Salzburg. Die Leute rings um Reinhardt waren begeistert von dem Experiment – aber ich habe gefühlt, daß Pallenberg nicht die nötige Dämonie hatte, sondern ein sehr amüsantes Teuferl war.

Das Bösartige, das er in sich hatte, konnte er eben nicht »über sich hinaus« projizieren. Da fehlte eine Dimension.

Nach der Molière-Vorstellung kam ich übrigens zufällig in die Nähe von Egon Friedell, der kurz vorher so bravourös mit Pallenberg gefochten hatte. Der große, beleibte Mann mit der hohen Denkerstirn und dem dicken Lebemanngesicht stand mit einem Glas in der Hand unter den plaudernden Gästen und sah zu mir herüber.

Wir hatten noch nie miteinander gesprochen, obwohl er schon in mehreren Reinhardt-Inszenierungen gespielt hatte, ein- oder zweimal sogar im selben Stück wie ich.

Schließlich kam er herübergeschlendert und blieb vor mir stehen. Wir lächelten uns an und dann wartete jeder von uns, daß der andere etwas sagen würde. Wir sahen uns an, und keiner sagte etwas. Als wir das Spielchen eine Weile getrieben hatten, verabschiedeten wir uns mit einem stummen Lächeln und gingen auseinander. Und dabei blieb es. Wir haben nie mehr Gelegenheit gefunden, miteinander zu reden, auch keine neue Gelegenheit, miteinander zu schweigen.

Im November desselben Jahres fuhr Reinhardt nach New York, um sein »Mirakel« zu inszenieren. Die Reise nahm einen unerfreulichen Verlauf: heftige See, dichter Nebel setzte den Passagieren und auch der Mannschaft heftig zu. Fast ständig hallte der schaurige Klang des Nebelhorns über das Deck.

Am 10. November schrieb Reinhardt an Bord der »Cunard RMS Aquitania«:

»Ich reise mit einem großen Fragezeichen, gänzlich im Unklaren, was mich drüben erwartet. Werden die Dekorationen fertig sein oder auch nur gebaut werden? Wer wird die Nonne spielen? ... Wo werde ich probieren können? Wird die Geschichte mit der Heims eine Rolle spielen? Wie werden sich Presse und Publikum verhalten?«

Die »Geschichte mit der Heims« machte Reinhardt Kopfzerbrechen, weil man ihm gesagt hatte, daß Scheidungsgeschichten in den USA als großer Skandal gewertet und sehr ernst genommen würden. Viele Künstler, von denen bekannt geworden war, daß sie in Scheidung lebten, waren – so wollten es Amerikakenner wissen – über Nacht brotlos geworden, weil sie sich aus dem Licht der Öffentlichkeit hatten zurückziehen müssen.

Reinhardt jedoch hatte eine durchaus freundliche Presse.

Eine größere Sorge, wahrscheinlich die größte, war: er fuhr in die USA ohne zu wissen, wer die Hauptrolle seines Stücks spielen würde. Hier kam ihm ein großer, glücklicher Zufall zu Hilfe: Normalerweise zog sich Reinhardt auf Reisen von seinen Mitreisenden, so gut es ging, zurück; er riegelte sich ab, um seine Ruhe zu haben. (Später ließ er sogar dafür sorgen, daß ihn die Reedereien nicht in die ausgedruckte Passagierliste aufnahmen, aus Furcht, von Bekannten oder gelangweilten Prominentenjägern belästigt zu werden.)

Während eines seiner Spaziergänge auf dem Deck der »Aquitania« aber wollte es der Himmel, daß ihm ausgerechnet Rosamond Pinchot, die Tochter eines amerikanischen Diplomaten, begegnete. Mit ihr lief ihm die schmerzlich und vergeblich gesuchte Hauptdarstellerin sozusagen direkt in die Arme. Nur sozusagen. Denn er ging selbstverständlich an ihr vorbei, ohne sie anzusprechen; das wäre ihm niemals eingefallen. Soweit ich weiß, hat er nie in seinem Leben jemanden angesprochen, der ihm nicht bekannt war. Er hat nie Menschen gesucht – sie kamen zu ihm, immer, von Anfang an.

In diesem Falle, an Bord der »Aquitania«, bediente er sich eines Vermittlers, der auch bald darauf mit der schönen Pinchot in Reinhardts Kabine erschien. Reinhardt fragte sie, ob sie Lust hätte, in einer Pantomime mitzuwirken. Es stellte sich heraus, daß sie noch nie Theater gespielt hatte, daß sie aber durchaus bereit war, es zu versuchen.

Darauf Reinhardt: »Gut, sprechen Sie mir etwas vor.« – Es stellte sich heraus, daß sie alle ihre Schulgedichte vergessen hatte. Sie konnte aber beten, und so hat sie ihm etwas vorgebetet und wurde sofort engagiert.

Sie war eine enorm sportliche Person, mit einem wunderbaren Körper, gelenkig wie ein schönes Tier. Und sie hat ihre Sache sehr gut gemacht. Leider hatte diese Zusammenarbeit für das Mädchen tragische Folgen. Durch das Zusammentreffen mit Reinhardt, durch diesen plötzlichen Ruhm ist sie wohl etwas aus ihrer Bahn geworfen worden. Sie war ein behütetes Mädchen aus bestem amerikanischem Hause, ist dann aber auf die schiefe Bahn gekommen, hat Affairen gehabt und sich schließlich umgebracht.

Irgendwie ist ihr Leben so ein bißchen wie das Leben der Figur, die sie gespielt hat, verlaufen, nur das »Happy-End« hat leider gefehlt. Die Geschichte ist folgende: In einem Kloster begegnet eine Nonne einem Ritter, in den sie sich unsterblich verliebt und der sie entführt. Sie ist also eine Verdammte, eine Sünderin. Der Ritter verläßt sie. Doch der Himmel erbarmt sich und läßt ein Wunder geschehen. Von einer Mariensäule steigt die Madonna herab, verwandelt sich in diese Nonne und versieht deren Dienst im Kloster, so daß die Abwesenheit der Nonne gar nicht bemerkt wird. Als die Nonne reumütig zurückkommt, kann sie ihren alten Platz einnehmen, ohne bestraft zu werden.

Soweit die alte englische Legende, die von Maeterlinck dramatisiert wurde. Nun kommt das, was Reinhardt daraus gemacht hat: in Reinhardts Pantomime geht die Nonne durch alle Schrecken dieser Welt, ehe sie umkehrt: durch Krieg, Revolution, Armut, Laster. All das spielte sich in einem Rahmen ab, der den Zuschauern das Gefühl gab, in einem Dom zu sitzen; sie waren ganz verzaubert durch dieses ganz neue Raumgefühl.

Alle Vorgänge wurden mit Kirchenmusik von Humperdinck untermalt, gesprochen wurde kein Wort. Angefangen hat es so: die Zuschauer saßen in völliger Dunkelheit, dann ging eine kleine gotische Tür auf, und ein Zug von Nonnen trat auf. Die haben dann das Klosterleben vorgespielt, und man hat sich nicht als Theaterbesucher, sondern als geheimer Zeuge eines streng exklusiven Rituals gefühlt.

Erst allmählich haben sich dann die verschiedenen Spielorte erhellt, in ständigem Wechsel. Fixpunkte blieben nur das Kloster und die Mariensäule.

Ich hatte dieses Spiel schon 1912 in der Wiener »Rotunde«, einer riesigen Messehalle, gesehen. Reinhardt hatte es außerdem (jedesmal mit gewaltigem Erfolg) bereits in London, Köln, Breslau, Leipzig, Dresden, Hamburg, Karlsruhe, Berlin, Oslo, Bukarest und anderswo gezeigt. Er hatte es sich also, mit jeder Einzelheit, so fest eingeprägt, daß er es fast im Traum hätte inszenieren können.

Dennoch ging er in New York zu Werke, als lasse er sich auf ein großes Wagnis ein. Seine Briefe und Telegramme beweisen das.

New York, den 14. Dezember 1923

»Heutiger Brief Seligkeitsinsel. Ertrinke in Probenarbeit außerhalb des Theaters. Schauspieler gut, Gesundheit befriedigend, Schlaf unzureichend.«

New York, 25. Dezember 1923

»Es ist dreiviertel drei. Ich müßte eigentlich im Bett liegen, wollte ich Deine mir wirklich nahegehenden Ermahnungen wirklich befolgen. Eben bin ich nach Hause gekommen. So geht es Tag für Tag, will heißen: Nacht für Nacht.

Morgen früh aber muß ich wie alle Tage, alle Sonn- und Feier-

tage (Weihnachtstage) mit inbegriffen, um 9 Uhr aus dem Bett.
Um halb elf, elf beginnen die Proben, dauern bis halb drei. Dann
Besprechung auf der Bühne, auf der wir noch immer keine Pro-
ben haben, weil das ganze Theater voll von Gerüsten ist, und (mit
Ausnahme einiger Abende, wo wir zwischen einem regelrechten
Baugerüst notdürftig die Dimensionen ausprobieren) Tag und
Nacht dort gearbeitet wird.
Dann Zigarre und eine dreiviertel Stunde Schlaf.
Um 7 Uhr ab. (Dann) wird wieder probiert bis halb zwölf, zwölf.
Dann einzige Mahlzeit am Tag und wieder Besprechungen ...
Dann nach Hause (einziger Spaziergang), Zigarre, Arbeit, No-
tizen. Drei Uhr (früher nie) ins Bett. So geht es seit ich hier bin.
Meinen Bruder, der auf keine Probe kommt, sehe ich nur mor-
gens. Da begleitet er mich ins Theater. Sonst führt er ein absolu-
tes Einsiedlerleben, geht nirgends hin und lernt Englisch.
Ich habe in meinem Leben so noch nie gearbeitet. Auch nicht
unter so üblen Umständen, in einem eiskalten Filmatelier, hoch
oben, mit offener Heizung wie bei Neubauten, mit giftiger Luft
und mit unzureichenden Dimensionen.«

Ich hatte Reinhardt zu Weihnachten zurückerwartet, in Leopoldskron. Am Abend des Weihnachtstages – einige Stunden bevor
Reinhardt sich in New York niedersetzte, um mir jenen Brief zu
schreiben – zog ich eine traurige Jahresbilanz:

Leopoldskron, den 25. Dezember 1923

»... ich muß Dir einmal spaßeshalber eine Aufstellung dieses
Jahres machen. Ich hab den Kalender vor mir – Du wirst aus allen
Wolken fallen! – Also: von Januar bis Januar: Du warst in diesem
Jahr *ganz* fort: 8¼ Monate! Du warst mit mir zusammen: 6 Wochen. Mit mir zusammen in Gesellschaftstrubel und Hetzjagd:
2 Monate und 1 Woche ...
Was sagst Du?! Sag nur nicht: Undankbar! Ich bin es nämlich
wirklich nicht, denn ich bin selbst sehr überrascht von diesen
Ziffern und ich habe zurück*fühlend* absolut nicht das Empfinden
so langer Trennung. Wie ja eben auch dieses ganze Jahr das
schnellste meines ganzen Lebens ist ...
Erschrick nicht über meine Haare – sie sind fast ganz weiß geworden. Drei Monate sind viel, wenn man getrennt war – zusammen nicht soviel, weil dann die Übergänge feiner, unmerklicher

sind. Könnte ich mein Empfinden nur endlich auch weiß kriegen. Sanft fließend ins geordnete Bett . . .«

Reinhardt blieb noch den ganzen Januar. Seine Inszenierung wurde ein großer Erfolg.

In diesem Jahr bekamen wir endlich unser Wiener Theater. Ich zitiere meine Freundin Gusti Adler, die als Reinhardts Privatsekretärin den Marterweg, der dieser Eröffnung vorausging, in allen Einzelheiten miterlebt und manche Verhandlung selbst geführt hat:

»Das Jahr 1923 war in Reinhardts Leben sehr bedeutungsvoll: sein Pachtvertrag mit dem Josefstädter Theater kam am 22. Juni endlich zustande. Er hegte schon lange den Wunsch, in diesem Alt-Wiener Theater zu spielen, in dem sich die kostbarste Theatertradition zu einer Atmosphäre verdichtet hatte, die den Raum, das ganze Gebäude, in geheimnisvollen Wellen durchströmte. Eröffnet 1822 mit Beethovens ›Weihe des Hauses‹ – eine Bühne, auf der Raimund und Nestroy gespielt hatten, auf der im Laufe eines Jahrhunderts in bunter Folge das Wertvollste an Theaterkunst vorbeigezogen war, vom Schauspiel zur Posse, vom Singspiel zur Oper, um nun, als Krönung, Max Reinhardts Bühne zu werden.

Der unbeschreiblich verwahrloste Zustand, in dem er dieses Theater übernahm, konnte Reinhardt nicht abschrecken. Unmittelbar nach Unterzeichnung des Vertrages besichtigte er zum ersten Mal die Innenräume.

Das ›Foyer‹ des alten Theaters riecht wie ein Stall und die schmutzigen Wände mit den armseligen Holzverkleidungen, der gepflasterte Boden haben etwas vom Charakter eines Stalles. Nur der Idealismus (des einstigen Hausherrn) Jarno, der zum Vorkämpfer Strindbergs in Wien wurde, das Wiener Publikum mit seiner Begeisterungsfähigkeit, konnte dieses Haus erwärmen und soviel Armseligkeit vergessen lassen.

Max Reinhardt ist ein stiller Betrachter, der sich Zeit läßt. Er nimmt die Räume in ihren Dimensionen in sich auf, sieht im Geiste alle Möglichkeiten und sie entfalten sich ihm wie eine Wunderblume. Vor Jahren, und seitdem immer wieder, hat er das Teatro della Fenice in Venedig gesehen, war seinem Zauber verfallen. Aus diesem alten Wiener Theater, in dem er unvergeßliche Jugendeindrücke empfangen hat, will er etwas Ähnliches schaffen. Eine Variation über das Thema, in der aber, wie ein Orgelpunkt, Bodenständiges, Wienerisches mitschwingen wird. Die Vision ist da. Die Schwierigkeiten der Verwirklichung liegen in der Zukunft und werden überwindbar sein. ›Bedeutung schafft Tatbestand.‹ Reinhardts Phantasie läßt sich nicht fesseln. Unbeschwert von materiellen Erwägungen kristallisiert sich in seinem Innern das künftige Bild.

Er schreitet das Foyer des Josefstädter Theaters ab, in dem dünne Gußeisensäulen ein schmutziges Lichthofdach tragen. Im Geiste sieht er aber darüber schon eine gewölbte Stuckodecke mit italienischen Deckengemälden; Mosaikboden wird an Stelle des Zementpflasters treten, venezianische Türen in das zweite, intimere Foyer, in den Zuschauerraum führen.

Die einstmaligen ›Sträußelsäle‹ dienten seit vielen Jahren zur Aufbewahrung des Kostümfundus und der Requisiten. Über eine Art Hühnerleiter steigt man zu einem eingebauten Zwischenstock hinauf. In feuergefährlichster Enge hängen hier in einem dachbodenartigen Raum Hunderte von Kostümen. Ein Geruch, der ungelüfteten Garderobenräumen eigentümlich ist, dringt einem entgegen. Ein phantastisches Nebeneinander von Farben, Gold und Flitter, zwischen dem sich Max Reinhardt hindurchdrängt. Ein unsagbarer Theaterzauber geht von dieser Fülle verblichener Pracht aus. Soviel verflossene Herrlichkeit, zusammengepreßt, flimmernd und wie geladen mit der Atmosphäre schicksalsschwerer Dramen und heiterster Komödien. Auch mit Max Reinhardt geht dort so etwas wie eine Verwandlung vor sich. Er bekommt plötzlich etwas von dem Prinzipal einer fahrenden Truppe, der seinen Fundus mit den Augen eines Kenners betrachtet, Möglichkeiten erwägt, Kosten errechnet und dabei schon alle Seligkeiten so vieler Verwandlungen, soviel lebenswarmen, leidenschaftlichsten Theaters vorfühlt. Von den ›Sträußelsälen‹ selbst ist nur wenig zu sehen, aber Reinhardts Entschluß steht fest, sie von allen Einbauten zu befreien und in ihrer ursprünglichen Gestalt wieder auferstehen zu lassen. Nicht als Ballsaal, wie einst im Gasthaus zum Goldenen Strauß, sondern als Foyer und Buffetraum für das Josefstädter Theater.

Noch lag die Verwirklichung dieser Pläne im Ungewissen, als Reinhardt, völlig unerwartet, völlig unverhofft, ein Angebot erhielt, das die Realisierung seiner Träume verbürgte: Camillo Castiglioni, der finanzielle Condottiere, Kriegsgewinnler und Spekulant der Nachkriegsjahre, erklärte sich in einem spontanen Brief an Reinhardt bereit, die gesamten Kosten der Theaterausgestaltung zu tragen. Dieses uneigennützige Anerbieten ließ Reinhardt vollkommen freie Hand. Es waren ihm keine Geldschranken gesetzt, er konnte den Architekten wählen, alle Baufragen entscheiden, er konnte kaufen und bestellen. Unsagbar beglückend für ihn war diese überraschende Wendung. Er fuhr nach Italien, um dort, vor allem in venezianischen Antiquitätengeschäften, einzukaufen. Jedes Detail in Foyer und Zuschauerraum, Glasluster, venezianische Türen, Bilder und Statuen, wurde von ihm ausgewählt, der Fortuny-Vorhang nach seinen Angaben angefertigt. In Monaten intensivster Verhandlungen hatte er dem Architekten Carl Witzmann die Richtlinien für die Umgestaltung des Theaters gegeben. Pläne waren ausgearbeitet, in langen Nächten durchgesprochen worden.

Zuschauerräume und Logengänge wurden mit rotem Damast bespannt. Alte Steinfiguren und Bildnisse der Musiker, Schauspieler und Dichter, die an diesem Theater gewirkt hatten, schmücken die Seitengänge. Von den Wandarmen blitzen Kristallprismen-Hütchen. Das Hinaufschweben des Lusters, das langsame Verglimmen seiner Lichter zu Beginn der Vorstellung, war Reinhardts Idee. Es liegt darin soviel Ahnungsvolles, soviel Spannung, die nur noch durch das Aufgehen des Vorhanges überboten werden kann. Dieser Vorhang aus schwerem venezianischem Brokatstoff – ein festliches Versprechen. Der eiserne Vorhang zeigt Canalettos Blick auf Wien, vom Schloß Belvedere aus gesehen.

Für Max Reinhardt bedeuten diese Monate eine ungeheure Anspannung.

Beglückend und manchmal quälend, denn viele Details mußten Schritt für Schritt erkämpft werden. Bautechnische Schwierigkeiten in dem alten Haus und feuerpolizeiliche Verordnungen bedingten manchen Verzicht. Meistens aber trug Reinhardts eiserner Wille, sein Mut, scheinbar Unmögliches zu verlangen, doch den Sieg davon. So wurde Wien ein Theater geschenkt, das auf der Welt nicht seinesgleichen hat.

Die Eröffnung mußte allerdings um ein Jahr hinausgeschoben werden. Sie fand schließlich am 1. April 1924 statt.«

Ich habe den Umbau dieses Hauses von Anfang bis zum Ende miterarbeitet und -geplant, war vor allem auf unseren Italienreisen, auf unseren ausgedehnten »Sammlerfahrten« stark beteiligt. In Rom, Florenz und Venedig, haben wir die Antiquitätengeschäfte durchsucht – Hauptziel in jeder Stadt und jedem Städtchen, das wir durchfuhren. Wir reisten im Auto und durchkurvten alle Viertel und alle Gassen auf der Suche nach solchen Geschäften. Natürlich waren unzählige Gespräche diesen Expeditionen vorangegangen, und natürlich hatte Reinhardt bei allen Käufen das letzte Wort. Damals haben wir auch einiges für Leopoldskron entdeckt – der schönste, aber auch anstrengendste »Einkaufs-bummel« meines Lebens!

Reinhardt gab diesem neuesten Theater der Wiener den beziehungs-vollen Namen »Theater der Schauspieler in der Josefstadt unter der Führung von Max Reinhardt«, ebenso begann jeder Pro-grammzettel mit den Worten »Die Schauspieler im Theater in der Josefstadt unter der Führung von Max Reinhardt«.

Vom sogenannten Mitspracherecht als theaterpolitische Institu-tion hielt Reinhardt zwar immer noch nicht allzuviel (und hat diese Meinung auch später nicht wesentlich revidiert). Weiterhin gab er jedem das Recht mitzusprechen, der etwas zu sagen hatte, zu sagen *wußte*. Und wenn einer es in seinen Augen wert war, hat er sein Urteil begierig gefordert.

Nur: Taktlosigkeit und unaufgeforderte Mitsprache konnte ihm viel zerstören, besonders wenn er sich über einen neuen Einfall freute und er, oft ohne es zu wollen, diesen Einfall erzählte. Wehe, wenn dann ein phantasieloser oder zu nüchterner Mensch unter den Zuhörern war. Der konnte durch ein Wort alles zerstören.

Dennoch, ich muß es noch einmal betonen, *suchte* er die Kritik und *wünschte* er Mitsprache des jeweils Besten. Von der Überfahrt nach New York schrieb er mir am 10. 11. 1923 zu diesem Thema: »Treibe, wenn es nötig sein sollte … die Schauspieler zu ener-gischem Mitbestimmen, eventuell zum Widerspruch, da wo er er-forderlich ist.« Denn er hatte sein Josefstädter Theater seinem Ensemble, das nicht sehr groß war, sozusagen übergeben und anvertraut. Es war ein Schauspieler-Theater. Eigentlich sogar eine Art »Familien-Theater«.

Reinhardts Idee war nämlich: der Wiener Schauspielerfamilie Thimig, welcher schließlich und endlich ja auch *er* angehörte (auch wenn wir noch immer keinen Trauschein vorweisen konn-ten) nach alten Vorbildern ein eigenes Theater zu schaffen. In Wien sprach denn auch mancher vom »Thimig-Theater«.

Bei der Eröffnung mit Reinhardts berühmt gewordener Goldoni-Inszenierung »Der Diener zweier Herrn« waren drei Thimigs auf der Bühne: mein Vater, mein Bruder Hermann und ich. Später einmal – in der Nestroy-Posse »Alles und Nichts« – war es sogar die ganze Familie, denn auch mein Bruder Hans war dabei.

Selbst Reinhardt, der viele, viele Jahre nicht mehr aufgetreten war, entschloß sich, in diesem Familientheater eine Rolle zu über-nehmen. In »Kabale und Liebe« (mein Vater spielte den Miller, ich die Luise) wollte er den Kammerdiener darstellen. Doch er genierte sich dermaßen, seine Rolle vor aller Augen zu probieren, daß er erst auf der Generalprobe ernst machte. Bei der Premiere hat er mir dann unendlich leid getan, weil er vor Nervosität kaum sprechen konnte. Er ist dann nie mehr aufgetreten, und so habe ich ihn eigentlich nur ein einziges Mal als Schauspieler gesehen, was mir immer sehr leid getan hat. Er soll ein hervorragender Schauspieler gewesen sein, ganz ohne die geringste Affektiertheit, schmucklos – nur die nackte Wahrheit, ohne Ziererei. Bereits als sehr junger Schauspieler, von Anfang an, war er, wie mir oft erzählt wurde, ohne alle Schauspielerallüren. Und auch nach diesem Auftritt in der »Josefstadt«, wo er offensichtlich nicht ganz auf der Höhe war, bewahrte er eine ganz selbstverständliche Würde, indem er kein Wort darüber verlor und keins zu seiner Entschuldigung hervorbrachte.

Das schönste und bewegendste Erlebnis dieser Zeit war: die Versöhnung zwischen meinem Vater und Reinhardt, die ganz offen dadurch demonstriert wurde, daß mein Vater dem Ensemble der »Josefstadt« beitrat. Er hatte seine Einstellung zum »Sensationskünstler« Reinhardt grundlegend geändert und war durch unser langes Zusammenleben aufs gründlichste davon überzeugt worden, daß Reinhardt für seine Tochter kein künstlerisches und menschliches Unheil war. Jetzt war dem Mißtrauen höchste Verehrung gefolgt.

Und Reinhardt, der Schüler, nahm meinen Vater, den er als seinen ersten Lehrer bezeichnete, von Herzen in sich auf.

Das war eine unbeschreibliche Freude für uns alle.

Für meinen Bruder Hermann, der im Goldoni den Trufaldino spielte, war dieser Abend zugleich auch der Höhepunkt seiner Laufbahn. Mein Vater spielte den Pantalone – den Kaufmann Pandolfo – und ich die Zofe Blandina. Es war so entzückend, so lustig und so schön, wie mein Vater, der ein großer Theaterwissenschaftler war, und Reinhardt aus alten Bildern und Zeichnungen den Stil der Inszenierung und der Kostüme entwickelten. Später hat eine Porzellanmanufaktur uns alle in Porzellan nachgebildet, so witzig, so anmutig, so grotesk, so tänzerisch ist uns das geraten ...

Ich hatte mit meinem Bruder eine große Tanz- und Gesangsnummer, eine besonders schöne Sache, vor der ich mich allerdings zunächst etwas gefürchtet hatte. Ich halte nämlich nicht viel vom Tanzen, außer wenn ich mir im Moment meine eigenen Tänze erfinde, improvisiere. Den Gesellschaftstanz fand ich, solange ich denken kann, einfach gräßlich.

Einmal, als junges Mädchen, sollte ich zu einem privaten Tanz-abend gehen. Ich habe vorher fürchterlich geheult, aber dann bin ich doch gegangen, weil ich an diesem Abend auch in einem Einakter auftreten durfte. So ging ich denn und »ertanzte« mir meinen langersehnten Auftritt in diesem Einakter.

So schwer mir das Tanzen normalerweise fiel – die Tanznummer im Goldoni geriet über Erwarten gut. Sie war eben ein echter Bestandteil meiner Rolle.

Übrigens nahm Reinhardt auch meine Berliner Freunde, die Lauckners, mit Liebe auf, so wie alle meine Menschen. Er nahm zwei oder drei von Lauckners Stücken an und beschäftigte ihn auch gelegentlich als Bearbeiter. Lauckners Vorwurf, er werde von Reinhardt nicht genügend beachtet, war wirklich grundlos. Seine Erfolglosigkeit hatte eben wirklich nur die eine Erklärung: er war einfach nicht gut genug. Ihm fehlte »die Pranke des Dra-matikers«.

Noch ein Mensch aus meinem Leben fand Aufnahme bei Rein-hardt: mein geschiedener Mann, Paul Kalbeck, wurde als Re-gisseur, Schauspieler und Dramaturg an die »Josefstadt« engagiert. Wir waren nach wie vor gute Freunde, und unserer unkompli-zierten Kameraderie dankt es Kalbeck, daß ich mir von ihm Dinge sagen ließ, die ich mir von einem anderen nicht hätte sa-gen lassen, Dinge über meine künstlerische Laufbahn – über ein Thema also, zu dem ich bislang nur mich und Reinhardt hatte zu Wort kommen lassen.

Kalbeck fand, daß ich binnen kurzem einer Stagnation unterlie-gen müsse, wenn ich mich weiterhin auf den Regisseur Max Rein-hardt zuschnitt. Er sagte mir ganz unverblümt, daß Reinhardt für meine Karriere nicht gut sei. Daß ich mir zuviele Rollen habe ent-gehen lassen.

Daß ich ganz andere Sachen hätte spielen müssen, ganz andere Regisseure hätte haben müssen.

Daß ich längst ein Star hätte sein müssen, was ich damals wirk-lich noch nicht war.

Daß ich viel zuwenig zum Spielen gekommen wäre.

Und daß ich aufgrund meines Talents *verpflichtet* sei, Karriere zu machen.

Wie gesagt – ich habe es mir angehört, und es hat mir zu schaf-fen gemacht. Denn wenn ich auch glaubte, daß es ein Glück, ein namenloses Glück war, durch Reinhardt geformt zu werden, es barg auch die Gefahr, der jeder Schauspieler unterliegt, der sich nur von ein und demselben Regisseur »sehen« und deuten läßt.

Das hatte auch die Kritik schon bemerkt. Sie hatte sich ange-
wöhnt, mich ziemlich oft mit der Duse zu vergleichen, was einerseits schmeichelhaft war, andererseits jedoch durch die stereotype
Wiederholung gefährlich in die Nähe einer Festlegung, einer
»Abstempelung« kam. Sollte man mich bereits abgestempelt haben, dachte ich manchmal. Erwartete man keine Überraschungen
mehr?

Reinhardt hat die Duse namenlos verehrt. Ich hatte oft das Gefühl, daß diese Frau ihm auch als Frau hätte sehr nahegehen können. »Niemals«, schreibt er, »werde ich vergessen, wie ich sie zum
ersten Mal sah. Das war im (Wiener) Carl-Theater und sie spielte
die Kameliendame. Ihr Partner hieß Flavio Ando. Ich erinnere
mich an eine Szene, in der beide zugleich leidenschaftlich sprechen. Das war eine der vollkommensten Leistungen, die ich je
auf dem Theater sah. Beide waren völlig deutlich und ihr Zusam-
mensprechen war aufgelöst in glühendstes Leben ... Die Duse
offenbarte sich im Spiel ihres Körpers, ihrer Augen, ihrer Bewegungen, ihres Mundes. Aber in ihrer zauberhaft verschleierten
Stimme war ihre Macht, zu lieben und zu leiden, in eine einzig-
artige Musik gesetzt.

Ich kenne keine Gesangsstimme, die mich mehr erschüttert und
beglückt hätte, als wenn die Duse die zornige Anklage ihres Geliebten immer wieder mit dem heiseren, stillen, monoton hervor-
gestoßenen ›Armando‹ unterbrach ...«

Ich hatte weiß Gott nichts dagegen, mit der Duse verglichen zu
werden, obwohl es mir lieber war, wenn mir »die Kunst lächeln-
der Tränen und weinenden Lächelns« *ohne* derartige ehrende Ver-
gleiche nachgerühmt wurde.

Auch ich war Duse-Fan, nachdem ich sie ein einziges Mal in
einem Wiener Gastspiel, in der »Hedda Gabler« sah. Das Hin-
reißendste war, wie sie ganz still war und, am Schreibtisch stehend,
einen Bleistift zerbrach. Einmal – in einer Szene, in der ich mich
frisieren sollte, habe ich auf den Spiegel verzichtet, obwohl das
sehr schwierig war, und habe mir das Haar ohne Spiegel auf-
gesteckt, ganz schlicht. Solche und ähnliche Szenen haben Duse-
Verehrer dazu bewogen, mich mit der Duse zu vergleichen. Und
da ich wußte, wie sehr Reinhardt sie verehrte, habe ich das immer
als Kompliment verstanden.

Dabei habe ich äußerlich nicht die geringste Verwandtschaft mit
ihr gehabt. Ich glaube, es war die Fähigkeit, eine innere Bewegung ohne allzu deutliche äußere Bewegung zu zeigen.

Inwieweit der Vergleich zutrifft oder nicht, war mir egal. Es störte mich schon der Ausdruck: »Das ist eine typische Thimig-Rolle!«

Julius Bab schrieb warnend in seinem Buch »Schauspieler und Schauspielkunst« über mein Problem: »Was man ›Manier‹ nennt, ist ja keineswegs immer ein Ergebnis planvoller effektlüsterner Eitelkeit; es ist sehr häufig die Erscheinung einer überwuchernden, das Gleichgewicht der Kräfte gefährlich verschiebenden Leidenschaft im Künstler. *Und in diesem Sinne war die Kunst der Helene Thimig eine Zeitlang von Manier bedroht.*«

Ich kannte diese Ansicht – auch und besonders – von Paul Kalbeck, und ich mußte ihm, ohne es laut zu sagen, insgeheim ein bißchen rechtgeben, in wenigen, aber entscheidenden Punkten. Allerdings waren Reinhardt und ich auch in einer ganz besonders schwierigen Situation: wir mußten miteinander arbeiten und trotzdem versuchen, objektiv zu sein. Das ist, ganz besonders in künstlerischen Berufen, fast unmöglich.

Es ist eine ganz besonders merkwürdige Sache, wenn man mit jemandem verheiratet ist, der mit einem eine Inszenierung erarbeiten muß.

Reinhardt zwang sich zu einer, ihm wesensfremden Strenge – dennoch war es ihm fast immer unmöglich, mich wie jeden anderen Schauspieler zu behandeln.

Er konnte, mit allem, was er von mir wußte, mit dem *viel zuvielen*, was er von mir wußte, mich nicht »psychologisch« führen. Ich kannte seine Schliche. Die kannte ich sehr gut.

Andererseits war ich ihm gegenüber auf der Bühne gehemmter und bockiger als Regisseuren gegenüber, mit denen ich früher gearbeitet hatte und die mir menschlich-privat gleichgültig waren. Ich bin eine sehr, sehr bockige Natur!

Ich stemme mich gegen allen Zwang, gegen alles, was ich nicht einsehe. Und es gab eine Menge, was Reinhardt wollte und ich dennoch nicht einsah.

Wäre ich für Reinhardt eine Fremde gewesen, manches wäre während der Probenzeit einfacher gewesen. Er wiederholte oft: »Es ist merkwürdig – ausgerechnet mit dir arbeite ich am schwersten! Und das, obwohl niemand so aufgeschlossen ist wie ich . . .«

Ich habe auch nie einen Zuschauer gehabt, der aufgeschlossener gewesen wäre als Reinhardt. Er konnte hemmungslos weinen, hemmungslos lachen – alles viel heftiger, als ihm im Leben möglich war.

Eigentlich haben wir bei jeder Rollenauffassung einen Kompromiß geschlossen. Das heißt: ich entsprach seiner Vision, soweit

ich das vor mir verantworten konnte. Manchmal gab es nicht
einmal einen Kompromiß, und ich war einfach schlecht, z. B.
immer wenn ich leichte Mädchen oder böse Weiber spielen mußte,
Verbrecherinnen vor allem, weil ich an Verbrecher nicht glaube –
nur an Kranke.

Wenn Reinhardt mich »falsch besetzt« hatte und über diesen Mißerfolg niedergeschlagen war, habe ich natürlich Kritik geübt, aber
stumm. Wir waren durch unsere nächtlichen – oft stummen –
Zwiesprachen in seinem Arbeitszimmer so aufeinander einge-
stimmt, daß Worte in solchen Fällen wirklich überflüssig waren.
Wir waren innerlich so glücklich verwandt und wir haben dermaßen denselben Geschmack gehabt, daß es bei derartigen Fehl-
schlägen keiner Kommentare bedurfte. Wir konnten miteinander
schweigen.

So eine Fehlbesetzung war zum Beispiel die Mutter in Tolstois
»Macht der Finsternis« – ich sollte also morden und verleumden,
ich sollte die Rolle spielen, obwohl ich nicht wußte, wie. Aber
ich dachte mir, ich finde einen Weg. Die Figur ist pittoresk – was
mich manchmal reizt – im übrigen werde ich versuchen, sie weniger hart zu charakterisieren, wie das vom Dichter verlangt
wird – ich traue mich einfach nicht.

Natürlich bin ich als Mensch mit allem Menschlichen vertraut,
habe also auch das Böse in mir. Das Böse aus diesem Komplex
von Eigenschaften, aus dem ich bestehe, herauszulösen, fällt mir
jedoch außerordentlich schwer. Bei solchen Gelegenheiten bin ich
wirklich – ich muß es wiederholen – ausgesprochen schwach.

Ich glaube, daß auch ein Mörder eine sehr gute Entschuldigung
hat; vollkommen unmöglich erscheint es mir, daß einem Mörder
nichts Mörderisches angetan worden ist, bevor er zum Mörder
wurde, – vielleicht sogar *vor* seiner Geburt.

Wie gesagt, Reinhardt hat mir nicht allzu oft derartige Fehlbeset-
zungen zugemutet, – im Gegenteil: er hatte es bis zu diesem
Zeitpunkt eher vorgezogen, mich zu stilisieren.

Kalbecks Bedenken erschienen mir deshalb durchaus nicht als
Intrigengeschwätz. Ähnliche Überlegungen hatten mich schon
des längeren beschäftigt.

Wenn ich sie meistens unterdrückt hatte, so war das ziemlich
schwierig gewesen, denn ich war ja – sehr früh schon – als en-
gagierte Frauenrechtlerin in die Welt getreten. Paul Kalbeck hatte
das in aller Schärfe kennengelernt und gebilligt. Jetzt mußte er
mit ansehen, wie ich meine heiligsten Prinzipien zurückstellte,
und sah darin eine große Gefahr für meine Zukunft als Schau-

spielerin; daß Reinhardt die große Liebe meines Lebens war und daß ich mein Glück genoß – das sah er, das akzeptierte er, das mißgönnte mir der inzwischen wieder glücklich Verheiratete nicht eine Sekunde lang. Wir lachten wieder. Wir lachten weiter.

Seine Eltern, seine Familie – alle nahmen mich auf das herzlichste in ihre Mitte. Kein Wort mehr von der Scheidung. Sie haben das alle verstanden.

Und gerade darum, weil ich bei Kalbeck keine böse Absicht entdecken konnte, blieb mir seine Mahnung viele Jahre lang im Gedächtnis ...

Im Jahre 1924 übernahm Reinhard wieder die Leitung seiner Berliner Theater, zusätzlich zu seinen Verpflichtungen in Wien und Salzburg und zusätzlich zu seinen Gastspielverpflichtungen in Europa und Amerika.

Ich wußte, was diese furchtbaren Belastungen für uns bedeuteten, und er wußte es auch. Die schwierigen finanziellen Verhältnisse seiner Berliner Theater, die noch immer ungesicherte Zukunft der Salzburger Festspiele aber zwangen ihn, jedes lukrative und künstlerisch vertretbare Angebot zu akzeptieren.

Bislang hatte er doch sein immenses Arbeitspensum, ungeachtet seines unbezähmbaren Hanges zum Perfektionismus, in bester Gesundheit und größtem Behagen bewältigen können. Seine Gesundheit blieb ihm in diesen schweren Jahren, die jetzt auf uns zukamen. Sein Wohlbefinden jedoch schwand mehr und mehr. Es war dennoch groß genug, ihn Dinge tun zu lassen, die man von ihm für schlichtweg unmöglich gehalten hatte.

Das war ja das Produktive an ihm, daß ihm alles, was er tat, *gefiel*; was ihm nicht gefiel, tat er nicht.

Er war immer tätig, immer produktiv, doch immer zu seinem und seiner Umwelt Vergnügen – nie hat man ihn abgehetzt und verzweifelt gesehen. Nie hat er sich mit seiner Arbeit gebrüstet.

Dabei waren ihm längere Ruhepausen, Zeiten, die allein dem Ausspannen reserviert waren, nur ganz, ganz selten beschieden. Er schlief viel zuwenig, und wenn er Dinge tat, die Müßiggängern ähnlich sahen – zum Beispiel im Straßencafé sitzen – dann war er immer noch aktiv, sehr aktiv, indem er Menschen studierte und besonders interessante Passanten, Passanten, die ihn interessierten, in Stücke einbaute, die er einmal inszenieren wollte.

Das war auch so ein Vergnügen, das »eine Handbreit über dem Boden« rangierte ...

Doch dieses Vergnügen begann in diesem entscheidenden Jahr 1924 und in den folgenden entscheidenden Jahren immer kümmerlicher zu werden. Reinhardt hatte keine Zeit mehr für Straßencafés.

Er betrauerte und er verfluchte die Tatsache, daß auch für ihn der Tag nur vierundzwanzig Stunden bereitstellen konnte – ein Leitmotiv, das seine Briefe und Telegramme durchzog. Im folgenden zitiere ich einige besonders erschütternde Stellen daraus:

»Ich leide an dieser rasenden Zeit wie an Atemnot. Der Tag ist zu kurz, die Nacht ist zu kurz, Arbeit, Schlaf, Dein Telefonat, Deine Briefe – alles, alles viel zu kurz, quälend. Kurz.
Wenn ich es bedenke, so ist mein fortdauernder Kampf mit der Zeit der aufregendste und aufreibendste Kampf meines Lebens . . .
Beschämt und in unerbittlicher Nacktheit, frierend, stehe ich jeden Abend da, wenn ich schlafen gehe und meinen Optimismus immer wieder ablegen und einpacken muß.«

*

»Ob es wohl Menschen gibt, gegeben hat, denen alles erfüllt ist – und ob die glücklich sind?
Das Glück liegt vielleicht am schwersten zwischen Wunsch und Erfüllung, denn die Erfüllung ist ja schon wieder schwanger von neuen Wünschen. In der Erinnerung (gerade in diesem Winter und Sommer) sehe ich den Himmel reich ausgesternt von glücklichen Zeiten, Tagen, Stunden, und ich möchte mich so gerne dahin bringen, die Sterne ganz in der Nähe, im Augenblick zu sehen, zu erkennen und Gott zu preisen dafür.
Manchmal, im Vorbeirasen fällt ein Stern auf einen nieder. Wenn man dann doch fest stehenbleiben könnte, aus vollem Hals jubeln könnte. Danken – – das ist doch das Schwerste –, wieviel leichter ist bitten. Danken ist sicher auch das Höchste, was der Mensch erreichen kann, und jede wirkliche Schöpfung ist ein Dank.
Wir sind alle leider mit Blindheit geschlagen, mitunter vielleicht mit wohltätiger, meistens aber mit unglückseliger Blindheit. Ich habe mir immer gewünscht, dem Menschen zu begegnen, der hemmungslos aus vollem Herzen jauchzen kann. Es ist mir nie geschehen. Vielleicht gibt es ihn nicht.
Wenn es schön ist, halten wir uns oft sogar schnell etwas recht Dunkles vor das Auge und suchen bang unser Gleichgewicht.«

*

»Die Zeit! Die Zeit! Mein Schmerzensruf für immer!«

*

(Aus einem Urlaubsparadies:) »vis-á-vis vom Hotel (aber einen Kilometer weit) ist am anderen Ufer eine weit in den See hinein-springende Halbinsel, auf der Napoleon einmal eine Schanze an-gelegt hat, die zwar verfallen, aber von den Österreichern im Kriege gegen Italien ausgebaut wurde.

Über alles ist jetzt Gras gewachsen. Diese Halbinsel scheint mir das Schönste und ich habe mir in Gedanken sofort ein Haus für uns dort (in vollkommener Einsamkeit) gebaut, Autostraßen er-richtet, Gärten angelegt und Wege gebaut. Jetzt ist es in einem wilden Urzustand, aber von wundervollem Reiz. Dort trifft man keinen Menschen, auch nicht auf den Hängen hinter dem Hotel.«

*

»... bin mit allen Gedanken bei Dir, voll heißer, schmerzlicher Sehnsucht nach Dir, nach unserem lieben, ganz unbegreiflich ruhi-gen Leopoldskron-Zimmer mit Tee, Äpfeln, Nüssen, winterlichem Geborgensein ...«

*

»Bin gemartert, erschöpft.«

*

»Komm nur endlich, und dann müssen wir wohin fliehen, wo mir niemand eine Rechnung präsentiert. Ich komme noch um vor diesen Zahlen, Ziffern und Zeiten. Ich *kann* meine Uhr nicht rich-tig stellen ...«

*

»... daß meine gesamten Einnahmen der letzten Zeit, die von ... meinem Bruder auf ein Minimum von 7 Millionen geschätzt wurden – eine einzige Million beträgt ... Das Gestrüpp des ›Deutschen Theaters‹ ist wahrhaft undurchdringlich!«

*

»Ich bin immer erschlagen, wenn ein Mensch mir ernsthaft die Zeit vorrechnet, er schneidet mir damit meine Existenzbedingung heraus.«

*

(Aus einem Urlaubsparadies:) »So eine Festspiel-Insel wäre wohl das Richtige gewesen und (dazu) eine andere unzugängliche Insel zum Wohnen ...«

*

(Dringendes Telegramm Reinhardts aus München an Helene Thimig in Berlin:) »Ach alles ist unwirklich und alles Wirklichmachenwollen verzweifelt komisch ... die Zeit läuft lachend davon.«

*

(Reinhardt aus dem »Excelsior«-Hotel am Lido bei Venedig:) »Du könntest mich, wenn Du hier wärst, freilich auch nicht vor allem schützen. Du würdest nur noch intensiver leiden als ich ...«

*

»Komm, komm, mach alles wieder schön, froh, ruhig, schmackhaft und – zeitlos. Ich warte ...«

*

»Ich führe eigentlich ein sehr vernünftiges Leben, esse regelmäßig, schlafe viel, rauche wenig, trinke gar nichts, bin immer in frischer Luft – aber mein Organismus ist offenbar zu sehr auf ein ›unvernünftiges‹ Leben eingestellt.«

Reinhardt hatte in Berlin all die Jahre hindurch nie den Boden unter den Füßen verloren, hatte durch Gastspiele stets das Berliner Theater mitbestimmt, auch in den vier Jahren, in denen er die Direktion des »Deutschen Theaters« abgegeben hatte.
Als er sich 1924 wieder entschloß, die Leitung dieser Theater zu übernehmen, hatte sich die deutsche Theaterszene gewaltig geändert: die Nachfolger der Naturalisten, in allen Schattierungen, die Engagierten, Politischen, Radikalen – kurz gesagt: die Leute, die Gesinnungstheater machten, bestimmten die Berliner Bühne.
Reinhardt, der sehr wenig andere Vorstellungen besuchte, ließ sich durch diese Entwicklung weder abschrecken noch animieren. Er hielt es wie bislang mit seinen eigenen Revolutionen.
Wer nun gerade »Mode« war, das sagten ihm Kritiker, Dramaturgen, Literaturhistoriker – er selbst interessierte sich wenig dafür. Er hat sich in keinerlei Konkurrenz begeben.
Besonders den Kritikern gegenüber hielt er es für gut, Abstand zu halten. »Ein freundschaftlicher Verkehr durch die Zeitung ist eine bedenkliche Form!«
Aus Kopenhagen schrieb er mir über den Umgang mit Theaterrezensenten:

»Wenn man in kühler Ferne so eine Kollektion Blattläuse zusammen hat, ist man belustigt und bedenklich zugleich. Putzig ist diese gravitätische Ohnmacht, grotesk diese blinde Wichtigkeit . . .«

Reinhardt hielt nichts von Moden, aber auch nichts von Stilen. Unter den Regisseuren hatte er nur einen nahen Lehrmeister, den er überwand – Brahm, und einen fernen Lehrmeister, der ihm bereits so fern geworden war, daß er ihn nicht mehr überwinden mußte – Stanislawski.

Für Stanislawski empfand er eine ganz besonders große Verehrung, besonders für den *Schauspieler* Stanislawski. Als Stanislawski in Berlin gastierte, schenkte Reinhardt ihm ein Auto. Es war eines der ersten Autos in Moskau.

Heute sehen wir in Reinhardt nur den Aristokraten. Vergessen wir aber nicht, daß während der Jahre, in der Reinhardt und ich in Deutschland waren, Reinhardt auch ungeheuer unter der Beschuldigung zu leiden hatte, nicht ganz seriös zu sein. Ein Showman war damals etwas Unseriöses. Und in den Ruf, ein Showman zu sein, kam Reinhardt natürlich öfters, als ihm lieb war.

Zu diesem Ruf hat besonders sein Einfall beigetragen, einen Zirkus zu kaufen und zum größten Berliner Theater auszubauen. Reinhardt wollte ehrlichen Herzens eine »Fußballmenge« heranziehen. Wobei er sich den Vorwurf zuzog, das Theater der »Elite« zu verraten.

Reinhardt hat diese Idee und dieses Theater der Fünftausend nicht viel Freude gebracht. Und mir auch nicht. Ich habe mit diesem Theater, in dem man, weil es eine Arena war, nach drei Seiten spielen mußte, vor allem die abschreckende Erinnerung an den damaligen Star-Schauspieler Alexander Moissi verbunden, den italienischen Heldendarsteller, den Reinhardt mit unerhörter Energie gegen den Widerstand der deutschen Theaterkritik durchsetzte:

Es ist die Erinnerung an einen der eitelsten und brutalsten Bühnenpartner, mit denen ich je zu tun hatte. In »Hamlet« nutzte er das Zirkusrund, die weite Entfernung zum Publikum, dazu, um leise vor sich hinzuflöten, während ich als Ophelia einen Monolog zu sprechen hatte. Das Publikum konnte das nicht hören – er wollte einfach, daß ich nicht gut war.

Das Ohrfeigenspiel

Wenn wir in Gesellschaft waren, erlaubte mir Reinhardt nie, vor Fremden eine andere Meinung zu haben als er – auch in ganz nebensächlichen Dingen. Er fand, das gehöre zum Bild eines harmonischen Paares, da war er ganz unerbittlich.

In Wirklichkeit hatten wir in vielen Dingen ganz verschiedene Ansichten, wie das bei Menschen, die so bedingungslos ehrlich aus ihrer Persönlichkeit schöpfen, wie Künstler das nun mal tun, auch gar nicht anders sein kann.

Schließlich gewöhnte ich mich an diesen Tick und hielt mich bei Unterhaltungen immer einen Schritt hinter Reinhardt, obwohl ich nach wie vor von der Notwendigkeit dieser geheuchelten Auftritte nicht ganz überzeugt war. Reinhardt, dieser wunderbar freie und durch und durch unbürgerliche Mensch war in diesem Punkt ganz Konvention.

Ich fühlte mich bei diesen Gelegenheiten immer an ein Spiel erinnert, das mir schon sehr früh – in meiner Kindheit – die Lächerlichkeit gewisser Verhaltensnormen zeigte. Meine Geschwister und ich nannten es das Ohrfeigenspiel.

Wir erfanden es, als uns ein wunderschöner Papierdrachen, den wir eben von unseren Eltern geschenkt bekommen hatten, in einem Baum hängen blieb und zerfetzt im Winde schaukelte. Ich mußte über uns und unser Pech so herzlich lachen, daß ich meine beiden jüngeren Brüder, die lange Gesichter machten, ansteckte. Schließlich kugelten wir uns im Gras vor Lachen. Doch dann kam uns ein Gedanke, der uns die gute Laune verdarb: wir mußten, das war unumgänglich, den Verlust des Drachens melden, und natürlich würden unsere Eltern merken, daß wir gar nicht besonders traurig darüber waren.

Das war völlig unmöglich! Wir *mußten* traurig sein. In dieser Situation *durfte* man gar nichts anderes sein als traurig. Unsere Eltern durften das von uns erwarten, und keiner von uns, das sagten wir uns mit aller Deutlichkeit, war bereit, sie diesbezüglich zu enttäuschen.

Ich überlegte, daß es am besten wäre, wenn es uns gelänge, recht bitterlich zu weinen.

Aber wie?

Wie sollten wir das anstellen?

Schließlich hatten wir eine Idee (es ist durchaus möglich, daß sie von *mir* stammt, denn ich war die Älteste): Wir stellten uns im Kreis auf und der erste gab dem Nächststehenden eine kräftige Ohrfeige, dieser gab sie wütend an den Dritten weiter und dieser mit gleicher Wucht an den Ersten.

Das Spiel wurde immer schneller, ernster und hitziger, bis uns die Tränen über die geröteten Backen liefen und wir laut heulend zu unseren Eltern laufen und brüllen konnten: »Der schöne Drachen ist hin!«

So wie ich als Kind anstandshalber Trauer heuchelte, obwohl ich keine empfand, hatte ich lange Jahre – Reinhardt zuliebe – den Eindruck gewahrt, in allen Fragen, künstlerischen und menschlichen, einzig und allein *seinen* Standpunkt zu vertreten.

Während der langen »Denkpausen«, die mir durch seine immer häufigere Abwesenheit geschenkt wurden, hatte ich jedoch in meiner Auffassung von einem idealen Zusammenleben allmählich einen etwas selbständigeren Standpunkt eingenommen.

Ich entwickelte für meine Arbeit Zukunftsvorstellungen, die von denen Reinhardts abwichen.

Und ich gönnte mir auch in meinem Privatleben kleine Freiheiten, von denen ich wußte, daß sie Reinhardt stören würden, wenn er davon erführe: beim Probenschwatz war ich weniger zurückhaltend als früher, außerdem ging ich ab und zu mit meinen Kollegen in ein Kaffeehaus, ein lang entbehrtes Vergnügen, das mich an meine Berliner Zeit mit den Lauckners erinnerte.

In dieser Zeit – Februar 1928, Reinhardt war in New York – probte ich unter der Regie von Paul Kalbeck ein Stück von Paul Géraldy, das mir die Frankreich-Expertin Berta Zuckerkandl aus Paris geschickt hatte. Ich hatte es Reinhardt empfohlen, der ebenfalls begeistert war, und die Zuckerkandl hatte es ins Deutsche übertragen – »Robert und Marianne«.

Schon nachdem ich die ersten Seiten gelesen hatte, war mir klar, daß dieses reizende Werkchen eine weibliche Hauptrolle enthielt, die ich mir schon immer gewünscht hatte. Damals hatte ich an Reinhardt geschrieben:

»Ich hab heute ein Stück gelesen – endlich eine wirkliche Rolle! Und ein reizendes Werk. Ich hab mich so aufgeregt – bei dem Gedanken, daß Du den Gatten spielen würdest. Das könntest Du – aber ich könnt's nicht aushalten.

Mann, Frau und ein anderer Mann. Eine zauberhafte Beziehung zwischen den Gatten – und die Frau verliebt sich in den Dritten. Aber das geht wie ein Krampf bei ihr vorüber.

Diese unterdrückte Leidenschaft bei dem Gatten, der vom ersten Moment an die Frau da hineinpurzeln sieht! Und sie, der spielend eine äußerste Steigerung geschieht ...

Zuletzt kommen sie wieder zueinander.

Ich finde es unerhört zu spielen, und es ist auch vom Dichter etwas so Schönes in der Gesinnung, in Beobachtung und Dialog – also das muß ich machen ... Aber mit wem? Denk Dir: drei Leute bloß ... Das Stück müßte man sich für ganz Deutschland und Österreich sichern – und damit gastieren. Es soll im vorigen Winter einen sensationellen Erfolg in der ›Comédie Française‹ gehabt haben ...

Ich weiß bloß keinen auf der ganzen deutschen Bühne, der diese Rolle spielen könnte – außer *mir*, wenn ich ein Mann wäre. Das könnte ich wahrscheinlich besser spielen als die Frau.

Und dann der Dritte – auch das muß ein feiner Mensch sein, das heißt: kein Fatzke, etwas derb, etwas skrupellos, sehr heiß. Nein, je mehr ich suche – keiner von unsern Schauspielern hat das menschliche Niveau!

Vielleicht fände man noch einen Dilettanten ...«

Wir fanden diesen schwierigen »Dritten« in dem Schauspieler Hans Rehmann. Er hatte genau das, was ich suchte – das »Feine«, und zugleich war er wie gewünscht »etwas derb«, »etwas skrupellos«, »sehr heiß«, – all das brachte er so, wie es mir bei der Lektüre des Stückes vorschwebte. Er hatte dies alles und noch mehr. Er hatte etwas, das in mein Leben mit Reinhardt einige Unruhe brachte.

Reinhardt hat von mir behauptet, ich könne nicht lügen. Das stimmte meistens, aber nicht immer. Auch ich kenne natürlich Situationen, in denen man lügen *muß*. Und das war für mich immer die Hölle, das war das Fürchterlichste, was mir begegnen konnte. Es begegnete mir, sooft ich allen möglichen Menschen gegenüber freundlich sein wollte, weil es gesellschaftlich nicht anders möglich war.

Im Zusammenleben mit Reinhardt jedoch habe ich es mit der Wahrheit immer unbarmherzig genau genommen; ich war da wirklich unbarmherzig gegen mich, weil ich im Zusammenleben mit ihm das Allerhöchste erreichen wollte, was zwei Menschen möglich ist.

Dennoch hat es einmal in dieser Zeit eine große Lüge gegeben, die ich mir habe zuschulden kommen lassen: eine Lüge, zu der ich reif wurde nach meiner Begegnung mit Rehmann.

Natürlich hatte ich keine Ahnung, als ich diesen Brief an Reinhardt schrieb und ihm zum Spaß vorschlug, den Gatten zu spielen, daß er später einmal tatsächlich, und zwar sehr unfreiwillig, an einem »Dreieckspiel«, bei dem Rehmann die Hauptrolle spielte, teilnahm.

Rehmann gefiel mir vom ersten Augenblick an; ihm ging es ähnlich. Ich wußte, das ist eine große Gefahr – ohne, daß er bislang ein Wort gesagt hatte oder sich irgendwie näherte. Rehmann war ein sehr gut aussehender Mann, groß und blond. Und sicher hatte er eine Menge Erfolge bei Frauen; doch mit mir hat er sich offensichtlich nicht ausgekannt, denn ich habe nicht im geringsten reagiert. Koketterie und dergleichen liegt mir nicht.

Eines Tages während der Proben zu »Robert und Marianne« – wir waren beide gerade nicht beschäftigt – setzte er sich neben mich und sah mich an, und ehe er etwas sagen konnte, sagte ich nur: »Ich weiß alles!«

Damit war das etabliert, und es wurde nichts weiter darüber gesprochen. Ich hatte ein starkes Gefühl für diesen Menschen und wurde in einen großen Konflikt gestürzt. Denn ich schwieg über diesen Vorfall und über mein Gefühl und darüber, wie Rehmann mich ansah – über all das schwieg ich gegenüber Reinhardt. Und dieses Verhalten war in meinen Augen unehrlich – eine perfekte Lüge.

Daß ich Reinhardt in dieser Angelegenheit nicht reinen Wein einschenkte, lag auch an einer Verschärfung unserer Auseinandersetzung in künstlerischen Fragen. Er wußte seit Jahren, daß ich die Iphigenie spielen wollte. Da ihm dieses Stück aber nicht lag, war er nicht bereit, es mir zuliebe zu inszenieren, was ich natürlich einsah.

Andererseits war er aber auch lange Zeit nicht bereit, mich diese Rolle unter einem anderen Regisseur spielen zu lassen, was ich nun absolut *nicht* akzeptieren konnte. Ich bezichtigte ihn der Eifersucht; er rechtfertigte sich mit der Behauptung, er wolle mich nicht (durch fremde Regisseure) verhunzen lassen. Darauf antwortete ich, ihm sei anscheinend noch nicht aufgegangen, daß ich nach harten Lehrjahren mündig geworden sei und sehr selber beurteilen könne, was mir nütze und was mir schade ...

Dieser Dialog zog sich über längere Zeit, mit dem Ergebnis, daß ich unter der Regie von Richard Beer-Hofmann, den Reinhardt freilich nur als Schriftsteller, nicht so sehr als Regisseur, schätzte, die Iphigenie spielte. Wenige Wochen nach der erfolgreichen Premiere von »Robert und Marianne«. Die Iphigenie einem Publikum wie dem Publikum des Wiener »Theaters in der Josefstadt«

zu präsentieren, war ein Wagnis, denn das Repertoire dieser Bühne setzte sich nun größtenteils aus gehobenem »Boulevard« zusammen.

Wenn ich mir den Programmzettel für den Géraldy ansehe und darauf lesen muß, daß »die Hüte der Frau Helene Thimig« aus einer Boutique mit Namen »Susanne-Moden« stammten, daß der »Autosportmantel« und die dazu gehörige Kappe, die ich in diesem Stück trug, vom Sporthaus Lazar in der Kolingasse zur Verfügung gestellt wurden und wenn ich mir in Erinnerung rufe, mit welchem Interesse diese Angaben vom größten Teil des Publikums gelesen und beherzigt wurden, – dann ist, glaube ich, über die Zusammensetzung dieses Publikums und seine Bereitschaft, sich mit »Iphigenie auf Tauris« zu identifizieren, alles gesagt.

Dennoch glückte das – von Hofmannsthal angeregte – Experiment, in diesem Theater auch hin und wieder Klassiker zu spielen, auf ganz erstaunliche Weise.

Reinhardt aber war, obwohl er es nicht zugab, durch meine »Eigenwilligkeit« tief verletzt. Noch wenige Monate vor seinem Tod erinnerte er sich in einem seiner Briefe bitter an eine Szene, in der ich nach jahrelangem Ringen die Nerven verloren und geschrien hatte: »Ich will die Iphigenie spielen!!« Diese Szene hat er mir im Grunde nie verziehen; daß ich die Iphigenie tatsächlich *spielte*, nur zur Hälfte …

Ihn schmerzte, daß ich ausgerechnet *diese* Rolle, eine Rolle, die ich nicht unter seiner Regie spielte, für die wichtigste meiner Laufbahn hielt. Daß es sich hier wirklich um einen Höhepunkt handelte, war nicht nur mein subjektives Urteil, auch der Zuspruch, den ich von seiten der Kritik erfuhr, bestärkte mich in dieser Ansicht. Ich zitiere nur einige Sätze des Kritikers D. J. Bach, der – nach meinem Gefühl – den Geist der Inszenierung und meiner Darstellung am besten erfaßte. Er schrieb: »Anfangs ein wenig unsicher, als ob sie und nicht bloß das Publikum von der Last der Erinnerung an philosophische Seminare oder an ein legendäres Burgtheater gedrückt würde, dann immer edler und freier bis zum vollen, unwiderstehlichen Sieg auf dem Theater wie in der Dichtung, ging von ihr die Gewalt des Herzens aus, die alle bezwingt. Zu den unvergeßlichen Theatererinnerungen wird von nun an der Gesang der Parzen zählen, wie sie ihn sprach. Es war ein revolutionärer Abschied von der Götterwelt, die nun dem freigewordenen Menschen weichen muß.«

Es war von Anfang an mein Traum, die starre, festgefügte Melodie dieses Dramas in meiner Art »aufzulösen«, neu zu fügen. Ich habe mir gesagt: ich will die Iphigenie spielen – dann ist alles wunderbar erfüllt. Und es war dann auch wirklich alles wie ein Wunder. Zum Beispiel: ich hätte nie gedacht, daß ich *so* in diese Form hineinwachsen könnte, daß es mir möglich wäre, sie zu finden und neu zu erfahren. Das Gefühl, in der Rolle zu wachsen, das hatte ich geradezu körperlich.

Das war eine tiefinnere Sensation. Ich hatte plötzlich das Empfinden, von sehr weit oben herabzusprechen, war mitten drinnen in der »schönen Freiheit«.

Reinhardt merkte natürlich, daß in dieser Zeit etwas Besonderes in mir vorging und bemühte sich, einer Entfremdung auf das behutsamste entgegenzuwirken. Aus meinen Briefmappen fällt mir allerhand entgegen, was davon Zeugnis ablegt: Beteuerungen, daß er nicht die Absicht habe, »mein Gewissen zu sein«; die Bestätigung »Alles ist in Dir!« und »Wo immer Du bist ... lebt das Werk!« In anderen Briefen beklagte er sich über die »quälende Kürze« meiner Antworten oder über das Schicksal, das uns zwang, nur brieflich zu verkehren. »Ich sehe mich«, schrieb er, »eines Morgens von diesem Meer von Tinte, das zwischen uns brandet, vor Deinen Fenstern ans Ufer geworfen, gleich Leandern umgebracht durch ein Mißverständnis.«

Das Jahr 1928 war das Jahr, in dem er seine berühmte »Rede über den Schauspieler« an der Columbia Universität hielt. Sie enthält sein Bekenntnis zu allem, was ich in jenen schicksalhaften Jahren, als ich zum »Deutschen Theater« stieß, an ihm und seiner Schauspielerführung so aufregend fand. Doch nicht nur aus diesem Grund finde ich es richtig, diesen Text hier zu veröffentlichen, sondern auch, um einen Eindruck von der Brillanz und Akribie, mit der Reinhardt seine Reden wortwörtlich – wochenlang, oft sogar monatelang – ausarbeitete:

»Das Theater ringt heute um sein Leben. Nicht so sehr aus wirtschaftlicher Not, die allgemein ist. Es krankt vielmehr an der Armut des eigenen Blutes. Weder durch die literarische Nahrung, die ihm lange fast ausschließlich zugeführt wurde, noch durch rein theatralische Rohkost ist ihm aufzuhelfen. Die Gegenwart hat eine verschwenderische Fülle starker Schauspieler auf den Sand geworfen. Noch stehen sie in wunderbarer Blüte. Aber das einzig belebende Element theatralischer Dichtung sickert dünn und unsere wahrhaft dramatische Zeit spiegelt sich nur schwach in ihr. Die menschliche Schöpferkraft strömt jetzt durch andere

Betten. Im Augenblick. Aber wir leben in diesem Augenblick.

Das Heil kann nur vom Schauspieler kommen, denn ihm und keinem anderen gehört das Theater. Alle großen Dramatiker waren geborene Schauspieler, gleichviel, ob sie diesen Beruf auch tatsächlich ausübten.

Shakespeare ist der größte und ganz unvergleichliche Glücksfall des Theaters. Er war Dichter, Schauspieler und Direktor zugleich. Er malte Landschaften und baute Architekturen mit seinen Worten. Er hat es dem Schöpfer am nächsten getan. Er hat eine zauberhafte, vollkommene Welt geschaffen: die Erde mit allen Blumen, das Meer in allen Stürmen, das Licht der Sonne, des Mondes, der Sterne; das Feuer mit allen Schrecken und die Luft mit allen Geistern, und dazwischen Menschen. Menschen mit allen Leidenschaften, Menschen von elementarer Großartigkeit und zugleich von lebendigster Wahrheit. Shakespeares Allmacht ist unendlich, unfaßbar. Er war Hamlet und König Claudius, Ophelia und Polonius in einer Person. Othello und Jago, Falstaff und Prinz Heinz, Shylock und Antonio, Zettel und Titania und das ganze Gefolge von lustigen und traurigen Narren lebten in seinem Innern. Sie sind alle Teile seines unerforschlichen Wesens. Er selbst schwebt wie eine Gottheit darüber, unsichtbar und unerkannt.

Das Theater kann, von guten Geistern verlassen, das traurigste Gewerbe, die armseligste Prostitution sein. Aber die Leidenschaft, Theater zu schauen, Theater zu spielen, ist ein Elementartrieb des Menschen. Und dieser Trieb wird Schauspieler und Zuschauer *immer wieder* zum Spiel zusammenführen und jenes höchste, alleinseligmachende Theater schaffen. Denn in jedem Menschen lebt, mehr oder weniger bewußt, die Sehnsucht nach Verwandlung. Wir alle tragen die Möglichkeiten zu allen Leidenschaften, zu allen Schicksalen, zu allen Lebensformen in uns. ›Nichts Menschliches ist uns fremd.‹ Wäre das nicht so, wir könnten andere Menschen nicht verstehen, weder im Leben noch in der Kunst. Aber Vererbung, Erziehung, individuelle Erlebnisse befruchten und entwickeln nur wenige von den tausend Keimen in uns. Die anderen verkümmern allmählich und sterben ab. Das bürgerliche Leben ist eng begrenzt und arm an Gefühlsinhalten. Es hat aus seiner Armut lauter Tugenden gemacht, zwischen denen es sich schlecht und recht durchzwängt. Der normale Mensch empfindet gewöhnlich *einmal* im Leben die ganze Seligkeit der Liebe, einmal den Jubel der Freiheit, er haßt einmal gründlich, er begräbt einmal mit tiefem Schmerz ein geliebtes Wesen und stirbt am Ende einmal selbst. Das ist zu wenig für die uns eingeborenen Fähigkeiten zu lieben, zu hassen, zu jubeln, zu leiden. Wir turnen täglich, um unsere Muskeln, unsere Glieder zu stärken, damit sie nicht einschrumpfen. Aber unsere seelischen Organe, die doch für eine lebenslängliche Arbeit geschaffen sind, bleiben ungebraucht und verlieren daher mit der Zeit ihre Leistungsfähigkeit. Und doch hängt unsere seelische, geistige, ja sogar unsere körperliche Gesundheit auch von der unverminderten Funktion dieser Organe ab. Wir spüren unverkennbar, wie ein herzliches Gelächter uns befreien, ein tiefes Schluchzen uns erleichtern, ein Zornausbruch uns erlösen kann. Ja, wir suchen oft mit unbewußter Begierde solche Ausbrüche.

Unsere Erziehung freilich arbeitet dem entgegen. Ihr stetes Gebot heißt: Du sollst verbergen, was in dir vorgeht. So entstehen die sattsam bekannten Verdrängungen, die Zeitkrankheit der Hysterie und am Ende jene leere Schauspielerei, von der das Leben voll ist. Wir haben uns auf eine Reihe allgemeingültiger Ausdrucksformen geeinigt, die zur gesellschaftlichen Ausrüstung gehören. Diese Rüstung ist so steif und eng, daß eine natürliche Regung kaum mehr Platz hat. Wir haben ein oder zwei Dutzend billiger Phrasen für alle Gelegenheiten. Wir haben gebrauchsfertige Mienen der Teilnahme, der Freude, der Würde und das stereotype Grinsen der Höflichkeit. Bei Hochzeiten, Kindestaufen, Begräbnissen wird aus Händeschütteln, Verbeugungen, Stirnrunzeln, Lächeln ein gespenstisches Theater gemacht, dessen Gefühlsleere erschreckend ist. Der gesellschaftliche Kodex hat selbst den Schauspieler, also den berufsmäßigen Gefühlsmenschen korrumpiert. Wenn man Generationen zur Unterdrückung der Gemütsbewegungen erzieht, bleibt schließlich nichts mehr, was zu unterdrücken oder gar zu erlösen wäre.

Die Natur verleiht jedem Menschen ein besonderes Gesicht. Es gibt ebensowenig zwei Menschen, die einander vollkommen gleichen, wie es an einem Baum zwei Blätter von absoluter Kongruenz gibt. Aber im schmalen Flußbett des bürgerlichen Lebens, vom Alltag hin und her gestoßen, werden die Menschen schließlich so abgeschliffen, wie runde Kieselsteine. Einer sieht wie der andere aus. Sie bezahlen diesen Schliff mit ihrer persönlichen Physiognomie.

In den Kindern spiegelt sich das Wesen des Schauspielers am reinsten wider. Ihre Aufnahmefähigkeit ist beispiellos, und der Drang zu gestalten, der sich in ihren Spielen kundgibt, ist unbezähmbar und wahrhaft schöpferisch. Sie wollen die Welt noch einmal selbst entdecken, selbst erschaffen. Sie sträuben sich instinktiv dagegen, die Welt durch Belehrung in sich aufzunehmen. Sie wollen sich nicht mit den Erfahrungen ánderer vollstopfen. Sie verwandeln sich blitzschnell in alles, was sie sehen, und verwandeln alles in das, was sie wünschen. Ihre Einbildungskraft ist zwingend. Das Sofa hier? Eisenbahn: schon knattert, zischt und pfeift die Lokomotive, schon sieht jemand beglückt durch das Coupéfenster die zauberhaftesten Landschaften vorbeifliegen, schon kontrolliert ein strenger Beamter die Fahrkarten und schon ist man am Ziel; ein Gepäckträger schleppt keuchend ein Kissen ins Hotel, und da saust bereits der nächste Sessel als Automobil geräuschlos dahin, und die Fußbank schwebt als Flugzeug durch alle sieben Himmel. Was ist das? Theater, idealstes Theater und vorbildliche Schauspielkunst. Und dabei das klare, immer gegenwärtige Bewußtsein, daß alles nur ein Spiel ist, ein Spiel, das mit heiligem Ernst geführt wird, das Zuschauer fordert, Zuschauer, die stumm ergeben und andächtig mitspielen. Dasselbe ist beim Schauspieler der Fall. Es ist ein Märchen, daß der Schauspieler je den Zuschauer vergessen könnte. Gerade im Augenblick der höchsten Erregung stößt das Bewußtsein, daß Tausende ihm mit atemloser, zitternder Spannung folgen, die letzten Türen zu seinem Innern auf.

In der frühesten Kindheit des Menschen ist die Schauspielkunst entstanden. Der Mensch, in ein kurzes Dasein gesetzt, in eine dicht gedrängte Fülle verschiedenartigster Menschen, die ihm so nahe und doch so unfaßbar fern sind, hat eine unwiderstehliche Lust, sich im Spiel seiner Phantasie von einer Gestalt in die andere, von einem Schicksal ins andere, von einem Affekt in den anderen zu stürzen. Die ihm eingeborenen, aber vom Leben nicht befruchteten Möglichkeiten entfalten dabei ihre dunklen Schwingen und tragen ihn weit über sein Wissen hinaus in den Mittelpunkt wildfremder Geschehnisse. Er erlebt alle Entzückungen der Verwandlung, alle Ekstasen der Leidenschaft, das ganze unbegreifliche Leben im Traum.

Wenn wir nach dem Ebenbilde Gottes erschaffen sind, dann haben wir auch etwas von dem göttlichen Schöpferdrang in uns. Deshalb erschaffen wir die ganze Welt noch einmal in der Kunst, mit allen Elementen, und am letzten Schöpfungstage, als Krone der Schöpfung, erschaffen wir den Menschen nach *unserem* Ebenbilde.

Ich glaube an die Unsterblichkeit des Theaters. Es ist der seligste Schlupfwinkel für diejenigen, die ihre Kindheit heimlich in die Tasche gesteckt und sich damit auf und davon gemacht haben, um bis an ihr Lebensende weiterzuspielen.

Die Schauspielkunst ist aber zugleich die Befreiung von der konventionellen Schauspielerei des Lebens, denn: nicht Verstellung ist die Aufgabe des Schauspielers, sondern Enthüllung. Wir können heute über den Ozean fliegen, hören und sehen. Aber der Weg zu uns selbst und zu unseren Nächsten ist sternenweit. Der Schauspieler ist auf diesem Weg. Mit dem Licht des Dichters steigt er in die noch unerforschten Abgründe der menschlichen Seele, *seiner eigenen Seele*, um sich dort geheimnisvoll zu verwandeln und, Hände, Augen und Mund voll von Wundern, wiederaufzutauchen.

Er ist Bildner und Bildwerk zugleich; er ist der Mensch an der äußersten Grenze zwischen Wirklichkeit und Traum, und er steht mit beiden Füßen in beiden Reichen.

Die autosuggestive Kraft des Schauspielers ist so groß, daß er nicht nur innere seelische, sondern ohne technische Hilfsmittel tatsächlich auch äußere körperliche Veränderungen hervorzubringen vermag. Und wenn man an jene vielbesprochenen Wunder denkt, die sich zu allen Zeiten und an vielen Orten ereignet haben, wo einfache Menschen die Passion mit so starker Einbildungskraft erlebten, daß ihre Hände und Füße Wunden aufwiesen und daß sie wirklich blutige Hände weinten, so kann man ermessen, in welch rätselhafte Gebiete die Schauspielkunst führen kann. Es ist dies derselbe Prozeß, den Shakespeare beschreibt, wenn er sagt, daß der Schauspieler sichtlich Miene, Gestalt, Haltung, das ganze Wesen verändern und um ein fernes oder erdichtetes Schicksal weinen – und weinen machen kann.«

Ohne Reinhardt ging ich im Herbst mit »Iphigenie« und dem Stück von Géraldy auf Deutschland-Tournee. Er hatte mich als Stellvertreter eingesetzt, d. h., ich war für alle künstlerischen Belange verantwortlich und hatte anfangs auch noch einige Probentage.

Und Rehmann nahm diese Gelegenheit wahr, deutlicher zu werden. Ich war verliebt und wirklich in einer furchtbaren Situation. Meine Briefe, in denen ich immer noch Rehmann verschwieg, sprachen für den hellhörigen Reinhardt sicherlich eine sehr beredte Sprache, ohne daß er auf den wirklichen Grund meiner bedenklichen Verfassung kam. Ich glaube, er erklärte sich meinen Zustand aus den Nachwirkungen unseres Iphigenienstreits, der auch wirklich noch immer in uns rumorte. Hochgefühle und tiefste Depressionen wechselten ab, es war eine schreckliche Zeit.

Kurz vor der Abreise, noch in Berlin, schrieb ich nach Leopoldskron:

Berlin, den 19. September 1928

»Dieser ganze Tag ist ein langes Gebet. Ich bin nicht hochgespannt,
ich bin matt; wie in einer Wolke. Wenn sie mich entführte vom
Schauplatz dieser ewigen Bewegtheit – ich wäre froh. Fast froh –
wenn ich nicht wüßte, daß die Bewegung woanders wieder aufgenommen werden muß.
Eigentlich bin ich trostlos, denn auch die Ruhe, das Glück ist mir
ein Affekt – und ich muß hingelangen durch alle diese Dinge, die
Qual sind, und vor allem: die Qual bringen, Dir, dem mit mir
Verbundenen.
Ich erschrecke, wie wenig Glück ich doch geben kann – da ich
doch große Strecken auch nicht glücklich bin. Das ist so schuldig,
so schuldig. Und diese Schuld möchte ich so leidenschaftlich los
sein – deshalb fange ich immer wieder bei mir selber an zu suchen – höchst egoistisch meinen Bedingungen nachzuspüren.
Ich sehne mich so wahnsinnig nach Dir – mit Dir zu sprechen –
aber nicht erregt – mit Dir alles zu teilen. Ich male mir aus, wenn
wir jetzt 14 Tage ganz allein sein könnten – ach, das wünsche ich
mir. Vielleicht soll es aber jetzt nicht sein . . .«

Auch über meine künstlerische Selbständigkeit, um die unsere Gespräche nun schon so lange, so quälend kreisen, schrieb ich viele
Seiten lang. Der Brief, aus dem ich hier zitiere, ist undatiert,
stammt aber offenbar aus dieser Tournee-Zeit:

»Selbst wenn ich glücklich – oder besser gesagt: produktiv – bin
ohne Dich neben mir, sollte es Dich nicht trauriger machen können, als ich es selbst trotz allem ›Glücke‹ bin!
Ohne Bedenken laß mich sein! Wie im Menschlichen, so auch im
Künstlerischen!
Versteh es recht – nur im ganz entscheidenden Moment kann ich
so sprechen, so anmaßend: laß mich gehen, wo ich *glücklich* bin –
dort wird es schon auch objektiv gut sein, und Du bist doch im
ganzen mit mir einverstanden!
›Laß mich gehen‹ – heißt nicht ›fort‹ – ich weiß natürlich selbst
nicht, was es heißt, sonst hätte ich ja Pläne und Richtungen, die
ich nicht habe – es heißt bloß ›laß mich‹, wenn ich diese Frucht
zum Leben bringen soll, tun, was mir, weiß Gott ohne leichtfertig
zu sein, notwendig scheint . . .

Fühlst Du, wie viele zahllose Stunden der Selbstanklage gegen ›Egoismus‹ in mir gewütet haben und noch nachklingen? Meine Zweifel an meiner Berechtigung und nun einfach die höchste Not!

Laß mich treiben – ich werde schon nichts tun, das über die Sache hinausgeht; laß mich, wenn es für sie notwendig ist, auch mit Menschen einen Kontakt haben – es könnte gewiß heute nichts Übles herauskommen – ich könnte für ein Ganzes wirken – lache nicht und beschäme mich nicht! Ich weiß, daß diese Worte irgendwo vorauseilen, wohin ich vielleicht niemals kommen werde ... es ist halt alles eine Sehnsucht nach dem Kloster. In welcher Form? Was weiß ich heute davon!?«

Düsseldorf, den 8. November 1928

»Ich bin noch mit aller Übernächtigkeit, mit allem Druck der Loslösung in Wien behaftet, von allem Schweren umgeben, das die letzte Zeit uns so bitter verhängte.

In Düsseldorf gleich ins Theater; doch statt 10 Uhr konnten wir erst um 1 Uhr zu probieren anfangen, weil die Bühne nicht fertig war und das, was vorhanden war, mußte ganz verändert werden. Um 4 Uhr hatten wir das Stück (Géraldy) dann notdürftig durchprobiert – und um 6 Uhr war ich wieder in der Garderobe. Die Vorstellung befriedigte mich selbst natürlich gar nicht. Außerdem war ich selbst mit der Stimme nicht beieinander und auch sonst durch die anderen sehr irritiert. Ich verließ das Theater mit dem Vollgefühl eines Durchfalls und stürzte mich ins Bett wie in einen Fluß ...

Ich schlief zehn Stunden durch. Am andern Morgen, also gestern, sah alles schon ein bissl besser aus, und es schien mir: wenn Du auch endlich einmal ausschliefest, wäre alles um Vieles besser – auch für Dich.

Um 12 Uhr eine neue Probe für ›Robert und Marianne‹ angesetzt, um alle Fehler des Vorabends zu korrigieren ...

Im Hotel ließ ich mir die Presse geben, die ich mit lächerlichem Zittern öffnete, denn ich hatte mir fest vorgenommen, sie als symptomatisch für die ganze Tournee zu betrachten. Gottlob ist das Gesamtbild gut, und für mich *sehr* gut.

Abends ging die Vorstellung besser wie tags vorher, und so wollte ich diesen Tag dankbar mit Deiner Stimme am Telefon beschließen. Legte mich hin, gleich nach 11 Uhr. Las noch ein bissl und richtete meinen Wecker für 2 Uhr nachts. (Anmerkung: 2 Uhr war die Anrufzeit, die ich mit Reinhardt vereinbart hatte.)

Die Uhr weckt mich auch pünktlich – aber schon als ich Licht machen will, ist Kurzschluß, und nach langem Warten glimmt die Lampe nur in Streichholzhelle. Und am Telefon meldet sich kein Mensch! Ich warte endlos, versuche alles – Hinlegen und Wegnehmen des Hörers: nichts. Nachts ist das Telefon in den Hotelzimmern in Düsseldorf ausgeschaltet!

Nun kam ein langer Kampf, ob ich mich wieder anziehen soll und hinausgehe – aber es war schon 3 Uhr – und schließlich siegte das Liegenbleiben! War das schlimm?«

Eines Tages, als ich es nicht mehr aushielt, schrieb ich Reinhardt und beichtete ihm, ich hätte ihn mit Rehmann betrogen. Ich meinte: geistig. Doch Reinhardt verstand, ich sei mit Rehmann ins Bett gegangen. Unter einem Vorwand rief er ihn zurück, mitten während der Tournee, und schickte einen Ersatzmann.

Seitdem habe ich nie mehr mit Rehmann spielen dürfen. Reinhardt war sehr erleichtert, als er erfuhr, wie ich das Wort »betrügen« gemeint hatte und verzieh mir, nachdem es furchtbare Auseinandersetzungen gegeben hatte, die so schrecklich waren, weil Reinhardt niemals schrie, niemals bösartig wurde, nur verletzt war, verletzt und ratlos-traurig.

So endete dieses »Dreiecksspiel«. Rehmann fühlte sich von mir verraten, zum Narren gehalten. Seit diesem Vorfall hat er mich gehaßt. GEHASST. Hat alle Bilder, die er von mir gesammelt hatte, zerrissen und nie wieder ein Wort mit mir gesprochen.

Er war ein guter Schauspieler und wäre sicher sehr berühmt geworden. Doch leider ist er verhältnismäßig früh an Knochentuberkulose gestorben. Der Gedanke an ihn tut mir heute noch weh.

Die Kontroverse zwischen Reinhardt und mir über meine künstlerische Mündigkeit schlief ein und wurde nie mehr aufgerührt. Ich hatte einen Sieg errungen, ohne daß Reinhardt eine Niederlage erlitten hätte. Das muß ich ausdrücklich betonen.

Überhaupt möchte ich alles vermeiden, was den falschen Eindruck erweckt, er hätte mich in irgendeine künstlerische Form gepreßt oder mich künstlerisch vergewaltigt – dazu war er viel zuwenig Dogmatiker, viel zu sehr verliebt in die Natur eines Schauspielers. Warum hätte er da bei mir eine Ausnahme machen sollen?

Wenn er eine Arbeit mit mir beendet hatte, so war dabei stets etwas entstanden, was über seine und meine Intentionen *hinausging*, etwas, das er nicht als »Zufallsprodukt«, sondern demütig und ergriffen als eines der unberechenbaren Mysterien der Kunst akzeptierte und dankbar in sich aufnahm.

»In diesem todestraurigen Sommer« – so beginnt ein Brief, den Reinhardt 1929 an einen Mitarbeiter schreibt. Es ist der Sommer, in dem sein Bruder Edmund starb. Der Brief gipfelt in dem Satz: »Noch ist es so dunkel um mich, daß ich keinen Weg sehe. Ich muß abwarten, wie es weitergeht . . .«

Dieser Bruder war für Reinhardt viel, viel mehr als ein Verwandter – er war Reinhardts einziger Freund. Ich habe Reinhardt, als es mit Edmund gesundheitlich schon sehr schlecht stand, einmal schluchzend über einem Tisch gefunden – er betete für seinen Bruder.

Bevor Reinhardt ein neues Regiebuch begann, malte er so eine Art »magisches Zeichen« auf die erste Seite, gebildet aus den Initialen der Menschen, die er am meisten liebte, dazu ein großes »L« für Leopoldskron. Ein zweites »L« stand für mich da (»Leni«). Das »E« bedeutete »Edmund«.

Seit Edmunds Tod hatte Reinhardt absolut das Gefühl, verlassen zu sein. Er hatte dann natürlich andere »Geschäftsführer«, aber die waren eben nur Rechner, nur Rechner. Edmund war zwar auch ein sehr pedantischer Rechner, aber er wußte genau, wann sein Bruder etwas künstlerisch Notwendiges bezahlt haben wollte und wann es nichts anderes war als eine Laune.

Ich will ein Beispiel erzählen: Reinhardt brauchte für ein Stück eine Bibliothek aus Mahagoniholz, und die Bühnenbildner haben das gemacht: einen Bibliotheksraum aus gemaltem Mahagoni. Reinhardt sah sich das Ergebnis an und sagte: »Ganz unmöglich.« Er verlangte, das alles aus echtem Mahagoni gebaut wurde, und Edmund war einfühlsam genug, das einzusehen und zu bewilligen. Es war irrsinnig teuer, doch Edmund sah, daß in diesem Stück, in dieser Inszenierung alles darauf angelegt war, daß die Bibliothek echt und massiv war.

Wer Reinhardt gesehen hat, wie er vor einer Generalprobe, ja schon vor den ersten Kostümproben herumgegangen ist und herumgewühlt hat und Requisiten austauschte und Dekorationen und Schmuck und Garderobe austauschte, der war versucht, ihn einen Kleinkrämer zu nennen. Aber er war eben ein *genialer* Pedant, der wußte, was von solchen Details abhing. Und Edmund war groß genug, das nach gründlicher Prüfung einzusehen, nicht immer, aber meistens. Er hatte eben Geschmack, einen sehr guten Geschmack.

Der Mann, der dann ein bißchen Edmunds Position einnahm, allerdings nur im »Auslandsgeschäft«, war Rudolf K. Kommer, der schon seit 1919 gelegentlich als Agent für Reinhardt gearbeitet hatte. Er wurde für Reinhardt lebensnotwendig, denn er wurde sein Amerika-Spezialist. Jeden Sommer verbrachte Kommer einige Wochen in Leopoldskron und schleppte internationale Impresarios, vor allem aber internationale Festspielgäste herbei, oft ohne Reinhardt zu fragen. Dieser hielt es nie für nötig, das einzuschränken. Wenn Leopoldskron heute ein Salzburger Wahrzeichen und auf jedem österreichischen 1000-Schilling-Schein zu sehen ist, dann ist das eben sicher auch zu einem Tausendstel Kommers Verdienst.

Auf eine elegantere Art war er das, was Reinhardt animierte und – viel öfter noch – deprimierte; ein Geschäftsmann eben. 1926 schrieb mir Reinhardt in einem Silvesterbrief aus Kalifornien: »Kommer...fischt auf der Oberfläche aller Dinge die unleugbarsten, wahrsten und absolut zwingenden Gründe gegen alles, was lebenswert und wagenswert (ist). Trotz alledem: ein guter, anständiger Kerl mit einer heimlichen, ganz unrationellen Liebe zu manchem.«

Reinhardt und ich haben uns über seinen Witz und über seine groteske Erscheinung – er war klein und hatte einen großen Kopf mit Glatze – aus tiefstem Herzen amüsiert. Dennoch war nicht ganz zu übersehen, daß er seine Amerika-Karriere auf Reinhardts Kosten finanzierte, ohne daß für Reinhardt immer das heraussprang, was er sich erwarten durfte.

Erst sehr spät, am 5. Mai 1942, entschloß sich Reinhardt, Kommer diesbezüglich zur Rede zu stellen. An diesem Brief arbeitete er fast ein Jahr! Nobel schloß er seinen Vorwurf mit den Worten: »Ich werde weiter mit Ihnen kämpfen, da die winzigen Unterschiede zwischen uns, die wir in unserer Winzigkeit als enorm empfinden, zur Auseinandersetzung drängen – und ich werde Sie aus demselben Grunde immer lieben ... Für den Fall, daß wir ... uns wiedersehen sollten, möchte ich eine einzige Bitte vorausschicken. Sprechen wir nicht mehr von dem, was wir uns geschrieben haben. Lassen Sie es uns halten, wie es im ›Caesar‹ heißt: ›If we do meet again, why, we shall smile.‹«

Im Winter mußte ich mich in einem Wiener Sanatorium einer komplizierten Unterleibsoperation unterziehen. Ihre Folgen haben mich als Frau später in keiner Weise behindert. Das war das wichtigste, was mir die Ärzte nach geglücktem Eingriff mitteilten. Die Eröffnung, die dann folgte, war für uns ohne Bedeutung. Sie hieß: ich könnte nie mehr ein Kind haben. Diesen Wunsch hatten wir längst aufgegeben, aufgeben müssen, denn schließlich – ich war vierzig und Reinhardts Scheidung war immer noch nicht nähergerückt.

Reinhardt war glücklich, daß ich die Operation gut überstanden hatte; täglich kamen Telegramme aus Leopoldskron: »Überselig über glückliches, erlösendes Telefon ... Gott schütze Dich weiter! – Habe alle Schmerzen mit vielen Einbildungen mitgelitten ... Bin ganz bei Dir, umarme Dich.«

In diesem Jahr feierte Reinhardt sein fünfundzwanzigstes Jubiläum als Direktor des »Deutschen Theaters«. Und ausgerechnet in diese Saison mußte eine Inszenierung fallen, an die wir beide uns höchst ungern erinnern. Das Stück war von Bruckner und hieß »Die Kreatur«. Reinhardt wollte nicht, daß ich mit Bruckner meine Rolle besprach; er wollte überhaupt nicht, daß ich mit ihm sprach – wahrscheinlich weil Bruckner, der eigentlich Tagger hieß, ihn darum gebeten hatte. Dieser Mensch machte ein großes Geheimnis aus seiner Person, erschien ein einziges Mal in Leopoldskron, wild vermummt, zu einer Besprechung mit Reinhardt. Niemand sonst hat ihn damals gesehen.

Daß Reinhardt dieses Stück annahm und inszenierte, ist meine Schuld. Es war das einzige Stück, das Reinhardt mir zuliebe auf den Spielplan setzte. Heute wäre ich froh, wenn er es mir abgeschlagen hätte. Es gab – bei Presse und Publikum – einen Mißerfolg, und Reinhardt wurde, wegen dieses Fehlgriffs, sehr angegriffen. Es war einfach ein schwaches Stück. Auch ich war nicht gut, obwohl ich mir die Rolle so sehr gewünscht hatte. Nur am Rande sei vermerkt, daß ich in dieser Rolle im Unterkleid auftreten mußte. Es war das erste und das letzte Mal, daß ich etwas in dieser Art gemacht habe.

Die Jubiläumsfeiern stellten alles in den Schatten, was Reinhardt an Ehrungen bislang erfahren hatte. Künstler, Wissenschaftler, Politiker drängten sich, eine »Reinhardt-Rede« zu halten, ich weiß nicht, wie viele wir an diesem 30. Mai 1930 über uns ergehen lassen mußten, ehe Reinhardt mit gerührter Stimme seine – natürlich wochenlang vorbereiteten Dankworte sagen konnte: »Mein Geschick hat die Rolle, die es mir in den Schoß geworfen, in den letzten Akten so überraschend ausgebaut, daß ich davon ganz betroffen und benommen bin. Mein Platz ist hinter den

Kulissen und ich weiß nicht, ob und wie ich der Aufgabe gewachsen bin, die mir diese Reihe von schönen Tagen und besonders der heutige Abend stellen.

Ich bin kein Mann der Improvisation und habe mir deshalb einige Notizen gemacht, aber sie erscheinen mir armselig angesichts der überwältigenden Fülle von Ehrungen, die mir zuteil geworden sind.

Ich bin ein alter Grenzjäger auf der schwankenden Linie zwischen Wirklichkeit und Traum. Mein ganzes Leben habe ich auf diesem schmalen Grenzpfad zugebracht und Güter herüber und hinüber geschmuggelt. Der Weg führte hinauf, hinunter und ist in der letzten Zeit so steil gewesen, daß ich einigermaßen außer Atem gekommen bin. Dieser Lebensabschnitt, der mir heute die höchste Freude schenkt, hat mir vor Jahresfrist das Schwerste auferlegt. Er hat mir den Bruder genommen und ich erbe heute die Ehren, die, so wahr ich hier stehe, zum großen Teil ihm gebühren.

Solche Kurven kann das menschliche Herz nur bewältigen, wenn wir zwischen dem Schlaf, aus dem wir kommen, und dem Schlaf, in den wir gehen, nicht ganz nüchtern werden und wenn wir das Traumhafte aller Wirklichkeit bewußt machen.

So erlebe ich es wie einen Traum, daß ich fünfundzwanzig Jahre, mehr noch, eigentlich seit meiner Kindheit ununterbrochen gespielt habe, zu meiner eigenen Lust und daß diese Lust damit gekrönt wird, daß sie auch vielen anderen eine Lust gewesen ist.

Wir können nur fortleben, wenn wir mit dem, was wir sind und tun, aufgenommen werden. Für den Theatermenschen ist es die Erfüllung seines Berufs. Freilich bezahlt er diesen höchsten Augenblick mit dem Leben seiner Schöpfung. Nichts als ein Abglanz kann von ihr zurückbleiben. Um so tiefer bin ich Ihnen allen zu Dank verpflichtet, daß Sie den Augenblick so festlich gestalten und mich in den Mittelpunkt einer Feier gestellt haben, wie sie einem Theaterleiter wohl kaum je zuteil wurde ...«

Am nächsten Tag feierte Reinhardt mit seinen Schauspielern, mit Bühnenarbeitern, Verwaltungskräften, Dekorateuren, Garderobefrauen, Beleuchtern – 2000 Menschen. Er sagte:

Wenn ich mich heute zum Abschluß meines Jubiläums in Ihrem Kreise befinde, so jubiliere ich auch schon deshalb, weil es nun nach allen Feiern endlich Feierabend geworden ist. Das hohe Fieber, das mich in der heute zu Ende gehenden Woche geschüttelt hat, das Lampenfieber, ist etwas gesunken. Das Objekt fühlt sich geehrt, das Subjekt fühlt sich wohler.

Das Gold, das diese Nachtstunde im Munde hat, braucht keine offizielle Prägung: wir haben uns den Premierenfrack abgeschminkt. Behaglich kann man seine »Ehrenmitglieder« ausstrekken, und es herrscht die etwas gelockerte Stimmung einer Nachtprobe. Ich fürchte nur den Bannstrahl der Genossenschaft, weil es zweifellos wieder eine Sonntagsprobe werden wird. Denn nach dem, was ich von dem bevorstehenden Programm läuten hörte, kann es noch Stunden und Überstunden dauern.

Aber wenn mir noch vorher ein ernstes Wort gestattet ist, möchte ich Ihnen wirklich beglückt danken für alle Ehre, die Sie mir erwiesen, und für die guten Worte, die Sie mir geschenkt haben. Ihre Zustimmung hat für mich Gewicht. Als der alte, unverbesserliche Fachsimpel, der ich nun einmal bin, hege ich das Urteil der Fachleute in einem besonderen Fach meines Herzens. Wir vom Theater können uns ja aus eigener Herrlichkeit jeden Abend Würde und Titel zuteilen, um sie, wenn der Vorhang gefallen ist, wieder abzulegen. Deshalb kleidet es uns nicht, wenn wir das zu pathetisch nehmen. Daß aber die Wissenschaft für die flüchtige Kunst des Scheins Seminare errichtet, darf uns mit Genugtuung erfüllen. Gewiß, die Wäsche wird schon lange nicht mehr weggehängt, wenn die Komödianten kommen. Aber irgend etwas hängt noch immer in der Luft, etwas, das den Begriff »Theater« zum Schimpfwort macht für viele. Wir jedoch wissen, daß sich hinter dem Schein nur ein starkes Sein behaupten kann, und daß wir in unserer uralten Kunst zwischen allem Handwerk, Kopfwerk, Mundwerk immer wieder vom Wunder seelischer Imagination umgeben sind, die ein weites Gebiet für die Erforschung sowohl der Technik als auch der Seelenform wissenschaftlicher Betrachtung eröffnet.

Sie haben auch heute zu meiner Ehre neben dem Iffland-Ring und dem Ring des Burgtheaters einen Ring in meinem Namen gestiftet. Von heute an wird also die »Geschichte von den drei Ringen« beginnen. Künftige Generationen werden vielleicht streiten, welcher der echte ist. Möge ihn aber einer tragen, der vor Gott und Menschen wohlgefällig sich erweist und der in dieser Zuversicht ihn trägt. Dazu wird man ihm eine Bewährungsfrist geben müssen. Noch vor wenigen Jahren hätte man mir den Ring streitig gemacht, denn »bewundert viel und viel gescholten« ging ich meinen Weg. Und hat mich auch das eine gefreut und das andere gefuchst; so konnte mich weder das eine noch das andere irremachen. Sonst habe ich leider keinen Anlaß, mich mit der »Schönen Helena« zu vergleichen. Es sei denn in einem Punkt: Ich glaube, auch ich könnte einen Trojanischen Krieg entfesseln, um einen Liebhaber zu gewinnen. Sie wissen ja, wie wenig Liebhaber es heute am Theater gibt. Jedenfalls bin ich selbst einer, und wenn ich nun meine Reden für längere Zeit abschließe, so erlauben Sie mir, es mit einer Liebeserklärung zu tun:

Ich liebe Sie von Herzen, ich liebe Sie mit ganz altmodischer Sentimentalität und zugleich mit aller neuen Sachlichkeit in Gottes Namen. Aus meinem Liebesverhältnis zu Ihnen ist alles entstanden, was ich bin und tue. Und deshalb gelten die reichen Ehrungen, die mir widerfahren sind, auch Ihnen. Ich bin nur der glückliche Träger der Titelrolle, und als solcher werde ich mein Glas erheben auf Ihr Wohl. Hals- und Beinbruch!

Im Sommer nahmen für sechs Monate Wohnung in Riga. Wieder einmal hatten wir die Hoffnung, Behörden zu finden, die – gegen den Willen der Frau Heims – eine rechtsgültige Scheidung aussprechen könnten. Alle Versuche vorher waren gescheitert: die erste Scheidung, die »Berliner Scheidung«, war von den Anwälten der Gegenpartei erfolgreich angefochten worden oder gar nicht erst ausgesprochen worden – ich weiß nicht. Dann hatte sich Reinhardt bemüht, die tschechoslowakische Staatsbürgerschaft zu bekommen, weil wir gehört hatten, man könne sich in der CSR auch ohne Einwilligung des Ehepartners scheiden lassen. Doch obwohl Reinhardts Vater aus Brünn gebürtig war, bekam Reinhardt nicht den gewünschten Paß. Nun also Riga . . .

Welche Ungeduld und welche Hoffnung ich mit mir herumtrug, kann man nur verstehen, wenn man weiß, daß es damals noch Gefängnisstrafen für Frauen gab, die mit einem verheirateten Mann zusammenlebten. Seit zwölf Jahren stand ich also dauernd mit einem Bein im Gefängnis!

Während die Anwälte zwischen Berlin und Riga hin- und herschrieben, hat Reinhardt am Theater von Riga Goldonis »Diener zweier Herren«, die »Fledermaus« und »Orpheus in der Unterwelt« inszeniert, mit erstaunlich guten Schauspielern, Sängern und Tänzern – mit Leuten, die wir nie in Riga vermutet hätten.

Auch die Stadt und die Landschaft waren für uns etwas aufregend Neues. Dort haben wir zum ersten Mal erlebt, wie es ist, wenn es niemals Nacht wird. Eine ganz eigenartige Sache. Man versucht, das Fenster zu verdunkeln und sich »Nacht« vorzutäuschen, aber das ist sehr schwer. Wir haben schlecht geschlafen, sind nächtelang durch die Straßen und über die Plätze gelaufen und haben uns die russischen Kirchen und andere merkwürdige

Bauwerke angeschaut.

Fasziniert haben uns auch diese derben, schwergewichtigen Frauen dort. Die Badestrände von Riga waren an gewissen Tagen nur für Männer freigegeben, an anderen nur für Frauen. Nun waren damals Badeanzüge offenbar noch nicht sehr bekannt – oder zu teuer. Jedenfalls hatten die meisten Frauen beim Baden ihre weißen Nachthemden an, knöchellang, also offenbar besonders züchtig gemeint. Aber als sie aus dem Wasser kamen, mit angeklatschten Hemden, sahen die Damen von Riga natürlich schlimmer aus als nackt . . .

Mit Reinhardt bin ich an manchen Stellen, wo »gemischtes Baden« erlaubt war, ins Wasser gegangen, aber nur ganz selten, denn es war teuflisch kalt, ich glaube: 6 Grad. Im Wasser war es unmöglich, die Finger zusammenzuhalten, ganz unmöglich. Und ans Schwimmen war gar nicht zu denken. Man konnte nur untertauchen und versuchen, wieder an Land zu kommen.

Eines Tages kam per Luftfracht eine Kiste mit zwei jungen Doggen für uns, Geschenk eines reichen Mannes, dessen Hobby es war, Künstlern ausgefallene Geschenke zu machen. Wirklich, es war sein Hobby – vielleicht sogar seine Hauptbeschäftigung, ich weiß es nicht. Dieser Herr war einmal Gast in Leopoldskron gewesen, und jetzt wollte er sich erkenntlich zeigen.

Die Doggen waren wunderschöne Tiere. Doch im gleichen Moment, wie ich sie sah, habe ich zu weinen begonnen. Ich dachte gleich an unseren kleinen Scotty. Es war so gräßlich: ich habe alles vorausgesehen, was dann eingetreten ist. Als die Doggen heranwuchsen, haben sie eines Tages unseren armen kleinen Scotty in Leopoldskron zerrissen.

Es war mir in Riga eine ganz furchtbare Sache, dieses gutgemeinte Geschenk, diese herrlichen, fürchterlichen Tiere anzuschauen – vor allem, weil sie schon bald alles taten, was mich in meinen Befürchtungen und Ahnungen bestärkte. Sie waren so wild, daß man sie nur getrennt ausführen konnte. Reinhardt ging mit den Doggen strandabwärts, ich mit dem Scotty strandaufwärts. Seit diese Doggen da waren, konnten wir in Riga nicht mehr zusammen spazieren gehen. Aber ich habe den Mund gehalten, weil ich gesehen habe, welche Freude Reinhardt an diesen Tieren hatte.

Als die Verhandlungen wegen der Scheidung in ihr Endstadium eintraten, mußte eines Tages auch Frau Heims nach Riga kommen. Ob wir uns begegnet sind, weiß ich nicht mehr. Falls ja, so habe ich sie sicher nicht angeschaut, in der Rechtsanwaltskanzlei – oder wo das war. Jedenfalls ist die Ehe Heims-Reinhardt in

Riga geschieden worden. Rechtsgültig, wie uns versichert wurde, auch nach deutschem Recht gültig. Doch schon bald sollte die Odyssee aufs neue beginnen.

Reinhardt und ich begannen gerade aufzuatmen und uns ein Leben ohne Anwälte und Schriftsätze, ohne Bitt- und Drohbriefe, ohne Angst vor Skandalen und Prozessen auszumalen – da sagte uns jemand in Berlin (sicher war es irgendein Jurist): die lettische Scheidung werde in manchen Ländern, darunter auch in den USA, nicht anerkannt werden. Falls wir uns in diesen Ländern aufhielten, müßten wir damit rechnen, als Bigamisten verhaftet zu werden.

Was sollten wir tun? – Wir sind auf Sicherheit gegangen und haben uns um eine Scheidung bemüht, die auch in Amerika Gültigkeit besaß. Das hieß: weitere vier Jahre Anwälte und Schriftwechsel. Und was es uns Geld und Nerven gekostet hat – daran will ich lieber gar nicht denken.

Ich sehe meinen Notizzettel aus diesem denkwürdigen Jahr durch und entdecke zwei Ereignisse, die mich auf verschiedene Weise nervös machten. Das eine Ereignis fand im Leopoldskroner Gartentheater statt, wo ich bei einer Privatvorstellung von »Was ihr wollt« Eleonora von Mendelssohn wiederbegegnete. Mancher Zuschauer, der sich an ihre Helene-Thimig-Parodie erinnerte, mochte die Tatsache, daß wir gemeinsam auftraten, als Pikanterie empfinden. Ob Reinhardt diese Pikanterie als zusätzlichen Reiz eingeplant hat, möchte ich bezweifeln. Jedenfalls war Eleonora ausnehmend freundlich zu mir, hielt sich streng an ihre Rolle und verzichtete, soweit ich weiß, auf alle parodistischen Einlagen.

Das andere Ereignis lag früher: Anfang des Jahres feierte ich ein Wiedersehen mit Anton Edthofer. Das heißt: ich feierte es im Stillen, ganz für mich. Ich bin sicher, er hatte nicht die geringste Ahnung, daß ich mich freute, ihn wiederzusehen und neben ihm aufzutreten. Auch Reinhardt muß aus meinem Verhalten nichts Besonderes herausgelesen haben, sonst hätte er sicher wie im Falle Rehmann gehandelt und nicht gezögert, Edthofer auszutauschen.

Eine Gelegenheit, mit Edthofer zu reden – außerhalb der Proben – ergab sich nicht. Wie üblich ließ Reinhardt mir einen Wagen kommen, der mich auf schnellstem Wege nach Hause brachte. Ich kannte Edthofer jetzt seit zehn Jahren. In dieser Zeit hatten wir privat vielleicht hundert Worte gewechselt. Eher weniger.

Anfang des Jahres 1932 waren wir wieder sehr lange getrennt – März und April. Reinhardt inszenierte »Mirakel« in London.

Die Briefe, die ich aus jener Zeit gerettet habe, sind auf einen bitteren, manchmal fast jähzornigen Ton gestimmt, der mir an Reinhardt fremd war. Ich versuchte ihn zu besänftigen, doch seine Heftigkeit ließ nicht nach: »Ich vergehe. Verstehst Du das? ... Kann ich dieses verdammte Papier nicht heiß machen, so daß Du die verbrannten Finger erschrocken zurückziehst und aufhörst, ruhig und gütig den Kopf zu schütteln!«

Oder: »Ich bin überzeugt, daß Du sehr glücklich bist – wie fast immer – wenn ich nicht da bin ... Du gehst früh schlafen und richtest Dir alles nach Deinem Geschmack ein, während Du mir (sonst) andauernd Opfer bringen mußt. Ich sage das alles wirklich ohne jede Bitterkeit, aber mit einer gewissen Nachdenklichkeit.«

Ich wäre gern nach London gefahren. Diese Briefe klangen alarmierend, vor allem dort, wo sie das hervorhoben, was uns trennte. Die Gerüchte, die besagten, Reinhardt habe in London eine »Affaire«, waren auch nicht gerade geeignet, mich zu beruhigen. Wie gesagt: in dieser Zeit wäre ich gern bei ihm gewesen. Doch hatte ich allabendlich auf der Bühne zu sein und jeden Vormittag in einem Berliner Filmatelier vor der Kamera zu stehen.

Reinhardts Krise hatte auch noch andere Gründe. Wieder einmal hatte er sich von der Leitung des »Deutschen Theaters« zurückgezogen. Wieder einmal wurde ihm vorgeworfen, er verlasse sein Publikum, um sich ein angenehmes und einträgliches Leben auf Gastspielreisen zu machen. Wieder einmal hatte er unter massiven Presseangriffen zu leiden.

Am 2. März schrieb er mir aus London: »Am groteskesten treibt es Ihering, dieser lederne Stockfisch.« (Wenn Reinhardt mit mir allein war, nannte er diesen gefürchteten Berliner Kritiker grundsätzlich nur »Hering« – was einer Einstufung als Langweiler gleichkam.) »Ich bin und war ein schlechter Direktor, schreibt er – es ist unverantwortlich, daß ich nun gehe, weil die Konjunktur schlecht ist ...«

»Daß ich mich totrackere und nahezu zwei Millionen Schulden habe, danach fragt kein Mensch. Solls eben besser machen, nicht nach Riga und nach London gehen. Bleibe im Lande, nähre dich redlich. Wozu Wien, wozu Salzburg, wenn man alle Tage Stockfisch haben kann in Berlin!«

Der Brief erreicht sein absolutes Tief mit dem Seufzer: »Meine direktoriale Tätigkeit hätte vor zehn Jahren enden sollen. Ich wollte es. Wahrscheinlich wäre vieles einfacher, schöner gewesen.«

Natürlich hatte ich immer geahnt, wie schwierig es für Edmund war, mit den Einkünften des »Deutschen Theaters« seinem Bruder immer das Leben zu ermöglichen, das er gerade wünschte und das er wohl auch unbedingt brauchte, um sich seine Produktivität zu erhalten.

Genaue Zahlen kannte ich nicht. Aber mir war oft unheimlich. Meistens war ich insgeheim dankbar, nichts wissen zu müssen, nichts wissen zu dürfen. Heute denke ich mir: Hätte Reinhardt den Gewinn aus seinen Tourneen in seine Berliner Theater gesteckt, wäre er sicher nicht in finanzielle Schwierigkeiten geraten.

Natürlich hat das Edmund viel besser als ich gewußt. Wenn er dennoch wider besseres Wissen gehandelt – also seinem Bruder nachgegeben hat, dann weil er wußte, daß das Wohl und Wehe dieser Theater vor allem von Max Reinhardts Lebens- und Schaffensfreude abhing, daß man diese seelische Konstellation unbedingt erhalten mußte, auch zu diesem sehr hohen Preis. So gesehen, hat er Reinhardts enormen »Lebensstandard« für berechtigt gehalten.

Trotz dieser Sorgen war das Jahr 1932 – besonders zu Anfang – für mich künstlerisch außerordentlich befriedigend. Ich spielte mit Werner Krauss in Hauptmanns »Vor Sonnenuntergang«. Übrigens habe ich Krauss in diesem Stück zum ersten und letzten Mal in einer Liebhaberrolle erlebt. Er hat dieses Fach gemieden; aber hier war er großartig. Reinhardt hatte ihn die Rolle mit einer köstlichen Schüchternheit spielen lassen, das war wunderbar.

Obwohl ich, seit ich auf der Bühne stehe, fast immer nur Liebhaberinnen spielen mußte und deshalb unzählige Bühnenpartner gehabt habe, muß ich sagen, daß ich alle nur wie ein Requisit benutzen konnte, daß ich, mit einem Wort, – nie einen Bühnenpartner hatte, mit dem ich harmonieren konnte. Außer einem. Und der war kein Liebhaber. Sondern das war eben Werner Krauss.

Über den privaten Krauss kann ich nichts sagen, denn – obwohl wir in ungezählten Rollen, großen Rollen, ein halbes Leben lang nebeneinander und miteinander auf der Bühne gestanden haben, so war es uns völlig unmöglich, privat miteinander auch nur drei Worte zu sprechen. Als Mensch war er mir zu fremd. Außerdem war er, glaube ich, ein Kauz, der den Mund nicht aufbekam zum Sprechen. Und ich war nie ein Mensch, verschlossene Menschen zum Sprechen zu bringen. Die Menschen, mit denen ich sprechen, wirklich sprechen, diskutieren konnte (und noch kann), die kann ich, so unglaublich das klingt, an einer Hand abzählen.

Über den Privatmann Werner Krauss kann ich also nichts sagen, der Schauspieler Krauss jedoch ist mir vertraut wie kaum ein zweiter. Für mich ist er – ähnlich dachte Reinhardt – unter den Schauspielern, mit denen ich gearbeitet habe, einer der allergrößten. Und da er mir, ohne es zu wissen, geholfen hat zu verstehen, was ein Schauspieler können muß, um das Prädikat »genial« zu verdienen, will ich versuchen zu schildern, was Reinhardt und mich an ihm so faszinierte.

In meiner ersten Bühnenzeit habe ich fast ausschließlich »nach innen gespielt«, weil ich mit allen diesen Partnern, die man mir gab, nicht viel mehr seelischen Kontakt finden konnte als mit einem Stuhl. Vielleicht waren meine Ansprüche zu hoch. Daß sie nicht »verstiegen« waren, hat mir dann ja Max Reinhardt bestätigt und mein Bühnenpartner Krauss bewiesen.

Bis ich Krauss traf, dachte ich nur: Mein Gott, ja, die Welt des Theaters ist halt so – seelische Gemeinschaft zwischen Schauspielern ist auf der Bühne eben nur unvollkommen oder gar nicht möglich.

Die Kraft, aus der ich meine Rollen gestalte, ist die Konzentration. Und diese Kraft habe ich bei Krauss kennengelernt, in einem Ausmaß, wie ich es für kaum vorstellbar gehalten habe. Seine Begabung zur Autosuggestion – oder wie ich das nennen soll – war erschreckend. Er konnte, wenn es die Rolle erforderte, größer, kleiner oder massig werden. Ähnliches sah Reinhardt auch in mir. Als ich einmal eine Morphinistin spielte, veränderten sich meine Pupillen. Meine Hände wurden eiskalt.

Reinhardt hat mich einmal mit der Therese von Konnersreuth verglichen, mit dieser Heiligen, die durch starke Einbildungskraft (oder was immer) sich blutende Wundmale zufügen konnte, kraft eines Gedankens, eines Gefühls, also ganz ohne äußere Einwirkung. Auch Krauss brachte er damit in Verbindung. Dieser Vergleich ist gar nicht weit hergeholt, zumindest gibt es in einem Punkt eine große Ähnlichkeit zwischen diesen beiden Leben: die Konnersreutherin war Bäuerin, und auch Werner Krauss kam aus sehr einfachen Verhältnissen. Reinhardt fand die Primitivität, die der Privatmensch Krauss manchmal an den Tag legte, unvereinbar mit seiner Künstlerschaft.

Sobald er aber auf der Bühne stand . . . ich kenne keinen Schauspieler, der so etwas von Noblesse, klassischer Noblesse, gehabt hat wie Krauss. Wenn er ein König zu sein hatte, *war* er ein König. Kein Phantasie-König. Er war ein echter und wirklicher König, ein geborener König. Es war ungeheuer. Diese Hoheit, diese Geistigkeit – alles Eigenschaften, die ihm privat gewiß nicht zur Verfügung standen, gewiß nicht. Nun behaupte ich allerdings: Wenn man eine Geistigkeit so darstellen kann, so hat man sie, ist sich ihrer aber nicht bewußt, hat sie nur im Theater zur Verfügung.

Krauss, da bin ich ganz sicher, hat bestimmt keine Ahnung gehabt davon und sicher auch nicht darüber nachgedacht, obwohl ich ihn keineswegs unter die »nicht denkenden Schauspieler« einreihen will. Er hat seine Kräfte natürlich ganz bewußt eingesetzt. Er saß zum Beispiel oft sehr lange vor seinem Spiegel, in der Garderobe, schnitt Gesichter, machte Bewegungen, bis ihm plötzlich etwas für die Figur, die er zu spielen hatte, einfiel. Plötzlich leuchtete ihm das ein. Und dann hielt er das fest und ging damit hinter die Kulisse und ging damit auf die Bühne.

Das klingt furchtbar einfach. Einfach ist das aber nur für Krauss gewesen. Eine eigentümliche Kraft und Disziplin. Ein Schauspieler, wie wir ihn in dieser Art wohl in den nächsten hundert Jahren nicht mehr bekommen werden.

Er war ein Verwandlungskünstler – kraft seiner Konzentration. Und das habe ich stets als tiefe Genugtuung empfunden, wenn mir meine Überzeugung auf diese Weise bestätigt wurde, die Überzeugung, daß alles aus dieser inneren Kraft – nicht etwa aus einem »Temperament« – zu kommen hat. Der Schauspieler darf nicht weinen, wenn er will, daß das Publikum weint. Einen Schmerz erzeugen kann nicht der bloße Anblick von Tränen, – den Schmerz kann *nur* die Phantasie, *nur* der Gedanke erzeugen.

Wenn ich als Schauspielerin weinen mußte, so konnte ich also nichts anderes tun, als durch den richtigen Gedanken, durch Konzentration. Das ist das einzige, was ein Schauspieler lernen muß und was Reinhardt von jedem guten Schauspieler gefordert hat: daß er denkt, was er denken muß.

Das habe ich sehr früh gewußt und habe deswegen sehr oft die Probe unterbrechen müssen und gesagt: »Pardon, ich bin nicht drin. Ich muß noch einmal auftreten. Ich muß mich neu konzentrieren.« Das hat natürlich sehr aufgehalten. Aber das war mir gleichgültig. Ich wollte nicht schwindeln.

Manchmal habe ich mich gefragt, warum mir Werner Krauss so viel vertrauter war als ein Schauspieler von der Art Anton Edthofers, zu dem ich mich menschlich ungeheuer stark hingezogen fühlte. Ich fragte mich, warum ich auf der Bühne zu Edthofer nur einen weitaus schwächeren Kontakt fand als zu Krauss.

Der Grund war einfach der, daß ihm die höhere Ebene, auf der sich während des Spielens die Kommunikation zwischen Krauss und mir abspielte, unbekannt war und unbekannt blieb. Er war alles andere als ein Verwandlungskünstler – er war eine »Natur«, ein durch und durch origineller Mensch. Alles was er konnte – und er war ein sehr guter Schauspieler – konnte er instinktiv. Über sein Spiel hat er sich nicht viel Gedanken gemacht, glaube ich. Wenn man ihn gefragt hätte, hätte er gesagt, er sei ein »Naturalist«. Um Schauspiel-Stile hat er sich herzlich wenig gekümmert, wirklich. Er wollte das Einfache. Reinhardt schätzte ihn sehr, denn für ihn war er ein glänzendes Medium.

Eine große Persönlichkeit, eine große Ausstrahlung – das war er, das hatte er. Doch im strengen Sinne war er kein Schauspieler, sondern eben eine Natur. Das habe ich ihm später einmal gesagt, und das hat ihn sehr geärgert. Seine stärkste Kraft war sein Charme. Alle haben ihm das gesagt, und das hat ihn ebenfalls geärgert, sehr geärgert.

*

Lange vor der Hitlerzeit bin ich einmal eine Stunde im Reichstag gesessen, auf der Besuchertribüne. Ich wollte einmal sehen, wie das funktioniert – ein Parlament. Ich war ziemlich enttäuscht und fand die Demokratie ausgesprochen langweilig.

Ich schäme mich; aber so war ich damals: ich konnte alles nur mit Theateraugen sehen. Von Politik hatte ich keine Ahnung.

Und Reinhardt war ganz ähnlich. Zum Beispiel: Der einzige Orden, auf den er wirklich stolz war, war das Kreuz der Ehrenlegion. Man hat es ihm wieder weggenommen, weil er einen Aufruf unterschrieb, der offenbar zu radikal war, irgendwas Politisches. Fragen Sie mich nicht, was in dem Aufruf stand – ich weiß es nicht; Reinhardt konnte sich ebenfalls nicht erinnern, ihm hatten nur die Leute gefallen, die ihren Namen darunter gesetzt haben.

Als die Nationalsozialisten an die Macht kamen, hat keiner von uns beiden begriffen, was das für uns bedeutete, für uns und das »Deutsche Theater«. Noch Ende März 1933 habe ich Reinhardt in einem langen Brief dargelegt, er müsse das Theater auf jeden Fall halten, notfalls als Pächter. Politische Schwierigkeiten sah ich nicht, nur finanzielle. Meine einzige Sorge damals war, daß sich der künstlerische Stil des »Deutschen Theaters« verschlechtern könnte – die »deutsche Tragödie«, die sich für Reinhardt und mich abzuzeichnen begann, blieb mir verborgen.

Ich schrieb nach Florenz, wo Reinhardt in den Boboli-Gärten den »Sommernachtstraum« inszenierte: »... mein Gefühl sagt mir für Dich: Du mußt jetzt unbedingt hierbleiben! Erstens menschlich-künstlerisch – und dann wahrscheinlich auch praktisch. Ohne Direktion – nur künstlerische Leitung. Dem Direktor übergeordnet. Ich habe mit keinem Menschen darüber gesprochen – aber ich hab das Gefühl, ich möchte etwas entfachen.« (Berlin, 25. 3. 33)

Zum letzten Mal habe ich damals in Berlin im »Großen Salzburger Welttheater« gespielt, das dann über Nacht von der neuen Direktion vom Spielplan genommen wurde. Als ich kurz vor meiner Abreise nach Florenz noch einmal in den Zuschauerraum kam, sah ich, wie in aller Eile das erste Nazistück geprobt wurde. Mittelpunkt der Szene war eine riesige Hakenkreuzfahne; ringsherum kniende Menschen, die ihr ihre Reverenz erwiesen. Also grauenhaft. Grauenhaft kitschig. Das war mein letzter Eindruck von Berlin.

Nein, mein vorletzter. Mein letzter hat mich eigentlich noch tiefer erschüttert, denn da ging es um Menschen, die mir einmal nahegestanden hatten. Ich denke an meinen Abschied von den Lauckners. Die waren völlig sprachlos, als ich ihnen sagte, daß ich Reinhardt folgen und Deutschland verlassen würde. Das konnten sie gar nicht fassen – ausgerechnet jetzt, wo, ihrer Meinung nach, für Deutschland die herrlichsten Zeiten anbrachen, jetzt, wo eine neue deutsche Regierung sich anschickte, das Reich, das Theater, die Presse, die Kunst aus den Klauen des jüdischen Gangstertums zu reißen.

Ich wäre fast erstickt, so hat es mir die Kehle zugeschnürt. Ich konnte nichts antworten, kein Wort habe ich herausgebracht. Und nur die beiden haben geredet und geredet und mich bedauert: »Armes Helenchen, armes Kleines!« Und dann haben sie sich ausgemalt, in was für einer »undeutschen« Gesellschaft ich den Rest meines Lebens zu verbringen haben würde.

Die beiden haben überhaupt nicht bemerkt, daß es das Entsetzen über diese unerwartete Reaktion war, was mich so gelähmt hat. Ich hatte diese Menschen immer sehr hoch eingestuft, sehr geschätzt, sehr geliebt, trotz dieser Taktlosigkeit, in meiner Gegenwart ihre antisemitischen Tiraden loszulassen. Und dieser haarsträubende Chauvinismus, den sie gelegentlich an den Tag legten, den habe ich ihnen als »Tick« durchgehen lassen, weil sie im übrigen so feinsinnige und noble Künstler waren, herzlich und gut.

Jedenfalls, ich war völlig gebrochen, und das Groteske an der Situation war, daß sie sich immer tiefer in dieses furchtbare Mißverständnis hineinbohrten und glaubten, es würde mich etwas trösten, wenn sie Mitleid zeigten – Mitleid angesichts meines traurigen Geschicks, »in dieser großen Zeit« als Arierin mit einem Juden leben zu müssen.

Da bin ich wortlos weggelaufen. Ich habe auch keinen Abschiedsbrief geschrieben. Ein paar Mal hat dann Frau Lauckner noch versucht, mit mir auf dem Korrespondenzweg Kontakt zu halten. Ich habe nicht geantwortet. Soweit ich weiß, ist es Lauckner aber auch unter den Nazis nicht gelungen, mehr Beachtung auf dem Theater zu finden. Nach dem Krieg habe ich seinen Namen im Berliner Telefonbuch gesucht, vergeblich. So haben wir uns aus den Augen verloren.

Man hat mir erzählt, daß in jenen Tagen, in denen die neuen Herren eifrig um Prominente mit tadellosem arischen Stammbaum warben, Werner Krauss sich dazu verstanden hat, eine Hetzrede gegen Max Reinhardt und seinen Bruder Edmund zu halten. Hoffentlich hat man das Reinhardt vorenthalten. Er hat Krauss sehr gemocht.

Das wußten auch die neuen Machthaber und haben Krauss beauftragt, nach Leopoldskron zu reisen und Reinhardt den sogenannten »Ehren-Arier« anzubieten. Das war noch bevor Reinhardt seine Ablehnung des Regimes öffentlich hatte bekannt werden lassen. Die Antwort, die er entrüstet Werner Krauss mitgab, ließ an Deutlichkeit nichts zu wünschen übrig. Reinhardt war sehr entrüstet.

Seine Theater übergab Reinhardt in einem berühmt gewordenen Brief dem deutschen Volk. Dieser Brief ist von der nationalsozialistischen Regierung, an die er gerichtet war, nie beantwortet worden.

Der Brief an die Nazis lautete folgendermaßen:

»Die ungeheuren Umwälzungen seit dem Kriege, die keine Institution der Welt unberührt ließen, das Absterben der latenten Wirtschaftsformen und zuletzt die große innenpolitische Bewegung in Deutschland haben die früher unter meiner Leitung stehenden Theater in Berlin in ihren Fundamenten erschüttert.

Als Angehöriger der alten österreichisch-ungarischen Monarchie bin ich im Jahr 1895 an das Deutsche Theater gekommen. Ich habe also nahezu vier Jahrzehnte hindurch als Schauspieler, Lehrer und Spielleiter unaufhörlich für dieses Institut gearbeitet. Es steht mir nicht an, über den Wert dieser Arbeit selbst zu urteilen. Unbestritten bleibt die Tatsache, daß das Deutsche Theater in dieser Zeit die führende Bühne gewesen ist, nicht nur im Inland, auch im Ausland, und daß von ihr alle entscheidenden Bewegungen ausgegangen sind. Dies gilt sowohl von der dramatischen Dichtung (die in diesem Hause geboren wurde) wie von den zahllosen bühnentechnischen Neuerungen, die heute Allgemeingut geworden sind.

Indem es das Lebenswerk der zeitgenössischen Dichter Gerhart Hauptmann, Frank Wedekind zuerst und vollkommen auf die Bühne brachte, Carl Hauptmann, Schmidtbonn, Eulenberg, Stukken, Zuckmayer etc. aufführte, die deutschen Klassiker in großen Zyklen erneuerte, nie vorher gespielte Werke der deutschen Stürmer und Dränger, Büchner, Grabbe, Lenz, Wagner, Klinger dauernd dem Spielplan einverleibte und ohne jegliche Subvention oder staatliche Förderung sich nur mit seiner Arbeit erhalten hat, indem es ferner den deutschen Tondichtern Richard Strauss, Hans Pfitzner, Engelbert Humperdinck, den deutschen Malern Lovis Corinth, Slevogt, Ludwig Hoffmann, Kruse u. a. bedeutsame Anregungen und Aufträge gab, hat es zum mindesten für seine Zeit den Begriff Deutsches Theater über allen Tagesstreit hinaus erfüllt.

Daß es daneben die repräsentativen Dramatiker des Auslands, die nordischen Dichter Ibsen, Strindberg und Hamsun, den Engländer Shaw, den Italiener Pirandello, den Flamen Maeterlinck, den Russen Tolstoi, den Österreicher Hofmannsthal früher und häufiger spielte, als sie in ihrem eigenen Vaterland gespielt wurden, daß es die Werke Molières und Calderons, ganz besonders aber das Gesamtwerk Shakespeares als lebendiges Gut erhielt, während die Aufführungen dieser Dichter in ihrer Heimat fast nur mehr eine museale Bedeutung haben – damit hat es nur die aller Ehre würdige Gepflogenheit der deutschen Bühne fortgeführt, der die geistige Eroberung und Durchdringung ausländischer Dichtung von jeher eigentümlich ist. Aber nach meiner Überzeugung kann das Deutsche Theater ebenso stolz sein auf das, was es *nicht* gespielt hat, wie darauf, daß es niemals eine Konjunktur fruktifiziert hat und nur Werke aufnahm, die aus der Zeit wuchsen und nicht für die Zeit hergestellt waren.

Das Recht, meine persönliche Arbeit zu beurteilen, erkenne ich in erster Reihe den Schauspielern zu, die ihr am nächsten verbunden waren. Daß es beinahe ausnahmslos alle namhaften, heute an deutschen Bühnen tätigen Schauspieler sind, die zum überwiegenden Teil von mir entdeckt und ausgebildet wurden, sichert meiner Arbeit einen fortwirkenden Bestand, wie immer sich das Theater in Deutschland zukünftig auch entwickeln mag.

Und da ich dem deutschen Wesen, dem ich mit augenblicklich verschmähter, trotzdem unerschütterlicher Liebe anhänge, Wahrheit, Bekennermut und Treue eingeboren weiß, glaube ich, daß dieser immer wieder dankbar beschworene Zusammenhang auch heute nicht verleugnet werden kann.

Ich führe diese Tatsachen nicht etwa an, um irgendeinen Anspruch darauf zu gründen. Ich will im Gegenteil gleich vorausstellen, daß ich für mich nichts erhoffe oder erbitte.

Schon vor vier Jahren, nach dem Ableben meines nicht nur von mir, sondern von allen Schauspielern geliebten Bruders, der das Deutsche Theater wirtschaftlich und administrativ leitete, habe ich die Direktion abwechselnd anderen Mitarbeitern übertragen und bin bereits vor einem Jahr auch nominell aus der Leitung des Deutschen Theaters ausgeschieden.

Meine Arbeit auf der Bühne dagegen, die mir immer die wesentlichste Aufgabe gewesen ist, habe ich dem Theater erhalten. Sie bildete bisher die Grundlage für jede Direktion, auch für die gegenwärtige. Und ich habe alle Ursache anzunehmen, daß ich mit meiner Arbeit dem Theater auch in schwerer Zeit hätte entscheidend helfen können. Das neue Deutschland wünscht jedoch Angehörige der jüdischen Rasse, zu der ich mich selbstverständlich uneingeschränkt bekenne, in keiner einflußreichen öffentlichen Tätigkeit. Ich könnte aber auch, selbst wenn diese geduldet werden würde, in solcher Duldung niemals die Atmosphäre finden, die meiner Arbeit notwendig ist. Ohne Wohlwollen und ohne offizielle Förderung kann ein künstlerisches Theater gerade unter den heutigen Umständen nicht bestehen. Die lebendige Kunst des Theaters ist ja nicht nur abhängig vom Können, sondern auch vom Gönnen.

Da es mir aber zugleich im Innersten widerstrebt, etwa irgendeine der auf Grund gewisser Protestbewegungen sich andrängenden internationalen Möglichkeiten wahrzunehmen, sehe ich mich auch wirtschaftlich nicht in der Lage, das Deutsche Theater von außen her in entsprechendem Maße zu stützen.

Deshalb bleibt mir, als bisherigem Eigentümer des Deutschen Theaters, der Kammerspiele und als Anteilhaber des Großen Schauspielhauses nur die eine Möglichkeit, die Übernahme meines Lebenswerkes Deutschland anzutragen. Das ist der Zweck dieses Schreibens und zugleich der einzige Grund, weshalb ich mich bemüßigt fühle, darin Rechenschaft über meine Theaterführung abzulegen.

Der Entschluß, mich endgültig vom Deutschen Theater zu lösen, fällt mir naturgemäß nicht leicht. Ich verliere mit diesem Besitz nicht nur die Frucht einer siebenunddreißigjährigen Tätigkeit, ich verliere vielmehr den Boden, den ich ein Leben lang bebaut habe und in dem ich selbst gewachsen bin. Ich verliere meine Heimat. Was das bedeutet, brauche ich denen nicht zu sagen, die diesen Begriff mit Recht über alles stellen.

Da jedoch der Wille des Staates eine Lage geschaffen hat, in der es für meine Arbeit keinen angemessenen Platz mehr gibt und geben kann, da es mir damit unmöglich geworden ist, mein Lebenswerk weiter zu betreuen und die mit ihm verbundenen Verpflichtungen zu erfüllen, so muß ich es als selbstverständlich erkennen, dieses Werk in seinem ganzen Umfang dem Staat zu überlassen.

Das Deutsche Theater ist nunmehr ein halbes Jahrhundert lang nicht nur für Berlin, sondern für ganz Deutschland die Stätte gewesen, an der die künstlerischen Entwicklungskämpfe der deutschen Bühne in diesem Zeitraum ausgetragen und zum Sieg geführt wurden. Während die staatlichen Bühnen, wie überall, vornehmlich Werke der Vergangenheit zu pflegen, eine Tradition zu wahren und ein Ensemble zu erhalten haben, das naturgemäß nur schwer auswechselbar bleibt, kann sich das Deutsche Theater auf eine Tradition berufen, die Dichter der Gegenwart und immer wieder neue Schauspieler entdeckt und durchgesetzt zu haben. Für zeitgenössische Werke scheint mir eine bewährte Tradition, der das Publikum seit jeher Vertrauen bewies, noch unerläßlicher. Die Entwicklung dieses Hauses ist selbstverständlich nicht abgeschlossen, sie hat meinen Vorgänger, Otto Brahm, über die Sozietät erster deutscher Schauspieler, für deren Ensemble das Theater ursprünglich gegründet wurde, in die Epoche des deutschen Naturalismus geführt und mich über sein außerordentlich verdienstvolles Werk hinaus zu den Aufgaben getragen, die meine Zeit mir gestellt hat. Sie wird auch der künftigen Leitung des Deutschen Theaters auferlegen, nach Shakespeares Wort, der Spiegel ihrer Zeit zu sein und deren künstlerische Ausstrahlungen in seinem Brennpunkt zu sammeln. Insofern steht das Theater auch über der Person seines jeweiligen Leiters und ist letzten Endes unabhängig von ihr. Neben der Erfüllung der Hauptaufgabe, den lebendigen Strömungen der Zeit erschlossen zu bleiben und die nationalen dramatischen Werke ans Licht zu heben, hat das Deutsche Theater sich durch zahlreiche Gastspiele in allen großen Hauptstädten der Welt einen unvergleichlichen internationalen Ruf geschaffen.

Diese Geltung nach außen und innen, die dem Deutschen Theater eine Vorrangstellung in der Welt und als einzigem Privattheater vor sechs Jahren die staatliche Zuerkennung der Gemeinnützigkeit einbrachte, ist ein hoher Wert, der unter allen Umständen seine Pflege und Erhaltung rechtfertigt.

Er gehört zum Nationalvermögen Deutschlands.

Die Genugtuung, dazu mit der besten Kraft meines Lebens beigetragen zu haben, mildert die Bitterkeit meines Abschiedes.

Wollte man dieses Haus nicht erhalten, sondern fallen lassen, so wäre keineswegs nur die der Regierung heute nahestehende Arbeiterbank geschädigt, die es in den letzten Jahren beliehen hat. Man würde vielmehr durch den aufsehenerregenden Zusammenbruch des weltberühmten Institutes dem deutschen Bühnenwesen an weithin sichtbarer Stelle eine Bresche schlagen, die gewiß nicht von heute auf morgen auszufüllen wäre. Das organische Wachstum derartiger Kunst- und Erziehungsstätten wird erfahrungsgemäß nicht allein mit zielbewußt festgelegten Programmen, sondern entscheidend von den unberechenbaren Lebenssäften gespeist, die ihm durch Generationen von selbst zuströmen. Eine weit zurückreichende, fast ununterbrochene Kette populärer Erfolge hat diesem Haus einen Kredit geschaffen, der ihm auch in weniger fruchtbaren Zeiten eine gewisse Anziehungskraft sichert. Und es läßt sich nicht bestreiten, daß der Strom dramatischer Dichtung schwächer fließt, wenn die Zeit selbst so dramatisch ist wie im Augenblick.

Ich weiß, daß die Regierung es als eine ihrer vornehmsten Aufgaben bezeichnet hat, alle nationalen Werte zu erhalten und daß sie den kulturellen Aufgaben, insbesondere der Pflege des Theaters, von Anfang an eine entschlossene Förderung zuwendet.

Tatsächlich ist ja die Wirkungsmacht des Theaters das spontanste Mittel zur Auslösung des künstlerischen Wesens eines Volkes, sowohl in bezug auf seine schöpferischen Kräfte als auch auf die Kraft seiner Empfängnis.

Zur Erfüllung dieser Mission, die bisher hauptsächlich in privaten Händen lag, ist heute ausschließlich die Regierung berufen. Sie ist auch einzig in der Lage, den Weg, den sie als notwendig erkannt hat, nach ihrem Willen auszubauen und ihm das erstrebte Ziel zu setzen, das nur ihr selbst erreichbar ist. Sie hat mit der Organisation des Theaterbesuches einen entscheidenden und nach meiner Überzeugung unerläßlichen Schritt zur Sicherung des künstlerischen Theaters getan. Ein Versuch dazu, der zuerst überraschend erfolgreich einsetzte, wurde vor Jahren auch vom Deutschen Theater in Verbindung mit den staatlichen Instituten und anderen Theatern unternommen. Aber die Zeit, derartige Institutionen privat durchzuführen, ist vorbei. Es wird in Zukunft bestimmt auch nicht mehr möglich sein, ohne staatliche Sicherstellung ein künstlerisches Unternehmen zu führen.

Ich glaube nach allem, daß die heutige Staatsführung die bisher geschaffenen Werte, ihren Grundsätzen entsprechend, zwar umformen, aber doch erhalten will.

Immerhin kann ich darauf hinweisen, daß ich in allen früheren Jahren, solange das Deutsche Theater und die mit ihm verbundenen Bühnen unter meiner Leitung standen, sie zu erhalten und die großen, immer mehr wachsenden Steuerlasten zu tragen vermocht habe, ohne irgendeine Subvention und ohne die reichen Möglichkeiten, die dem Staate als Unternehmer ohne weiteres zur Verfügung stehen.

Wenn mein Besitz zur Zeit auch mit Verpflichtungen belastet ist, die etwa durch seine zwangsweise Veräußerung im ungünstigsten Augenblick (da ich ihn nicht mehr durch meine Arbeit stützen kann) kaum abgedeckt werden könnten, so übertrifft doch der Kaufpreis von zweieinhalb Millionen, den ich im Jahre 1906 für das Deutsche Theater und den Komplex der Nachbarhäuser erlegte, zuzüglich einer weiteren Million, die der umfassende Umbau und der Neubau der Kammerspiele beanspruchte, bei weitem alle heute darauf ruhenden Lasten. Dasselbe gilt von dem heute noch zu versteuernden Einheitswert.

Schließlich spricht für die Lebenskraft und Lebensnotwendigkeit des Deutschen Theaters auch der statistisch feststehende Nachweis, daß es bis zuletzt, im Verhältnis zu den anderen Berliner Theatern, die weitaus größten Besucherziffern erzielt hat.

Wenn ich nun aus den gegebenen Umständen die einzig mögliche Folgerung ziehe und dem Staat meinen Besitz überlasse, der trotz seiner augenblicklichen Belastung ideell und auch materiell ein Aktivum darstellt, so nehme ich mit gutem Gewissen die Überzeugung mit mir, daß ich damit eine Dankesschuld abtrage für meine langen und glücklichen Tage in Deutschland.«

Nach Kriegsende hatte Krauss Spielverbot. Ich spielte am Wiener Burgtheater, und eines Tages kam eine Kollegin – ich glaube, es war Käthe Dorsch – in meine Garderobe und hat mich gefragt, ob Werner Krauss mich begrüßen darf. Er ließ anfragen. Ich habe gesagt: »Ja, ich bin einverstanden.« Er ist gekommen, und damit war dieses Kapitel abgetan zwischen uns.

Anfang der fünfziger Jahre sind Krauss und ich mit einer Burg-Inszenierung von Ibsens »John Gabriel Borkmann« auf Deutschland-Tournee gegangen, ein ziemlich heikles Unterfangen, denn Krauss war ja durch seine Nazi-Filme außerordentlich in Verruf geraten.

Alles ging gut. Bis Berlin. Zunächst schien auch dort alles großartig zu laufen. Wir haben uns »die Bälle zugeworfen« wie in alten Zeiten. Doch schon nach den ersten Szenen hat ein Teil des Publikums zu protestieren begonnen, gegen Krauss. Wir haben gewartet und weitergespielt – bis zur nächsten Unterbrechung. Die Unterbrechungen sind immer länger und häufiger geworden.

Währenddessen fuhr vor dem Theater Bereitschaftspolizei vor. Wie das Stück zu Ende war und wir uns verbeugen wollten, begannen die Demonstranten plötzlich alles mögliche auf die Bühne zu werfen, auch Steine. Daraufhin ist Krauss in seine Garderobe gegangen und hat sich geweigert, noch einmal vor den Vorhang zu treten.

Was in diesem Moment über mich gekommen ist, weiß ich nicht mehr. Ich bin zu Krauss gegangen, habe ihn bei der Hand genommen und auf die Bühne geführt. Ein wahnsinniges Geheul hat uns empfangen, und schon flogen wieder die ersten Steine. Aber ich habe Krauss festgehalten und standgehalten, weil ich gedacht habe, ich bin doch ein Typ, dem man unmöglich eine Sympathie für Nazis nachsagen kann. Und es ist nichts passiert. Der Sturm ist abgeflaut.

Ich weiß, daß mir dieser Schritt von vielen verübelt wurde. Besonders auch von Fritz Kortner, ganz sicher. Kortner galt schon als ganz junger Schauspieler, in seiner Berliner Anfangszeit bei Reinhardt, als Erzlinker. Daß Reinhardt so überparteiliches Theater machte, das war ihm schon sehr bald ein Dorn im Auge. Soweit ich mich erinnere, haben die beiden nie viel miteinander anfangen können. Kortner hat sich dann ja auch als Schauspieler und Regisseur von Reinhardt gelöst und hat ganz andere Wege eingeschlagen.

Der Kortner war in erster Linie intellektuell, Gehirn. Und Reinhardt war zum größten Teil Künstler, ein emotioneller Mensch. Und so sind sie auch künstlerisch sehr unterschiedlich gewesen. Das was sie menschlich am meisten getrennt hat, war wohl, daß Kortner nicht sehr viel von der Toleranz gehalten hat.

Er war hypersensibel und leicht verletzt. In Amerika hat er mir einmal aus seinen Stücken vorgelesen, und mich hat das wirklich fasziniert. Wie man so sagt: es hat mich »gerissen«. Und das habe ich ihm auch gesagt. Ich lobe nur, wenn mir etwas wirklich gefällt – nur dann habe ich Worte. Das hat der Kortner sicher gewußt.

Trotzdem hat ihn mein Lob wahnsinnig verletzt. Weil ich ihn als Autor gelobt habe, glaubte er, ich hielte ihn für einen schlechten Schauspieler! Es war irreparabel.

Ich habe diesen Vorfall sehr bedauert, denn ich fand es immer äußerst aufregend, mit diesem Menschen zusammen zu sein. Wenn er mit mir sprach, mußte ich gewaltig aufpassen, aber ich war gespannt auf jedes Wort, das er sagte. Er war aufregend, hat mich gefesselt, obwohl sein Gesicht wirklich sehr häßlich war. Reinhardt und ich haben Häßlichkeit eigentlich nur bei künstlerischen Menschen, bei Denkern oder bei Heiligen ertragen können. Das alles steckte in Kortner, in seinen Augen und in dem, was er sagte. Was er sagte, war wirklich sehr geistreich und ungeheuer witzig.

Was gegen ihn gesprochen hat, etwas an das ich mich nie gewöhnen konnte, das war seine Stimme. Sein tenorales Organ. Er hat immer mit seiner Stimme – trompetet; ich kann es nicht anders nennen. Bei seiner Stimme, die fast eine Kopfstimme war, war eben immer der ganze Brustraum ausgeschaltet. Und wenn bei einer Stimme der Brustkorb nicht mitklingt, dann ist das eben immer eine *kalte* Stimme.

Auch Reinhardt hat, gleich mir, die politische Lage lange Zeit optimistisch beurteilt, als eigentlich schon nichts mehr zu hoffen war. Damals als ich ihm von der neuen Direktion des »Deutschen Theaters« berichtete, antwortete er aus Florenz unter anderem, man dürfe nicht allzu viel auf das »Geunke« der Zeitungen geben. Bald dachte er anders.

Berlin war ihm verschlossen. Ich hingegen hatte vorerst noch freien Zugang. So beschlossen wir, daß ich noch einmal zurückkehrte und versuchte, möglichst viel von unserem Besitz in Sicherheit, das heißt: ins Ausland zu bringen.

Bankgeld war keines mehr da. Das steckte ja alles in Leopoldskron. Aber im »Bellevue« steckten ja noch unschätzbare Werte – Möbel vor allem, Gemälde, Stiche, Silber, kostbares Porzellan usw. Das sollte ich zu retten versuchen.

Ich bin also kurz entschlossen zu Käthe Dorsch gefahren. Sie war sehr gut mit Göring und überhaupt sehr akkreditiert – Vollblut-Arierin – und hat wirklich viele jüdische Menschen unterstützt und gerettet. Sie hat wirklich viel Gutes getan.

Sie hat mir gesagt, sie werde natürlich alles versuchen, was nur in ihrer Macht steht, aber versprechen wollte und konnte sie nichts. Das Ergebnis war null, obwohl ich sicher bin, daß sie sich sehr angestrengt hat – natürlich ganz vorsichtig, hinter den Kulissen.

Mir blieb nur eines: Abschied zu nehmen von unserem schönen »Bellevue«, an dem ich besonders hing, weil es das erste richtige eigene Haus war, in dem ich mit Reinhardt zusammen lebte, mit Edmunds Hilfe wundervoll eingerichtet.

Wir haben das Gartenhaus dieses riesigen Schlosses bewohnt, das hatten wir ganz für uns allein: im Erdgeschoß die Gesellschaftsräume, im Obergeschoß unsere Privatzimmer. Das Arbeitszimmer war im Stil der Minna-von-Barnhelm-Zeit möbliert, deutsches, ganz einfaches Rokoko – dieses bäurische Rokoko, ohne Schnörkel, rot lackiert. Außerdem waren in diesem Stockwerk zwei Schlafzimmer, zwei Bäder und zwei Ankleidezimmer, sonst nichts.

Unten waren ein Salon und ein Speisezimmer, sonst nur ein schöner breiter Gang mit zehn Nischen und kleinen Tischen. Der

Gang führte in einen herrlichen Garten, wo wir, wann immer es unsere Zeit erlaubte, mit unseren zahllosen Perserkatzen spielten – und mit »Tabak«, meinem Hund. Das war ein ganz lieber kleiner Kerl. Wenn die jungen Katzen in ihrem Korb miauten und nicht hinaus konnten, nahm er eine nach der anderen ganz vorsichtig ins Maul, trug sie hinaus, bis sie ihr Geschäft gemacht hatten und trug sie zurück. Eine nach der anderen.

Als Reinhardt und ich in das Gartenhaus von »Bellevue« einzogen, wartete da eine große Überraschung auf mich: Edmund hatte mein Zimmer eingerichtet, ohne mein geringstes Zutun. Das war sein Geschenk an mich, ein Geschenk, mit dem er wohl zeigen wollte, wie froh er über meine Verbindung mit seinem Bruder war. Die Einrichtung war wirklich ganz entzückend – Empire. Sofa, Schreibtisch, Bett, Nachttische, ein wunderschöner antiker Stuhl, alles zueinander passend. Er hat ja einen besonders guten Geschmack gehabt.

Und von dem allen mußte ich nun, nach meiner gescheiterten Mission, Abschied nehmen. Auch die wertvollen Möbel in den Direktionszimmern von Reinhardts Berliner Theatern waren verloren.

Da uns Deutschland versperrt war, war Reinhardts Betätigungsfeld plötzlich spürbar zusammengeschrumpft auf Salzburg und die Wiener Theater. Zwar blieben ihm die gewohnten Gastspielmöglichkeiten in England, Skandinavien und Italien unbenommen, zwar wurde ihm immer wieder bewiesen, welchen internationalen Ruf er genoß (Oxford verlieh ihm das Ehrendoktorat), doch wußte er ganz genau, daß er ein ständiges Theater nur im deutschen Sprachraum nach seinem Geschmack und seinen Fähigkeiten würde führen können.

Natürlich fürchtete er – nach den Berliner Erfahrungen, daß ihm auch Österreich genommen werden könnte. Lange bevor die Deutschen in Österreich einmarschierten, 1934 schon, schienen sich seine Befürchtungen zu bewahrheiten: Dollfuß wurde ermordet, wir befanden uns gerade in Italien, und die österreichisch-italienische Grenze wurde vorübergehend geschlossen.

Von außen sahen wir plötzlich Dinge, die wir im Lande selbst nicht wahrgenommen hatten. Zum erstenmal fühlten wir die Notwendigkeit, das österreichische »Parteiengezänk«, wie wir alles Politische abfällig bezeichneten, von einem internationalen Standpunkt aus zu betrachten, und ich begann, Albert Einstein, den großen Warner, zu verstehen, der in den USA die Welt vor dem Nazi-Regime nachdrücklich warnte, und zwar unmittelbar nach der »Machtübernahme«. Damals hatte ich mich wahnsinnig über ihn empört und an Reinhardt, mit vielen Ausrufungszeichen und Unterstreichungen, geschrieben: »Was er auch für eine Gesinnung haben mag, gerade draußen darf er doch kein Wort sagen – um so mehr als er doch draußen wirklich keine Ahnung haben kann ...«

Einiges von seinen bösen Ahnungen teilte sich uns, Reinhardt und mir, jetzt im Juli 1934 mit, und es war uns nur ein geringer Trost, daß wir zur Zeit unserer (vorübergehenden) Aussperrung aus Österreich im schönen Venedig waren. Diesmal war Venedig am allerschönsten am letzten Tag, am Abreisetag, als die Grenzen wieder offen und Leopoldskron und das Josefstädter Theater wieder greifbar war.

Venedig war für Reinhardt – nicht nur in diesen bedrückenden Jahren – stets ein Zufluchtsort gewesen, Traumstadt und Erholungsort, für seine Gesundheit und seine Genußfreude gleichermaßen kostbar. Meistens schloß er unsere Sommerreisen mit einem Aufenthalt in Venedig ab. Diesmal, 1934, verband er eine schöne, beglückende Arbeit mit diesem Urlaub: er inszenierte den »Kaufmann von Venedig« auf dem Campo San Trovaso – mit italienischen Schauspielern. Der Platz, die Kanäle – sogar ein Haus wurde als »Kulisse« gemietet – alles spielte mit. Die Wirkung war einfach hinreißend.

Wenn ich mir einen glücklichen, ausgeruhten Reinhardt vorstellen will, denke ich vor allem an Venedig, genauer gesagt an den Lido, an den Strand vor dem »Excelsior«. Dort sind wir regelmäßig abgestiegen. Man ist vormittags im Badeanzug an den Strand hinuntergegangen zu seinem Badezelt. Darin waren Tisch und Stühle. Mittags ist der Kellner gekommen, hat ein Tischtuch ausgebreitet und ein herrliches Essen serviert. Dort haben wir in aller Ruhe gegessen, während sich die meisten Strandgäste in den Speisesälen der Hotels gedrängt haben.

Und dann hat man sich in die Strandstühle gelegt, halb gesetzt, halb gelegt. Ich habe mich gesonnt; Reinhardt hat eine Zigarre geraucht und gelesen. Das war die einzige Zeit, in der er sich Belletristik erlaubte. Das ging mir genauso: einfach so Geschichten zu lesen, kam mir wie Faulheit vor. Man steigt da hinein wie in ein Bad. Aber am Lido habe ich mir auch dieses »Bad« ab und zu geleistet ...

Reinhardt konnte wunderbar lebendig vorlesen und hat die Stellen, die ihm besonders gut gefallen haben, immer mit mir geteilt. Anschließend hat man sich ein bißchen in den Schatten gelegt, auf ein Tuch, und geschlafen. Um fünf sind wir meistens auf unsere Zimmer gegangen und haben uns umgekleidet, stadtfein, um mit dem Motorboot des Hotels nach Venedig hineinzufahren.

Gott, war das eine schöne Zeit! Da sind wir in den Gassen herumgestreunt, haben uns verirrt, haben kleine, gute Lokale gesucht und ausprobiert und nicht wieder gefunden und haben neue gesucht. Wenn uns die alten zu langweilig wurden, dann haben wir eben neue Expeditionen gemacht. Wir sind über die Rialtobrücke auf die andere Seite und haben Kirchen angeschaut. Das haben wir alles ungeheuer genossen. Dann kurz in eine Cafeteria, im Stehen einen kleinen starken Kaffee getrunken, was so gut ist in dieser Hitze, so wunderbar erfrischend.

Das wichtigste aber war: nach dem Nachtessen sind wir immer zum Markusplatz gegangen und haben dort, im Freien sitzend, der Kapelle zugehört, die dort immer spielte. Um diese Zeit war der Platz voll von Menschen, ein richtiger Corso hat sich da gebildet. Das war etwas Entzückendes. Reinhardt und ich haben nur gesessen und geglotzt. Wir sind wirklich kaum zum Sprechen gekommen, weil man soviel gesehen hat, weil wir uns soviel zeigen mußten.

Meistens haben wir dort so lange gesessen, daß wir das letzte Boot, was zu unserem Hotel ging, nur mit heraushängender Zunge noch erwischt haben. Ich glaube, nie im Leben habe ich Max Reinhardt rennen sehen – in Venedig, wenn wir uns wieder einmal auf dem Markusplatz verbummelt hatten, blieb ihm nichts anderes übrig.

Aber ein ganz ungestörtes Idyll war dieses Leben natürlich auch nicht. Ich habe auch unangenehme Erinnerungen an den Lido. Die eine: Reinhardt war ein ausgezeichneter Schwimmer, der sich immer sehr weit hinauswagte – ich hingegen eine sehr schlechte Schwimmerin, immer in Strandnähe eigentlich. Eines Tages, Reinhardt war wieder sehr weit draußen, habe ich hinter ihm plötzlich einen Hai entdeckt – es war mir hundertprozentig klar, daß das ein Hai sein mußte, dieses Dreieck, das sich da durchs Wasser bewegte. Reinhardt schwamm mit abgewandtem Kopf seelenruhig weiter, während ich zu schreien begann. Ich habe irrsinnig gebrüllt, bis Reinhardt sich zu mir umdrehte. Aber man stelle sich mein Entsetzen vor: er lachte mich aus, nahm mich einfach nicht ernst.

Ich habe gebrüllt, bis er endlich näher zum Strand geschwommen kam und mich fragte, was los sei. Er hat mir nicht geglaubt. Es hat mir *niemand* geglaubt. Und die Einheimischen, die Hotelangestellten zum Beispiel, die mir hätten bestätigen können, daß es auch an dieser Küste schon ab und zu Haie gegeben hätte, die haben sich gehütet, etwas zu sagen. Die fürchteten Geschäftsschädigung.

Die andere unangenehme Erinnerung an unser Paradies betrifft die *menschlichen* Haie. Ich denke dabei an Theaterleute – Manager, Impresarios, Autoren usw. – Leute, die Reinhardt selbst an seinem Urlaubsort nicht in Ruhe lassen wollten. Im »Excelsior« waren ständig ein paar von ihnen, und natürlich war es unmöglich, Reinhardt ständig vor ihnen abzuschirmen. Ein Strand hat kein Vorzimmer.

Hatte erst einmal einer von ihnen Reinhardt in ein Gespräch verwickelt, war es seinem Opfer wie üblich ganz unmöglich, den Quälgeist abzuschütteln. Reinhardt hat sich zeitweise fast auffressen lassen.

Im »Excelsior« wurden auch viele, viele der Vorgespräche geführt, die nötig waren, um Reinhardt neue Betätigungsfelder in den USA zu erschließen. Im August dieses denkwürdigen Jahres 1934 unterzeichnete er mit dem amerikanischen Theaterproduzenten Weisgal einen Vertrag. Er verpflichtete ihn, in New York ein Bibelspiel über den Leidensweg des jüdischen Volkes zu inszenieren – ein Stück aus der Feder Franz Werfels. Keiner der Beteiligten ahnte damals, daß es noch Jahre dauern würde, ehe dieses Projekt zu einer Premiere gedieh.

Amerika

Im Herbst fuhren wir nach Amerika. Reinhardt war eingeladen worden, seinen berühmt gewordenen »Sommernachtstraum« mit amerikanischen Schauspielern zu inszenieren, in einer Hügellandschaft bei Hollywood – »Hollywood Bowl«.

Amerikareisen haben für mich nie ihren Reiz eingebüßt. Sie haben mir immer etwas »Abenteuerliches« beschert, während sie für Reinhardt in erster Linie Gelegenheit boten, sich zu entspannen und Schlaf nachzuholen.

Am schönsten war es für mich, wenn die Schaukelei auf dem Atlantik ausgestanden war und die tage- und nächtelange Bahnfahrt quer durch den Kontinent nach Los Angeles begann. Plötzlich hatten wir das, wonach wir uns immer gesehnt und was wir uns nie erlaubt hatten: wir durften faulenzen, ganz legitim sogar. Wir konnten gar nichts anderes – wir *mußten* faulenzen. Wir hatten jetzt ein schönes, träges und doch nicht untätiges Dasein: es ging ja vorwärts!

Allein diese Sonnenuntergänge, die man in so einem Zug in aller Ruhe betrachten konnte – in einer Muße, die man in der Stadt überhaupt nicht kennt.

Dazu der Komfort, der diese »schöpferische Pause« erst angenehm machte. Ich rede nicht von allen diesen Salonwagen, Tanzwagen, Aussichts- und Konzertwagen – die haben wir uns am ersten Tag nur ganz kurz angeschaut und haben ausspioniert, ob irgendwelche Bekannte im Zug waren, denen man aus dem Wege gehen mußte. Diese Gefahr war ja – bei unserer Branche – in einem Zug von New York nach San Francisco leider immer gegeben.

Nach diesem Inspektionsgang haben wir uns dann meistens für die gesamte Zeit in unsere Doppelkabine eingeschlossen, die groß und geräumig war, so daß wir eigentlich nie eine Art »Käfiggefühl« hatten. Vormittags, wenn Reinhardt ausgeschlafen hatte, wurde die Mitteltür zwischen beiden Kabinen geöffnet, damit hatten wir einen großen Tagesraum – unser Lesezimmer. Aus unseren Betten wurden Sofas gemacht, das Frühstück wurde serviert, von weißgekleideten, sehr adretten Farbigen (die Amerikaner sagen nicht gern »Neger«) und dann haben wir die meiste Zeit damit verbracht, behaglich ganze Bücherstapel abzutragen oder in die Landschaft zu schauen.

Der aufregendste Teil der Reise war, wenn wir durch Wüste oder wüstenähnliches Gebiet fuhren. Ich erinnere mich an eine Station Albuquerque in New Mexico, wo es anscheinend sehr viele Indianer gibt. Jedenfalls machen diese abenteuerlichen Gestalten mit den Reisenden gute Geschäfte – verkaufen Türkise und Silbersachen. Ein malerisches Bild.

Als ich zum ersten Mal durch diese Gegenden gefahren bin, habe ich mich gefragt, warum dort die Leute so faul auf der Straße und auf den Plätzen herumliegen. Als dann der Zug hielt und ich ein Fenster öffnete, wußte ich's. Ich hatte nicht bedacht, daß unser Abteil mit Klimaanlagen gekühlt wurde ...

Nein, diese Züge waren schon etwas Herrliches, und ich habe es immer bedauert, daß sie mehr und mehr aus der Mode kamen, weil es immer mehr Mode wurde, mit dem Flugzeug zu reisen.

Reinhardt hatte eine panische Angst vor dem Fliegen, besonders, nachdem einer seiner Lieblingsschauspieler, Max Pallenberg, abgestürzt war.

In Gefahrenmomenten war Reinhardt mutig und besonnen. Als wir einmal mit dem Auto eine steile italienische Landstraße hinunterfuhren, rollte plötzlich ein Rad vor uns her. Es dauerte einige Zeit, bis wir begriffen hatten, daß es eines von unserem Wagen war und daß wir auf drei Rädern einen immer steiler werdenden Berg hinunterrasten. Irgendwie ist es dem Chauffeur gelungen, den Wagen zum Stehen zu bringen. Reinhardt stieg aus, äußerst gelassen. Er hatte sich nicht die geringsten Sorgen gemacht.

Aber das Fliegen hat er abgelehnt. Er wollte sich wohl nicht unnötig in Gefahr bringen. In ein Flugzeug zu steigen, hielt er offenbar für unnötig, da es ja noch andere Fortbewegungsmittel gab, die noch dazu komfortabler waren.

Wie gesagt: vom Hasten hielt er nicht viel, und wenn er auch nie viel Zeit hatte, so nahm er sich doch möglichst soviel davon, wie nötig war, um Notwendigkeiten soviel Vergnügliches abzugewinnen wie möglich. Eine Atlantikfahrt war für ihn ein sorgfältig geplantes, voll ausgekostetes Vergnügen.

Wir haben fast immer die schönsten Kabinen gehabt, ein paarmal sogar mit offenen Terrassen, das war besonders nobel. Und dann haben wir uns den Tag schön eingeteilt, z. B. viel Zeit für Spaziergänge eingeteilt, denn auf diesen Decks kann man herrlich spazieren gehen. Und viel Zeit für exquisites, behaglich genossenes Essen – das mußte auch auf Reinhardts Tagesplan sein.

Nur, leider konnte ich diese Pläne meist nicht einhalten. Schon der Ölgeruch beim Betreten des Schiffes machte mich seekrank. Ganz schlimm war es, wenn man schon in der Nacht vor der Abreise an Bord sein mußte. Das war das Schlimmste – dieses leise Schwanken des festgemachten Schiffes und der Hafengeruch. Was habe ich da gelitten! Aber die Hochstimmung, die Erwartung – man fuhr doch immer mit großen Plänen und Hoffnungen nach Amerika – haben diese Leiden gemildert.

Die »Sommernachtstraum«-Inszenierung in der »Hollywood Bowl« wurde dann auch wirklich ein ganz großer Erfolg für Reinhardt. Man muß sich diese »bowl« wie ein natürliches Freilichttheater vorstellen – eine große Mulde, in einen Hügel gebettet, die Sitzreihen stiegen den Hügel hinauf, wie bei einem Amphitheater, – die »Bühne« abgeschlossen durch bewaldete Hügel. Kein Haus weit und breit.

Reinhardt nannte dieses »Theater« respektlos »Fußball-Arena«, obwohl dort natürlich keine Sportfeste stattfanden, nur hin und wieder Konzerte.

Im Grunde war er mit diesem Spielgrund nicht nur recht zufrieden, sondern fühlte sich sogar ausgesprochen animiert, wie immer, wenn er eine Bühne selbst gestalten konnte, jenseits aller Guckkastenregeln. Er hat diese Theaterlandschaft sogar durch Anpflanzungen »verwildert«. Auch einen Steg hat er bauen lassen, so eine Art Hängebrücke, die aussah wie aus Schlingpflanzen gemacht.

Besonders märchenhaft haben die »Glühwürmchen« gewirkt: unzählige Lämpchen, die er über die Hügel bis in den Wald hinauf einpflanzen ließ.

Der Star des Abends war ganz sicher der zwölfjährige Mickey Rooney, der den »Puck« spielte. Reinhardt machte es einen Riesenspaß, mit diesem aufgeweckten Burschen zu arbeiten, und Mickey Rooney begann mit dieser Rolle seine enorme Karriere.

Kurz vor Beginn der Premiere vom »Sommernachtstraum« legte ihm Reinhardt die Hand auf die Schulter, sah ihm ernst in die Augen und sagte: »Du weißt, daß von dir der Erfolg des Abends abhängt. Du trägst die Verantwortung.« Und der Junge hat nur genickt und gesagt: »Yes, Sir.« Er hatte verstanden und hat mit seinem Auftritt das Publikum gleich von Anfang an mitgerissen.

Er hatte eine Mordskraft und war ein richtiger Gassenbub. Komischerweise ist er immer so klein geblieben. Eine riesig amüsante Erscheinung. Er hatte Eltern, für die sich der Kleine geniert hat. Sie kamen, glaube ich, aus der Zirkuswelt. Und als Mickey

Rooney schon ein berühmter Schauspieler war, ist sein Vater immer noch wie ein Gockel auf Mickey Rooneys Parties herumgegangen und hat sich von den prominenten Gästen Autogramme auf sein Hemd schreiben lassen. Dem armen Mickey war das so peinlich ...

Ich habe einige seiner Filme gesehen, und jedesmal mußte ich danach Reinhardt rechtgeben: dieser Künstler hatte schon als Kind den »Funken«.

»Ich möchte wohl gerne einen Film machen, fürchte aber, daß es nicht dazu kommt ... Wenn ich nur endlich ein Buch fände!« Das schrieb mir Reinhardt 1932 aus London. Dieser Stoßseufzer war mir auch aus den vorhergehenden Jahren vertraut. An Angeboten mangelte es nicht, aber bei Filmdrehbüchern war er genauso kritisch wie bei angebotenen Theaterstücken, und das bekam den Drehbüchern gar nicht gut. Die Streifen, die Reinhardt in Berlin produziert hatte, gehörten nie zu den Arbeiten, an die er sich gern erinnerte.

Nun aber, nach dem spektakulären Erfolg in der »Hollywood Bowl«, der allabendlich bis zu 20000 (!) Zuschauer angelockt hatte, kam das große, längst fällige Filmangebot: »Warner Brothers« bot Reinhardt einen Vertrag, den er einfach nicht ablehnen konnte. »Warner Brothers« gab eine Verfilmung des »Sommernachtstraums« in Auftrag, wobei Reinhardt, außer einem enormen Honorar, ein unbegrenztes Budget geboten wurde. Sogar die Möglichkeit, Schauspieler aus laufenden Verträgen freizukaufen, wurde ihm eingeräumt.

Und trotzdem – obwohl ihm alle Bedingungen, die er gestellt hatte, erfüllt wurden: Reinhardt begann seine Arbeit mit Zittern und Zagen.

Ja, er war sehr ängstlich, er war voller Ängste diesem Filmmedium gegenüber. Seit seinen Berliner Versuchen war viel Zeit vergangen. Der ganze Apparat war ins Gigantische gewachsen. Da war es ihm schon eine große Erleichterung, daß er einen routinierten Filmexperten zur Seite hatte – den Regisseur William Dieterle (auch einer aus dem Berliner »Reinhardt«-Stall), einer der wenigen ehemaligen Mitarbeiter, die sich am amerikanischen Film wirklich durchsetzen konnten. Ihm war Reinhardt beim »Sommernachtstraum«-Film in allen Fragen, die über Schauspielerführung, Kostüm und Dekorationen hinausgingen, dankbarst ausgeliefert.

Reinhardt war ein absolut untechnischer Mensch. Man muß sogar sagen: ein *anti*-technischer Mensch, denn schon einfachste

Apparate machten ihm Kopfzerbrechen. Er wußte nicht, wie er sich ihnen gegenüber verhalten sollte. Daß er sich von seinem Rasiermesser auf einen elektrischen Rasierapparat umstellte, war ein langbedachter Schritt und Ausdruck heldenhafter Überwindung.

Wie man einen Fotoapparat bedient, warum ein Wasserhahn tropft und wie man ihm beikommen kann – das blieb ihm zeitlebens rätselhaft. Als ich später Autofahren lernte, hat ihn das mit Schrekken erfüllt. Als ich es dann konnte, war er's zufrieden – das war aber kein Grund für ihn, sich im geringsten dafür zu interessieren. Schalthebel und Gaspedal blieben für ihn tabu. Ich glaube, er hat nur deshalb gewußt, wie ein Korkenzieher funktioniert, weil so etwas ab und zu in seinen Inszenierungen vorzukommen hatte. Privat kam er ja nie in die Verlegenheit, eine Flasche eigenhändig öffnen zu müssen.

So war für ihn die Filmkamera etwas, wovor er heiligsten Respekt hatte. Er war scheu – schüchtern vor dieser »Wissenschaft«. Er hat die Studioleute wie Wissenschaftler angestaunt, während ich – mit dem angeborenen Hochmut der Theaterleute gegenüber dem Filmvolk – die Sache wesentlich nüchterner gesehen habe.

»Das ist doch gar nicht so kompliziert«, sagte ich manchmal zu ihm. »Schau doch mal in diesen ›Sucher‹ – oder wie das heißt. Du mußt sehen, ob der Bildausschnitt richtig ist.« Er hat durch die Kamera geschaut, aber damit konnte er nicht viel anfangen. Er konnte sich einfach nicht vorstellen, wie das Ganze – die Szene – auf der Leinwand ausschauen würde. Da hat er sich ganz auf die Kameraführung durch Dieterle verlassen.

Stattdessen beschränkte er sich auf das Wichtigste: auf die Schauspieler – und ist dabei auf eine Weise vorgegangen, wie es in Hollywood absolut nicht der Brauch ist. Ich glaube, daß kein Regisseur vor ihm und kein Regisseur nach ihm so arbeiten durfte.

Eigentlich tun Filmschauspieler doch alles »prima vista«: sie schauen sich ihr Stückchen Text an, das gerade drankommt, treten vor die Kamera, üben das Stückchen, und dann wird es aufgenommen, ein paarmal, damit man eine Auswahl hat, und – fertig! Das nächste Mosaikstückchen, bitte!

Reinhardt aber hatte sich ausbedungen, daß er wochenlang *ohne* Kamera proben durfte, und zwar das *ganze* Stück. Seine Schauspieler kamen mit dem »fertig geprobten Film« ins Studio. Das war für Filmverhältnisse eine Sensation und selbst für Hollywoodsche Maßstäbe eine enorme Verschwendung.

Eine andere Neuerung durch diesen Außenseiter: statt kurzer »Takes« ließ er Shakespeare-Szenen im *Ganzen* drehen, ohne Unterbrechung, zum Beispiel die große »Zank-Szene«. Für die Schauspieler, soweit sie noch genug Theaterblut in sich hatten, war das natürlich herrlich – so im großen Bogen zu spielen, nicht nur »Atömchen«.

Natürlich ist vor der Premiere in der Branche furchtbar geunkt worden. Nach der triumphalen Premiere verstummten die Kritiker. »Warner Bros.« hatten mit diesem Film einen enormen Erfolg, vor allem einen Prestige-Erfolg. Ich glaube, es war ihr erster Film, der über das damals übliche naturalistische Genre hinausging. Und wunderbarerweise hat dieser anspruchsvolle Film auch die Riesenkosten wieder eingespielt, die »Warner Bros.« für ihre Image-Aufbesserung ausgegeben hatten.

1935 kamen Reinhardt und ich auf Touristenvisum in die USA, fuhren an die mexikanische Grenze, reisten als »Einwanderer« wieder ein und mieteten in Nevada für sechs Monate ein Haus, um den Eindruck zu erwecken, wir hätten uns »angesiedelt«. In Wirklichkeit haben wir dieses Haus kaum bewohnt.

Das alles waren unentbehrliche Manöver. Ein mühsames Vorspiel, um nun endlich in USA für Reinhardt eine Scheidung zu erwirken, die international gültig war.

Von dem winzigen Grenzort Mexicali, wo wir zu Einwanderern gestempelt wurden, weiß ich nur noch zwei Dinge, und die waren ziemlich unangenehm.

Der Ort war furchtbar schmutzig und mit armen, dreckstarrenden Menschen vollgestopft. Nach vielem Suchen trieb unser Anwalt für uns ein Hotelzimmer auf. Es war das einzige Mal während unseres 25jährigen Zusammenlebens, daß wir in einem Doppelzimmer geschlafen haben.

Das heißt: geschlafen ist zuviel gesagt. Der Raum war voller Wanzen. Und wir haben solche wahnsinnige Angst gehabt, daß wir uns auffressen lassen müssen. Darum haben wir uns voll angekleidet auf zwei wackelige Stühle gesetzt und haben den Morgen erwartet.

Die andere Erinnerung betrifft die Umgebung von Mexicali. Während unser Anwalt unsere »Einwanderung« regelte, haben wir beide Lust bekommen, uns die Gegend ein bißchen anzuschauen. Mit einem Mal sind wir an ein Schilderhaus mit einem Soldaten gekommen, und dahinter war nichts mehr als Wüste.

Wir wollten schon einen kleinen Wüstenausflug unternehmen, als wir plötzlich hinter uns ein mörderisches Gebrüll hörten. Auf der Straße kamen zwei Uniformierte gerannt und fuchtelten mit den Armen. Wir wußten absolut nicht, was sie von uns wollten, gingen aber brav mit. Vor dem Hotel stand unser Anwalt und dankte Gott. Er hatte uns durch die Polizei suchen lassen, sobald er erfahren hatte, daß wir zu einem Spaziergang aufgebrochen waren.

Wenn wir über dieses Schilderhaus hinausgegangen wären, um uns ein bißchen in der Wüste umzuschauen, – wir wären wahrscheinlich nie wieder zurückgekommen, denn in dieser Gegend lauerten Banden, die sich auf das Ausplündern, Entführen und Erschlagen solcher arglosen Touristen, wie wir es waren, spezialisiert hatten.

Wir sind dann aber noch reichlich oft mit der Wüste in Berührung gekommen, und zwar auf unseren gelegentlichen Autofahrten von Hollywood nach Nevada, wo wir ja offiziell unseren Wohnsitz hatten. Dabei sind wir manchmal an einer Geisterstadt vorbeigekommen – »Silver-Town«, ein verlassener Ort mit voll eingerichteten Häusern, die allmählich im Sandmeer untergingen, weil ihre Bewohner sie Hals über Kopf im Stich gelassen hatten, weil irgendwo anders eine neue große Gold- oder Silbermine oder Erdölquelle entdeckt worden war.

Der gespenstischste Anblick war für mich immer ein halbvergrabenes Auto. Es sah aus wie erstickt.

Wir haben auch Sandstürme erlebt, im Auto, aber immerhin ...

Der Sand dringt durch alle Ritzen. Einmal war ich so unvorsichtig, mit dem Kopf in den Wind zu kommen. Aber so dumm ist man nur einmal.

In Reno hat Frau Heims dann wirklich ihre Unterschrift unter die Scheidungsdokumente gesetzt. Reinhardt, dem sie ihr »Nie! Nie! Nie!« in die Ohren geschrien hatte, war der Stärkere, der Beharrlichere geblieben. Aber um welchen Preis!

Ich spreche von den siebzehn Jahren, die wir auf diesen Tag warten mußten, von dem Geld, das Reinhardt den Anwälten in den Rachen werfen und von den Nervenkräften, die er seiner Kunst entziehen und in diesen ermüdenden Rechtsstreit investieren mußte.

Während der ganzen Prozedur in Reno habe ich vermieden, Frau Heims zu begegnen. Siebzehn Jahre lang war sie nur durch ihre Anwälte in Erscheinung getreten. Nun würde auch das ein Ende haben.

Wir heirateten, und – wie ich erwartet hatte – Reinhardt hatte natürlich nicht daran gedacht, daß man bei solchen Gelegenheiten Ringe kauft. Ringe tauschen, Ringe tragen, um seinen Stand anzuzeigen und einer Konvention zu genügen, – das war ihm einfach peinlich. Ich wollte ihn dazu nicht überreden, obwohl ich nahe daran war, es zu tun.

Was tat ich also in meiner Sentimentalität nach so langer, peinigender Odyssee? Ich ging in ein Geschäft und kaufte mir einen Ehering. Einen. Reinhardt hätte so etwas nie angesteckt.

Schon wenige Tage nach der Filmpremiere des »Sommernachtstraum« wurde Reinhardt zu neuen Verhandlungen mit »Warner Bros.« eingeladen. Aus Hollywood telegrafierte er mir nach New York, wo ich im Hotel »Ambassador« auf ihn wartete: »Hatte unverzüglich Gespräch im Studio mit Warner, der freudigst bereit alle Vorschläge hinsichtlich Hoffmann akzeptierte ...«

Reinhardt hatte vorgeschlagen, »Hoffmanns Erzählungen« von Jacques Offenbach zu verfilmen. Eine große amerikanische Filmkarriere schien ihm bevorzustehen.

Doch vorerst warf er sich mit aller Energie wieder auf das langgeplante, schon in Venedig diskutierte Theaterprojekt – das dramatisierte Alte Testament. Werfel hatte dem Bibelspiel den Titel »Weg der Verheißung« gegeben. Unter dem Titel »Eternal Road« sollte es in New York in Szene gehen. Vierzig Darsteller, sechzig Tänzer und ein Heer von Statisten wurden dafür aufgeboten. Alles sollte – nach der Auffassung des amerikanischen Theaterproduzenten Weisgal – so großartig wie nur möglich sein – eine monumentale Anklage, ein Mahnmal. Die Welt sollte auf die Greuel, die in Deutschland am jüdischen Volk verübt wurden, so nachdrücklich wie nur möglich aufmerksam gemacht werden.

Am liebsten wäre den Auftrag- und Geldgebern wohl eine Tragödie gewesen, die unverhüllt die Vorgänge im Hitler-Reich darstellte. Reinhardt lehnte das ab. Genauso wie er es 1913 abgelehnt hatte, aus Hauptmanns »Jahrhundertfestspiel 1813« in Breslau, das an die deutsche Erhebung gegen Napoleon erinnern sollte, ein patriotisches Hurra-Theater zu machen, ließ er sich jetzt für ein Anti-Hitler-Spektakel einspannen. Vom Thesen- und Agitprop-Theater hielt er nichts, ihn interessierte nur eine *Dichtung*, nur der konnte er durch die Bühne zum Leben verhelfen. Werfels Werk war eine Dichtung, kein dramatisierter Leitartikel, kein Plakat. Es spiegelte ein Kapitel Menschheitsgeschichte. Und darum hat Reinhardt es inszeniert.

Die Lösung, auf die man sich schließlich einigte, sah so aus:

Auf der Vorbühne eine Synagoge, eine moderne jüdische Gemeinde, ihre Zusammenkünfte, ihre Gebete. Diese Gemeinde rekapituliert die Geschichte ihres Volkes, und diese Kapitel aus ihrer Leidensgeschichte ereignen sich noch einmal als lebende Bilder in Wort, Tanz und Musik auf der Bühne.

Die Wirkung auf das New Yorker Publikum war gewaltig, die Presse stimmte wahre Lobeshymnen an. Doch obwohl die Vorstellungen allabendlich ausverkauft waren, mußte das Stück nach einigen Wochen abgesetzt werden. Die Ausgaben konnten durch die Einnahmen nicht gedeckt werden. Weisgal ging bankrott.

Vom Tag, an dem Weisgal und Reinhardt den Vertrag unterzeichnet hatten, bis zur Premiere im Januar 1937 waren über zweieinhalb Jahre vergangen. In kaum eine Inszenierung hat Reinhardt so viel Kraft und Geduld investieren müssen, wie gerade in diese. Die Enttäuschung war entsprechend groß.

Auch ich dachte an diese Arbeit nicht allzugern zurück – aus zweierlei Gründen. Erstens habe ich mir 1935 oder 1936 bei den Proben zu »Eternal Road« in ungeheizten Probentheatern eine Lungenentzündung geholt, bei der ich nur knapp mit dem Leben davonkam. Ich verbrachte die Weihnachtstage halb besinnungslos in einem gräßlichen Spital. Wirklich, es war die Hölle. Unvorstellbar, was dort ein Glas Wasser gekostet hat!

Der andere Grund, warum sich mir die Erinnerung an die Vorarbeiten zu Werfels wunderbarem Schauspiel und Reinhardts genialer Inszenierung mit Schreckensgefühlen verbindet: auch Reinhardt hatte durch eine Hölle zu gehen – durch die Hölle damaliger amerikanischer Theaterbräuche. Zum ersten Mal sah ich das so richtig aus allernächster Nähe.

Obwohl er immer wieder mit größter Vorfreude und größter Bereitschaft, andere Methoden zu studieren und zu übernehmen, nach USA ging – an viele Eigenarten konnte und konnte er sich nicht gewöhnen. Zum Beispiel an die Gewohnheit der amerikanischen Schauspieler, buchstäblich bis zur allerletzten Minute, bis zur Generalprobe, aus ihren Rollenbüchern abzulesen, statt auswendig zu lernen. Es war unmöglich, einen Schauspieler zu überreden, mit gelerntem Text auf die Probe zu kommen.

Im gewissen Sinne hatte Reinhardt dafür sogar Verständnis. Denn was soll ein Schauspieler machen, der – wie es in den USA vorgeschrieben war – einen 8-Stunden-Arbeitstag an der Probenbühne abzusitzen hat, ganz egal, ob er gebraucht wird oder nicht. Wann soll der lernen?

Reinhardt sah ein, daß diese Leute, wenn sie abends nach Hause kamen – womöglich noch nach einer langen Fahrt mit einer Vorortbahn – einfach zu müde waren, um konzentriert zu lernen. Dennoch – das verminderte seine Qualen nicht im. geringsten. Wie sollte er mit Schauspielern, deren Gesichter dauernd in den Textbüchern klebten, vernünftig arbeiten?

Er unternahm alles mögliche, doch gelang es ihm nicht, seine europäischen Ansichten durchzusetzen. Ihm wurde erklärt, er solle keine Angst haben: irgendwann, rechtzeitig vor der Premiere, würden die Schauspieler ihre Bücher weglegen und ihren Text auswendig können. Keinem amerikanischen Regisseur bleibe etwas anderes übrig als darauf zu hoffen, und man könne bei ihm keine Ausnahme machen, weil das das gesamte amerikanische System auf den Kopf stellte.

Natürlich hat dieses System auch sein Gutes und Richtiges. Man lernt ja nicht durch Auswendiglernen, sondern man lernt, indem man zunächst immer wieder *verstehen* lernt, immer wieder. Ich finde, das wird viel zu wenig gelernt (und gelehrt) – das richtige Lernen.

Wenn man einen Text bis in den letzten Winkel verstanden hat, fliegt er einem zu. Zuletzt braucht dann nur noch technisches Training zu kommen, wenn man den Text beherrscht. Ich zum Beispiel habe zu Übungszwecken den Text gern »durchrast«, das heißt, ich habe mich abhören lassen, mit der Stoppuhr, und versucht, meine Rolle in immer kürzerer Zeit zu sprechen.

Aber die Lernmethode, die ich da bei den Mitwirkenden der »Eternal Road« kennenlernte, war dann doch etwas ganz anderes: die haben ihre Rolle doch niemals still, Wort für Wort, in sich aufnehmen können, sondern immer nur mit einem Auge und einem Ohr, weil das andere Auge und das andere Ohr beim Regisseur sein mußte. So sind sie natürlich immer wieder nur mit halber Konzentration über den Text gegangen und sind vielleicht niemals auf den Kern gestoßen.

Reinhardt saß im Parkett und war verzweifelt. Er hatte immer das Gefühl, daß er die Leute stört, daß er ihnen durch seine Anweisungen das Buch wegreißt und damit den rettenden Strohhalm.

Aber noch ein anderer Grund erschwerte ihm die Arbeit. In Amerika gab es damals noch keine Theater mit festem Mitarbeiterstab, eingespielte Werkstätten usw. Für jedes Stück wird praktisch – sobald die Geldgeber da sind – ein Theater gesucht, es wird Personal gesucht, es wird Werkzeug besorgt – und alles andere; und zwar nur für dieses Stück. Das bedeutet natürlich, daß keiner den andern kennt, nichts ist eingespielt, und mit dem »Ensemblegeist« und »Gruppensinn« hapert es auch, weil man ja weiß, daß man nach der letzten Vorstellung auseinander läuft und sich möglicherweise nie mehr begegnen wird – oder vielleicht erst nach Jahren.

Unter diesen Verhältnissen hat Reinhardt natürlich sehr gelitten. Das war ein Martyrium.

Die Schwierigkeiten mit dem amerikanischen Theaterbetrieb ließen Reinhardt jedoch nicht blind werden für die Schwächen des europäischen Systems. Besonders über die Entwicklung der »Salzburger Festspiele« hat er sich in den dreißiger Jahren im kleinen Kreis gelegentlich sehr kritisch geäußert.

Schon 1926 prophezeite er: »Eines Tages werde ich die Festspiele wahrscheinlich überhaben und sie mich, – vielleicht balde, ach balde. Das, was mich anzog, verliert sich, ist eigentlich nicht da. *Theater* spielt man doch den ganzen Winter: Nun rutscht man hier wieder hinein. Ich sah die Primitiven, aber die wirklich Primitiven wollen es nicht sein, und die anderen können es nicht sein. Es bleibt etwas Farbiges, Buntes, Glänzendes, Drängendes, Schäumendes – aber so gut es mir noch oft schmeckt, – ich möchte es nicht immer trinken. Es ist auch zu anstrengend, um wirklich festlich zu sein.«

Seit der Ära Reinhardt habe ich viele neue »Jedermann«-Aufgüsse miterlebt. Da gab es pietätvolle Versuche, das Stück zu konservieren, und »bemühte« Experimente, das Stück neu zu fassen – »so wie Reinhardt es heute gemacht hätte«. Leider zählte auch sein Sohn Gottfried (1961 und 1962) zu denen, die unter dem Schutz dieses Slogans nichts anderes als schlechtes Theater machten.

Das große Vakuum nach Max Reinhardt scheint nun mit dem Festspielsommer 1973 zu Ende zu sein, denn Salzburg hat endlich wieder einen großen Regisseur, nicht einen »Jedermann«-Regisseur, sondern – und da stehe ich ganz auf der Seite derer, die den alten »Jedermann« abgeschafft wissen wollen – einen Regisseur, der Neues sucht und bietet, keinen Konservator, sondern einen Mann, der mit größtem künstlerischem Spürsinn und mitreißender Vitalität einem neuen Lebensgefühl Rechnung trägt: ich meine Giorgio Strehler und sein furioses Shakespeare-Theater – entfesseltes, totales Theater, das neue Maßstäbe setzt und den Beginn eines neuen Theater-Zeitalters darstellt.

Der Schock, die Ratlosigkeit, das Entzücken – alle diese widerstreitenden Reaktionen des Salzburger Publikums lassen sich nur mit der Faszination vergleichen, welche Reinhardt auf sein Publikum ausübte, als er, unbekümmert um Stile und Programme, den Naturalismus überwand und dem Theater eine neue schöne Freiheit wiedergab.

Strehler ist für mich keine Hoffnung, er ist eine Gewißheit. Ich habe ihm – symbolisch – das Salzburger Festspiel-Zepter überreicht, nicht nur weil ich in seiner Kunst und in seiner Bedeutung *Parallelen* zu Reinhardts Schaffen sehe, sondern weil er die so lange erhoffte und schmerzlich vermißte *Fortsetzung* R's ist.

So war dieser Festspielsommer 1973 für mich ein Anlaß, wieder einmal das zu erleben, was Reinhardt von Jahr zu Jahr schwerer geworden war – ich durfte mich in dieser festlichen Stadt endlich einmal wieder »festlich« fühlen. Das Bemühte, Angestrengte verblaßte vor Strehlers Genie.

Freilich hatte auch Reinhardt schon frühzeitig gesehen, daß mit der immer mehr zum Touristenspektakel werdenden »Jedermann«-Inszenierung allein das Festspielprogramm literarisch zu kurz kommen mußte. 1925 nahm er Hofmannsthals »Salzburger Großes Welttheater« und das »Mirakel« hinzu; außerdem Max Mells »Apostelspiel«, das, wie gesagt, in Salzburg eigentlich die Rolle spielen sollte, die dann so lange vom »Jedermann« innegehalten wurde. Ein Jahr später gab es außer »Jedermann« noch den »Diener zweier Herrn« und Gozzis »Turandot«; 1927 gab es »Kabale und Liebe« und einen »Sommernachtstraum« im Festspielhaus. Ein Jahr später wurden die Festspiele durch Billingers »Perchtenspiel« und eine »Räuber«-Inszenierung belebt; 1929 gab es nur »Jedermann«. 1930: »Der Diener zweier Herrn«, »Kabale und Liebe« und Somerset Maughams »Viktoria«; 1931: »Stella«, »Der Diener zweier Herrn«, »Der Schwierige«; 1932: wieder nur »Jedermann«. 1933 inszenierte Reinhardt in der Salzburger Felsenreitschule »Faust I« und schuf damit eine Aufführung, die gleich dem »Jedermann« – fortan zum jährlichen Standard-Programm in Salzburg gehörte … bis zum Sommer 1937, der – ohne daß wir es ahnten – unser letzter Festspielsommer werden sollte.

In diesem Sommer hatten wir die große Freude, meine Eltern in Leopoldskron zu haben. Reinhardt nahm sie mit herzlicher Zuneigung auf. Seine besonders innige Verbindung mit meinem Vater verrät der Brief, den Reinhardt kurz nach unserer Heirat in Amerika an meine Eltern gerichtet hatte:

»Geliebte Freunde und Eltern! Wo soll ich anfangen zu danken und wo aufhören? Bin ich doch durch Euch von Anbeginn bis heute so reich, so vielfältig beschenkt worden, daß ich, stünde ich jetzt vor Euch, nur meinen Kopf senken und an dem würgen könnte, was mir unaufhaltsam in die Augen und in die Kehle schießt.

Schon in frühester Jugend hat mich die Vorsehung geheimnisvoll tief in Deinen Bannkreis gezogen, Du wunderbarer Meister ... Damals habe ich Deinen von uns allen verehrten Namen immer wieder auf dem (Theater-)Zettel und die notwendigen vierzig Kreuzer in meiner Tasche gesucht und bin die vier Stockwerke hinaufgesprungen, um, Herz, Ohren, Augen, Mund weit geöffnet, die Gestalten zu erleben, die Du mit strenger Liebe zur Wahrheit bis in die kleinsten Züge menschlicher, allzumenschlicher Eigenheiten ausmaltest. Für den Lehrling war Dein restloses Können einfach umwerfend, die federnde Leichtigkeit Deines Spiels mitreißend und die eigenwillig sprühende Lebendigkeit Deiner Persönlichkeit bezwingend. Ich habe mich bis über beide Ohren in Dich verliebt. Jeder Tonfall, jede Gebärde, jede Pause hat sich mir eingeprägt. Es waren Schöpfungen von beglückender Rundheit, die ich nur auf den Bildern Holbeins wiedergefunden habe. Und als mein späterer Lehrer, der sonst so kühle, kritische Otto Brahm mir einmal mit ungewohnter Wärme die Art Deines Schaffens pries, hat er mich mitten ins Herz getroffen.«

Mit diesem Festspielsommer 1937 verbinden sich in meiner Erinnerung noch zwei weniger schöne Erlebnisse.

Das erste war vergleichsweise harmlos: Salzburger Honoratioren hatten Reinhardt an ihrer offiziellen Festtafel einen unbedeutenden Platz zugewiesen, einen Platz mit deutlichem und befremdlichem Abstand zu den Stühlen der Prominenz. Das verstimmte mich etwas, doch Reinhardt tröstete mich mit gewohnter Souveränität: »Macht nichts – wo *ich* sitze, ist oben.«

Mochte dieser Vorfall auf einem Irrtum beruhen, – der zweite Zwischenfall, von dem ich jetzt berichten will, war ganz sicher alles andere als ein »Irrtum«: Nazi-Anhänger warfen eine Bombe in die Halle von Leopoldskron, Gott sei Dank ohne jemanden zu Schaden zu bringen.

Ich kann mich noch ganz genau erinnern, wie das war. Reinhardt und ich hatten in seinem Arbeitszimmer im ersten Stock gerade gegessen und haben Zeitung gelesen. Und da – plötzlich dieser namenlose Krach, diese Explosion. Die hat, wie wir später gesehen haben, das Eingangstor quer durch den Riesensaal durch die gegenüberliegende Tür auf die Terrasse geschleudert. Im ersten Moment habe ich das Gefühl gehabt, daß die Hälfte des Schlosses zusammengebrochen ist.

Das Erstaunlichste und Aufregendste bei diesem Zwischenfall aber war ganz zweifellos Reinhardts Reaktion: er hob den Kopf von der Zeitung, hörte sich das an, bis der Nachhall der Detonation verklungen war und die aufgeregten Stimmen der Angestellten aus allen Richtungen näherkamen, und dann, dann senkte er ganz langsam seinen Kopf und las weiter. Ohne ein Wort zu sagen.

Ich kann von Glück sagen, daß wir so selten von antisemitischen Demonstrationen oder Terrorakten betroffen wurden, irgendwie waren wir sehr gut abgeschirmt. Dennoch war es natürlich nicht ganz zu vermeiden, daß wir mit sehr häßlichen Dingen in Berührung kamen. Einmal in Wien ist mir ein Drohbrief in die Garderobe geschickt worden, worin ich »Judensau« tituliert war und mir angekündigt wurde, ich würde während der Vorstellung eine Ladung Salzsäure ins Gesicht bekommen.

Kurz danach mußte ich auf die Bühne. Ich bin aufgetreten, ohne den Inspizienten oder sonst jemanden zu verständigen. Ich dachte, vielleicht ist es nur eine leere Drohung, wenn man aber einen großen Wirbel macht, dann fühlt sich der Mann verpflichtet, wirklich etwas zu tun ...

Und wirklich, alles ging gut. Der Briefschreiber gab sich damit zufrieden, daß er mir Angst gemacht hatte.

Ob ich an diesem Abend besonders gut oder besonders schlecht oder normal war, ist mir merkwürdigerweise entfallen.

Leider sterben solche Briefschreiber nicht aus. Noch vor wenigen Jahren, in Salzburg, war eines Tages in meiner Post ein Brief, in dem ich »Judenhure« angeredet und gefragt wurde, ob ich denn nicht »endlich krepieren« wolle.

Damals mit Reinhardt, Mitte der dreißiger Jahre, wurde ich sicherheitshalber von Soldaten zu den Salzburger Proben begleitet. Dennoch pflegte Reinhardt seinen fast unverwüstlichen Optimismus, denn er hatte sich bei einem befreundeten Politiker, dem Landeshauptmann Rehrl, in einem langen ernsten Gespräch erkundigt, ob die braune Gefahr auch Österreich bedrohe. Rehrl beruhigte ihn: das österreichische Volk stehe fest hinter seiner Regierung, die Grenze sei durch Freiwillige gesichert.

Im Gegensatz zu Reinhardt nahm ich diese Beschwichtigungsreden mit einiger Skepsis auf, denn ich erinnerte mich noch zu gut an den Tag in Berlin, als der Schauspieler Kayßler, der in jungen Jahren mit Reinhardt am Salzburger Theater gespielt hatte, zu mir in die Garderobe kam und sagte: »Haben Sie keine Angst, seien Sie ganz unbesorgt. Ich war heute nachmittag bei

Hitler zum Kaffee geladen. *Ein ganz demütiger Mensch* . . .«

Das war 1933.

Im Herbst 1937 inszenierte Max Reinhardt sein letztes Stück auf europäischem Boden – Werfels »In einer Nacht«, Wien, Theater in der Josefstadt.

Dieses Stück war gewiß kein Kunstwerk, das Reinhardt mit strengem Maßstab hätte messen können, aber es war für ihn ungeheuer reizvoll, einen Vorwurf zu haben, in dem er nach Belieben Reales und Irreales mischen durfte: die Welt der Lebenden und die Welt der Toten. Der Inhalt ist rasch erzählt: Ein Mann, der lange als Arzt in Peru gelebt hat, bricht in eine Ehe ein. Der Arzt verliebt sich in die Frau und erschießt sich, weil er glaubt, daß seine Liebe aussichtslos ist. Nun kommt das, was Reinhardt so faszinierte: Der Tote bleibt auf der Bühne, nur für das Publikum sichtbar. Er steht zwischen ihnen, spricht mit, kommentiert. Natürlich ist auch seine Stimme für seine beiden Mitspieler nicht vernehmbar.

Wie das nun darstellen? Wir haben alles versucht – mit Mikrofonen usw. Reinhardt wollte, daß der Tote den Mund nicht bewegt und doch spricht. Es war unlösbar. Vielleicht wäre es heute zu machen, mit Tonband. Damals gelang es nicht. Der Tote sprach mit einer »lebenden« Stimme, und der Effekt, den sich Reinhardt ausgemalt hatte, kam nicht zustande.

Was die Inszenierung für mich so bedeutungsvoll machte, war – abgesehen davon, daß es mein letztes Auftreten in Wien vor unserem Abschied von Europa war – mein erneutes Zusammentreffen mit Anton Edthofer. Edthofer spielte den Arzt, ich die unglücklich verheiratete Frau.

Edthofer war mit dieser Rolle nicht sehr glücklich. Wie gesagt, er war ein großartiger Schauspieler, aber alles andere als ein »Stilist«. Reinhardts Verfremdungseffekte machten ihn kopfscheu.

Hinzu kam noch etwas anderes. Er war bekannt dafür, daß er immer müde war. Er hat einen sehr niedrigen Blutdruck gehabt, er war immer wahnsinnig müde. Darum war seine erste Frage, wenn man ihm eine Rolle anbot: »Steht er viel?« Die meisten Regisseure wußten das schon, und weil er ein fabelhafter, gesuchter Schauspieler war, haben sie alle versucht, ihm möglichst viele Sitzmöglichkeiten ins Stück einzubauen.

In Werfels Stück, das kann man sich denken, war das natürlich unmöglich: der Tote hat sich nicht hinsetzen können, ausgeschlossen. Edthofer litt auf diesen Proben Entsetzliches, denn bei einem Dreipersonenstück ist man auf den Proben fast immer beschäftigt. So kämpfte er grausam mit seiner gewaltigen, übermächtigen Müdigkeit. Reinhardt sah es nicht – oder wollte es nicht sehen. Ich glaube aber eher das erstere.

Endlich, als Edthofer schon umzukippen drohte, packte mich das Mitleid und ich stellte ihm, als es eine Unterbrechung gab, einen Stuhl hin.

Das hat Reinhardt bemerkt.

Möglicherweise – ganz sicher bin ich nicht – möglicherweise war es eine leise Vorahnung für ihn.

Jedenfalls fand er es unpassend.

Bald nach der Premiere, am 5. Oktober, mußte Reinhardt abreisen – zurück nach Amerika, wo er sich endgültig mit »Warner Bros.« über ein neues Filmsujet einigen wollte. Ich blieb in Wien und spielte noch etwa drei Wochen den Werfel, der, wie ich mich erinnere, beim Publikum kein sehr großer Erfolg war.

In dieser Zeit kamen sich Edthofer und ich näher. Der Anstoß kam von mir. Da bin ich ganz sicher, obwohl wir damals und später nie darüber gesprochen haben. Gefördert wurde dieses Näherrücken durch die Abschiedswehen, die mich ergriffen, wann immer ich an meine nahe Abreise dachte. Im Gegensatz zu Reinhardt ahnte ich nämlich, daß es ein Abschied für lange, lange Zeit sein könnte. Es war kein politischer Scharfblick, der mich das so deutlich sehen ließ.

Was ich verlieren würde, wuchs mir in diesen Tagen tief ins Herz: die deutsche Sprache, das Theater, der Beruf, die Familie. Ich wollte gern noch so viel Österreich mitnehmen wie möglich. Und dieses Österreich fand ich, nie war mir das so deutlich wie in diesem Moment, am reinsten, schönsten und besten in Edthofer verkörpert.

Wirklich, er war für mich der Inbegriff des liebenswerten Österreichertums – der »Schwierige« von Hofmannsthal einerseits, andererseits hatte er ein selbstverständliches, nobles Herrentum, obwohl er doch eigentlich aus ganz primitiven Verhältnissen kam.

Sein »Proletariertum«, wie ich's manchmal genannt habe, kam nur zum Vorschein, wenn er in Wut geriet, da war er teuflisch. Er hat ein ungeheures Temperament gehabt, ein irres Temperament. Eigentlich wollte er nur seine Ruhe, aber Ungerechtigkeiten konnten ihn maßlos aus der Fassung bringen. Wenn z. B. ein Regisseur einen »kleinen Kollegen« schlecht behandelte, war Edthofer wie ein Berserker.

Einmal, viel später – in der Nachkriegszeit, habe ich erlebt, wie er sich da aufführen konnte. Der Regisseur Berthold Viertel soll irgendwann einmal in kleinem Kreis gesagt haben, Schauspieler müßten eigentlich »mit der Knute behandelt« werden. Das hat Edthofer gehört, und es hat ihn furchtbar aufgeregt. Eines Tages, – ich gehe nichtsahnend mit ihm in eine Premiere des Wiener Volkstheaters, treffen wir Viertel im Foyer. Ohne Rücksicht auf das Premierenpublikum ging Edthofer auf ihn zu und packte ihn bei der Brust. Ein Skandal wäre losgebrochen, hätten Frau Viertel und ich die beiden nicht auseinandergerissen. Sie sind dann hinausgegangen, auf die Straße, und haben sich da »befetzt«.

Sonst war er der sanfteste Mensch, den man sich denken kann. Nur war ihm Ruhe, nach der er sich sehnte und die er wie kein zweiter genießen konnte, nie allzu lange vergönnt, denn die Frauen waren sehr hinter ihm her. Ich weiß nicht, wie oft er verheiratet war. Er konnte nie nein sagen.

Was Frauen so anzog und was ich schon sehr früh an ihm liebte, war das Gefühl von Güte und Zuverlässigkeit, das man bei ihm hatte. Hinzu kam, daß er ein ausgesprochen bescheidener Mensch war, sehr anspruchslos. Da er ohne Ehrgeiz war und nur soviel arbeitete, wie zum Leben nötig war (das Wenige arbeitete er allerdings sehr gewissenhaft!), hatte er nie sehr viel Geld. Trotzdem machte er von dem Wenigen noch großzügige Geldgeschenke – er konnte das, weil er für sich selber so wenig verbrauchte. Einmal habe ich es erlebt, daß er dem Briefträger, der ihm seine Pension brachte, ein Drittel davon als Weihnachtsgeschenk gab. Das war keine Großmannssucht, das war Freude am Schenken und Sinn für »ausgleichende Gerechtigkeit«.

Zum Erstaunen seiner Freunde und Bekannten ist es mir einmal gelungen, ihn zu einer Italienreise zu überreden. Seit Reinhardt war ich nicht mehr in Venedig gewesen. Also sind wir nach Venedig gefahren. Genauer gesagt: wir wollten nach Venedig, übernachteten aber bereits in Padua. Dort war er mit seiner Reiselust am Ende und weigerte sich, seinen Fuß aus dem Hotelzimmer noch in irgendein Auto oder in einen Zug zu setzen. Es war unmöglich ihn zu bewegen, noch die letzten zwei oder drei Stunden, die nötig waren, Venedig zu erreichen, mitzukommen. »Wozu das alles?« Er wollte sich sammeln, nicht zerstreuen. In allem Tourismus, in diesem ganzen mühsam aufgebauten Venedig sah er nichts anderes als eine ungeheure Verschwendung. Für Reinhardt war Venedig, dieses Sinnenfest, ein jährliches Lebensbedürfnis; für Edthofer eine Zutat, die in der bescheidenen Ökonomie seines Daseins höchstens einen grellen Mißklang ausgelöst hätte.

Mit Mühe gelang es mir, ihn auf dem Rückweg einige Tage am Gardasee einzuquartieren. Da war es warm und still. Da gefiel es ihm. Während Reinhardt rastlos von einem Hotelzimmer ins andere zu ziehen pflegte, bis Himmelslage, Blick und Ausstattung seinen Ansprüchen restlos entsprachen und sich Ruhe und Behaglichkeit bei ihm einstellten, war es Edthofer ganz gleichgültig, welches Zimmer ihm die Rezeption anwies.

Als ich ausgepackt hatte und zu ihm hinüberging, traf mich fast der Schlag: Edthofers Bett stand direkt an der Wand neben der Küchenheizung. Der Raum war heiß wie ein Backofen. Natürlich wollte ich gleich ein anderes Zimmer für ihn bestellen; doch Edthofer weigerte sich standhaft, sich und der Direktion Unannehmlichkeiten zu machen. Er verbrachte unseren gesamten Aufenthalt in dem Backofen, schwitzte und war zufrieden.

Ich habe 25, fast 26 Jahre lang mit Reinhardt gelebt, und ich habe anschließend 25, fast 26 Jahre mit Edthofer gelebt. Da ist es natürlich unvermeidlich, daß ich sie hin und wieder miteinander verglichen habe. Beide waren grundverschiedene und doch tiefverwandte Naturen. Zunächst ein Beispiel für das, was ihre Ähnlichkeit ausmacht: Ich habe gesagt, daß Reinhardt nie auf jemanden zugegangen ist, daß alle Menschen, die er für sein großes Werk und für sich brauchte, zu *ihm* kamen. Die gleiche feine Zurückhaltung gilt für Edthofer. Er mochte niemanden um etwas bitten. Als wir schon jahrelang zusammen waren und ich fand, es wäre an der Zeit, daß wir zusammenzögen – in meine Wohnung – (der Vorschlag kam von mir und über unsere Gefühle bestand wirklich nicht der geringste Zweifel), da hatte er immer noch das Gefühl, »sich aufzudrängen«. Zwar zog er zu mir, doch behielt er noch viele Jahre seine eigene Wohnung nebenher; außerdem zahlte er mir bis zu seinem Tod »Kostgeld«, so sehr ich ihm das auch auszureden versuchte.

Die größte Verschiedenheit dieser beiden Menschen bestand sicherlich in ihrer völlig entgegengesetzten Einstellung zum Lebensgenuß. Beispiele dafür habe ich schon gegeben. Hier noch ein letztes: Als ich Edthofer erzählte, ich hätte ein Bauernhaus gefunden, das ich uns gern als Sommerhaus ausbauen wollte, stürzte ich ihn in eine der tiefsten Krisen seines Lebens. Er beschwor mich, von diesem Plan abzulassen. Die Aussicht, sein Leben zwischen einer Winter- und einer Sommerwohnung aufteilen zu müssen, riß ihn in Stücke. (Später hat er das Sommerhaus sehr geliebt.)

Diese Charakterskizze des wunderlichen, wunderbaren Menschen

Anton Edthofer zeichne ich natürlich aus der Rückschau. Damals, im Abschiedsjahr 1937, als ich mit ihm drei- oder viermal pro Woche im Josefstädter Theater auftrat, war mir vieles an ihm noch unbekannt, aber fremd war mir nichts. Ich fühlte mich unbändig zu ihm hingezogen.

Und so tat ich, was Reinhardt mir nie verziehen hätte, etwas, das er nie erfahren hat: ich ging mit Edthofer ins Kaffeehaus.

Ich tat das so oft, wie sich mein schlechtes Gewissen durch die Überzeugung besiegen ließ, es sei meine Pflicht, letzte kostbare Freiheiten zu genießen, solange mir Wien noch offenstand. Es war eine Art Torschlußpanik. Endzeitpanik.

Als ich Ende Oktober Edthofer ein letztes Mal in einem Café in der Nußdorfer Straße sah, wußte ich, daß ich in ihm einen Menschen zurückließ, der immer für mich da sein würde. Dabei hatten wir die ganze Zeit nichts anderes getan als gesprochen, geschwiegen und Kaffee getrunken.

Edthofer wußte, wie schwer mir der Abschied fiel. Er sah, daß er mir nicht gleichgültig war. Er war todtraurig. Aber er fragte nicht, ob ich bleiben wolle. Wahrscheinlich wußte er, daß diese Frage sinnlos war. Außerdem hatte er noch viel zu viel Angst vor mir. Die meisten Menschen haben Angst vor mir. Wenige kommen mir nahe, und dann erst nach langer, langer Zeit.

Während ich die Koffer packte, erreichten mich die unangenehmsten Nachrichten. Reinhardt schrieb: »Die ganze wesentliche (österreichische) Industrie – Eisen und Waffen z. B. – geht in deutsche Hände. Das kommt einer ›friedlichen‹ Besitzergreifung gleich und kann naturgemäß nicht ohne entsprechende Konsequenzen bleiben. Das Bedenklichste dabei ist, daß Mussolini dazu offensichtlich für irgendeinen heute ihm wichtigen Preis seine Zustimmung gegeben haben soll.«

Dann folgten lange Listen von Dingen, die ich aus unseren Wohnungen in Wien und Leopoldskron mitnehmen sollte – vier große Silberleuchter, 16 Commedia dell'arte-Bilder usw. Das war natürlich unmöglich. Alles, was ich in der Eile in meinem Gepäck noch unterbringen konnte, war eine vier Kilo schwere Silberschüssel und ein paar Kleinigkeiten.

Am 1. 11., als ich in Le Havre die »Normandie« bestieg, erwartete mich ein Reinhardt-Telegramm: »Reise glücklich«. Ich las es mit schwerem Herzen. Das Telegramm kam aus Hollywood, wo Reinhardts Filmverhandlungen unerwartet zähflüssig vorangingen. Den Verlauf schildern seine Telegramme, die er in unregelmäßigen Abständen an die »Normandie« sandte:

7. 11. 37: »Warner morgen zurückerwartet, schwerwiegende
Entscheidungen herbeizuführen ...«

10. 11. 37: »Im gegenwärtigen, seekrank machenden, zugleich
lebensgefährlichen Auf- und Niederschwanken hiesi-
ger Entscheidungen atme (ich) unsagbar froh auf, daß
Du, meine einzige Sicherheit, immer näherkommst.«

Schon Ende Oktober hatte er gemeldet, daß die Filmsituation
schon lange nicht mehr so rosig aussah, wie damals als wir Amerika
verließen, um wie jedes Jahr unseren Verpflichtungen in Salzburg
und in der »Josefstadt« nachzukommen. Das Oktober-Telegramm
hatte gelautet: »... Studiostimmung infolge Börsenpanik bedenklich ausgabenscheu ...« Jetzt, zwischen Europa, das uns
bald versperrt sein sollte, und Amerika, auf das sich alle unsere
Hoffnungen gründeten, erhielt ich durch Reinhardts Umschrei-
bungen die Bestätigung seiner schlimmsten Befürchtungen.
Nach meiner Ankunft fand ich Reinhardt, mäßig optimistisch, in
unwürdigsten, nervenzermürbend fruchtlosen Arbeitsverhältnis-
sen: Warner bezahlte ihn zwar, zögerte aber, einen seiner Vorschläge anzunehmen. Reinhardt saß mit einem Team von Autoren
und Dramaturgen beisammen, mußte seine festen Arbeitsstunden
absitzen, und es kam nichts heraus dabei. Für ihn natürlich eine
namenlos uninteressante Arbeit.
Dennoch hat er sie gewissenhaft gemacht und immer wieder hoff-
nungsvoll etwas Neues angepackt, weil er in Hollywood immer
noch große Möglichkeiten sah. Wenn er jedes Jahr – oder jedes
zweite Jahr – einen Film gemacht hätte, hätten wir wie die Für-
sten leben können. Wir warteten also, daß Warner wieder mu-
tiger wurde.
Damals wohnten wir in den Bergen von Hollywood, und ich
fühlte mich, während Reinhardt in den Studios seinen Arbeitstag
absaß, dort furchtbar einsam und verlassen. Ich lernte Englisch.
Aber schließlich – man kann nicht den ganzen Tag Englisch lernen. Ich hatte auch nicht die rechte Freude am Lesen. Und wenn
ich allein spazieren ging, fühlte ich mich noch einsamer.
Also dachte ich wieder daran, mir einen Hund anzuschaffen, möglichst wieder einen Scotty. Ich fuhr zu einem Hundezüchter und
begann mich in seinem Zwinger umzusehen. Währenddessen
suchten ein paar Angestellte das ganze Gelände ab, denn einer
der Hunde – ein junger Scotty – war ausgebrochen und auf Ent-
deckungsreise gegangen. Endlich wurde er gefunden und zurück-
gebracht. Der Züchter erzählte mir von seinen Streichen und

beteuerte immer wieder: »Dieser Hund ist das reinste Queck-silber, Madam, das reinste Quecksilber!«

Ich war sofort entschlossen: »Den nehme ich.« Auf der Heim-fahrt schlief er in meinem Schoß ein. Vermutlich hatte ihn der Ausflug doch ziemlich mitgenommen.

Als Reinhardt an diesem Abend heimkam, schloß er ihn sofort ins Herz. Wir tauften ihn »Mickey«, weil er so ein Lausbub war und weil er uns so an Mickey Rooney erinnerte, den »Puck« in unserem amerikanischen »Sommernachtstraum«.

»Mickey« war von nun an unser Kind. Ein lustiges Kind. Wenn ich an »Mickey« denke, höre ich Reinhardt über ihn lachen, schallend lachen. Unser Haus in den Bergen hatten wir mit Ein-richtung gemietet, mit einer Einrichtung, die nicht ganz unser Geschmack war – vor allem die schwellenden Polstermöbel nicht. »Mickey« sprang von einem schwellenden Fauteuil in den ande-ren, ließ die Glöckchen an den kuscheligen Samtsofas klingeln und scheppern und sorgte dafür, daß wir alle drei – Reinhardt, ich und »Mickey« – so oft wie möglich guter Laune waren. Es war herrlich.

Doch schon wenige Jahre später hat unser armer »Mickey« seinen letzten Hupfer gemacht. Wir sind in einem sehr dürren Gebiet spazieren gegangen, zwischen trockenen Gewürzsträuchern und vergilbtem Gras, und plötzlich war da im Gras so ein Geräusch wie von einer Grille. »Mickey« sprang darauf zu, mitten in so eine Art Steppengras und war verschwunden.

Ich habe ihn gerufen, und gleich darauf war er wieder bei mir – ein bißchen verstört, wie mir schien. Jedenfalls habe ich ihn mir daraufhin genau angesehen und auf seiner Stirn einen winzi-gen Blutstropfen entdeckt. Natürlich habe ich mir nichts Beson-deres dabei gedacht und bin mit ihm weitergegangen.

Dabei ist es »Mickey« immer saurer geworden, vor- und zurück-zulaufen; schließlich konnte er nicht einmal recht Schritt laufen und ist langsamer und immer langsamer geworden. Schließlich habe ich gemerkt: da ist etwas Furchtbares passiert.

Als ich in den Wagen stieg, um mit ihm zu einem Tierarzt zu fahren, hat er schon nicht mehr springen können, und als wir schließlich beim Tierarzt ankamen, war es schon zu spät: unser armer »Mickey« war dem giftigen Biß einer Klapperschlange zum Opfer gefallen.

Der März 1938 kam und mit ihm die Enteignung, die uns am schwersten traf: Wir verloren Leopoldskron.

Schloß Leopoldskron war die Inszenierung, auf die Reinhardt am meisten stolz war. Zumindest war es die Inszenierung, auf die er die meiste Zeit verwendet hat: achtzehn Jahre lang – von 1919 bis 1937 – hat er jede freie Stunde, die ihm sein rastloses Leben ließ, für die Gestaltung dieses festlichen Hauses genutzt. Wir haben Tage und Nächte damit verbracht, Bilder durch das gesamte Schloß zu tragen, bis wir den richtigen Platz dafür fanden; wir haben bis in die frühen Morgenstunden Möbel arrangiert und wieder umarrangiert, bis der Eindruck perfekt war, das erlesene Stück habe schon seit Jahrhunderten dort gestanden; ungezählte Handwerker, Meister ihres Fachs, haben Fehlendes ersetzt und Neues geschaffen, das so innig aus dem Geist des Bestehenden erfüllt war, daß es vom Alten nicht mehr zu unterscheiden war; nächtelang hat Reinhardt unendlich geduldige, detaillierte, sachkundige »Regieanweisungen« geschrieben, um das große Werk planmäßig fortzuführen und voranzutreiben – – und als dann alles so richtig schön fertig war, marschierten im März 1938 deutsche Truppen in Österreich ein, und Goebbels beschlagnahmte Leopoldskron für Repräsentationszwecke der nationalsozialistischen Regierung.

Eine makabre Vorstellung: Reinhardts Schöpfung – ein Schloß für die Nazis!

Ein schwacher Trost war, daß Goebbels Reinhardts Geschmack durchaus zu schätzen wußte und alles so ließ, wie er es vorfand. Das Schloß, das Reinhardt zu einem Wahrzeichen von Salzburg gemacht hatte, blieb unversehrt, und unversehrt überstand es das Dutzendjährige Reich.

Die einzige Änderung, die sich die neuen Herren nach ihrem Einzug nicht verkneifen konnten, war: sie »reinigten« die schön bewachsenen Steinfiguren im Schloßpark. Reinhardt hatte in den letzten Jahren mit großer Freude beobachtet, wie sich auf diesen steinernen Kunstwerken allmählich kleine Moosflächen auszubreiten begannen. Diese Schlamperei konnten die Deutschen jedoch nicht durchgehen lassen ...

Nun waren wir also auf Gedeih und Verderb unserer neuen Heimat Amerika ausgeliefert. Die Situation hatte sich grundlegend gewandelt: Waren wir im Herbst 1937 von Wien aus zu unserem »jährlichen USA-Aufenthalt« aufgebrochen, so waren wir jetzt, im Frühjahr 1938 mit einem Schlag zu Emigranten geworden, ohne zu emigrieren.

Ich muß betonen, daß Reinhardt fast ungerührt und mit großer Unternehmungslust in diese sogenannte Emigration ging. Neuland!

Natürlich kannte er Amerika. Aber nur als Gast. Die immergrünen Palmen, sogar die blaugespritzten künstlichen Weihnachtsbäume – alles das sollte sich in »Heimat« verwandeln. Dieses Land sollte künstlerisch erlebt werden!

Da nun der Mensch – und nur der Mensch – sein oberstes Interesse war, suchte er zunächst den »Uramerikaner« – so wie er in Salzburg das Primitive gesucht hatte, das dort und nur dort Gewachsene. So suchte er jetzt dieses einfache amerikanische Wesen.

Er suchte und fand als Schönstes: eine natürliche, reich begabte Jugend, ganz ohne die uns Europäern bekannten Hemmungen. Eingedenk der wunderbaren Zusammenarbeit mit dem von ihm entdeckten Mickey Rooney wollte er sich wieder auf Talentsuche machen und dem Film junge amerikanische Talente zuführen.

Aber wie konnte er das, wenn ihm Warner keinen Film gab!

Vielleicht wäre alles besser gegangen, hätte sich Reinhardt noch auf seine bewährten und treuen Helfer stützen können – auf das Geschäftsgenie Edmund und auf seine »rechte Hand«, auf die unermüdliche Gusti Adler. Doch Edmund war tot; Fräulein Adler war in Wien bei ihrer Mutter geblieben.

Als die Warner-Schecks ausblieben, begann für Reinhardt ein schweres Leben. Es war kein untätiges Leben, denn nach wie vor saß der fleißige, geduldige Nachtarbeiter bis in die Morgenstunden an seinem Schreibtisch und arbeitete an immer neuen Projekten, Projekten, die niemand realisieren wollte. Die Wirtschaftskrise lähmte das Herz von Hollywood. Wir mußten unser Haus aufgeben und zogen weiter außerhalb von Hollywood, wo wir ein kleineres Haus auf einem Felsen, direkt am Meer, gefunden hatten. Dort wohnten wir zur Miete.

In meinem Leben, in meinem Tagesablauf änderte sich dadurch wenig. Noch immer war ich – wegen meines mangelhaften Englischs – nicht »integriert«. Amerika schien mir täglich fremder zu werden. An eine Arbeit als Schauspielerin war noch nicht zu denken. Die einzigen Stunden, in denen mir etwas freier um die Brust wurde, waren die Stunden, in denen ich mit Reinhardt spazieren ging. Meistens aber war ich allein unterwegs – so wie in Wildalpen, wo ich mit meinen Eltern und Geschwistern den Sommer verbrachte.

Nur daß es in Kalifornien nicht ganz so idyllisch und ungefährlich ist wie in Österreich. Mit dem Wagen – inzwischen hatte ich mir das Autofahren zu einem großen Genuß werden lassen – fuhr ich oft weit in die entferntesten Berggegenden weitab von Hollywood. Dort stellte ich den Wagen ab und machte stundenlange Spaziergänge. Als Reinhardt gestorben war, wurden ganze Expeditionen daraus.

Eines Tages erfuhr ich, daß man in diesen Gegenden kleine Berghütten mieten kann. Das habe ich vierzehn Tage ausprobiert und habe 14 Tage ganz einsam gelebt. Da ich nur Kaffee und Milchreis kochen kann, habe ich also jeden Tag nur Kaffee getrunken und Milchreis gegessen; wenn man etwas Himbeersaft hineintut – ich meine in den Milchreis – schmeckt das ganz gut. Es war eine schöne Zeit.

Was ich nicht wußte, war: in dieser Gegend gab es Berglöwen. Und auf einem meiner Spaziergänge bin ich plötzlich so einem Berglöwen begegnet. Mir kam er vor wie ein Leopard, etwas kleiner vielleicht – was die Sache aber nicht besser gemacht hat. Saß da und fixierte mich. Ich habe nicht lange überlegt, habe mich umgedreht und bin langsam aus der Gefahrenzone heraus, ganz langsam, schweißnaß und mit kurzen vorsichtigen Blicken aus den Augenwinkeln, so über die Schulter weg. Ich habe mir gedacht: wenn ich jetzt die Flucht ergreife und zu rennen beginne, wird er sich für mich interessieren. So aber bin ich wirklich fast geschlichen, und sobald ich ihm aus den Augen war, hat er sich um etwas anderes gekümmert. Jedenfalls habe ich zu meinem Wagen zurückgefunden, ohne ihn noch einmal zu sehen.

Ein anderes aufregendes Erlebnis hatte ich mit einer Bekannten. Ihr kleiner Hund war bei einem Ausflug in die Berge in eine große Falle geraten, so ein eisernes Maul mit scharfen Zacken, wie es die Jäger dort verwenden, vermutlich um Berglöwen zu fangen. Das arme Hündchen hatte spinnedünne Beinchen und hatte furcht-

bar geschrien, und meine Bekannte hat noch furchtbarer geschrien – da bin ich hin, habe das Eisenmaul mit aller Kraft ein
bißchen auseinanderbiegen und den Hund befreien können.

Dabei ist mein Daumen in die Falle gekommen, und meine
Bekannte läuft, statt mir zu helfen, vor Schreck davon, um – wie
sie später überall behauptet hat – »Hilfe zu holen«. Da hätte sie
wirklich einen Tag laufen können, um zur nächsten Ortschaft
zu kommen. Sie konnte nämlich nicht Auto fahren.

Was sollte ich tun? Warten, bis mein Daumen abgequetscht war?
– In fieberhafter Hast fingerte ich an der Falle herum und entdeckte einen kleinen Fußhebel. Während ich vor Schmerzen fast
umkippte, schossen mir zwei völlig entgegengesetzte Erklärun-
gen für diesen Hebel durch den Kopf. Die eine: das ist der Hebel,
mit dem man die Falle öffnet. Die andere: das ist der Hebel, der
bei Berührung die Falle ganz zuschnappen läßt. Was würde pas-
sieren, wenn ich auf das Pedal träte? Würde die Falle aufgehen?
Oder noch fester zusammengepreßt werden und mir den Daumen
abquetschen?

Es waren diese zwei Möglichkeiten, und ich bin draufgetreten,
und die Falle ist Gott sei Dank aufgegangen.

Das waren zwei Spaziergänge. Ich habe in meinen amerikanischen
Jahren mindestens jeden zweiten Tag einen größeren oder kleineren »Walk« unternommen, so daß ich also im Laufe meines
Aufenthalts in Kalifornien gewiß auf tausend Spaziergänge gekommen bin, die – zu meinem Glück! – alle viel weniger aufregend verlaufen sind als die eben beschriebenen. Diese Spaziergänge wurden mir lebensnotwendig, sie wurden aber auch immer
langweiliger und trübseliger.

Immerhin waren sie noch weit unterhaltsamer als die Spaziergänge, die Reinhardt und ich gelegentlich von Cocktailparty zu
Cocktailparty unternehmen mußten. Wir waren beide das Un-
geselligste, was man sich vorstellen kann. Einmal waren wir bei
Jack Warner eingeladen. Er hatte sein Haus neu eingerichtet,
und eine große Gesellschaft war da, wirklich riesig. Ich sehe noch
Warners neue Bar vor mir: alles in braunem Kalbsleder.

Der Verlauf der Party war wie überall: Man kommt herein und
wird zunächst einmal gründlich besinnungslos gemacht, das heißt:
man bekommt einen Drink nach dem anderen.

Der Anfang ging ja noch. Man bekam also etwas in die Hand,
ein Glas. Man konnte daran nippen. Man bekam ein paar Kleinigkeiten zu essen. Aber dann – was sollten wir tun? Dann kam das
große Vakuum. Da war nichts außer tausend Menschen, die man

nicht kannte.

Wir sind ganz mutlos durch Warners Säle gewandert und haben geschaut, bis Reinhardt sagte: »Wir können unmöglich die ganze Zeit aneinanderkleben. Wir müssen auch mit anderen Leuten reden, Konversation machen. Mit einem Wort: Wir müssen uns trennen. Du gehst rechts, ich links, wir machen einen Bogen und treffen uns wieder.«

So geschah es. Wir sind – jeder für sich – schüchtern durch diese schreckliche Einöde gegangen, haben uns wiedergetroffen, haben so getan, als sei das der pure Zufall und waren froh, wieder miteinander reden zu können.

Das war nicht nur auf der Warner-Party so, das war fast immer so. Ich erinnere mich an ganz wenige Ausnahmen, z. B. an die Abende bei Salka Viertel, der klugen Frau des Regisseurs Berthold Viertel, die in Hollywood als Drehbuchautorin und vor allem als Sujet-Expertin, als literarische Beraterin in der Filmwelt ganz gut Fuß gefaßt hatte. Ihr Haus war immer voller Emigranten. Sie hatte eine Art »Salon«. Eine wirklich gescheite Frau, gescheit und herzlich.

Eine andere interessante Begegnung in diesen Jahren war für uns die Begegnung mit dem Regisseur des »Blauen Engel«. Reinhardt hat Joseph von Sternberg sehr geschätzt. Einmal waren wir in seinem Haus eingeladen, und ich konnte ihn mir gründlich anschauen. Ein kolossal interessanter Mensch, spielte immer gern ein bißchen Snob. Merkwürdigerweise hat sich das Haus, das er sich damals gerade hatte bauen lassen, mir deutlicher eingeprägt als Sternbergs Äußeres – wahrscheinlich weil das Haus so vollkommen der Ausdruck seines originellen Charakters war. Das Haus stand mitten im Wald – alle Wände aus Glas! Alle Möbel, die Wasser- und WC-Rohre, die Lichtleitungen usw. – alles war sichtbar. Das war wirklich sehr schön. Man konnte diesen freien Linien mit dem Auge folgen, man konnte sehen, wie sich alles verband, wie alles gemacht ist. Das war wunderbar. Auf dem Dach seines Glashauses war eine riesige Terrasse mit einem Schwimmbad, wie ein Teich geformt. Dort hat er sich stundenlang gesonnt.

Dieses Glashaus lag also ganz einsam im Wald; Sternberg hatte keine Nachbarn. Trotzdem hielt er es für nötig, einen kleinen Stilbruch zu begehen: sein Schlafzimmer hatte Wände aus undurchsichtigem Material. Ich weiß nicht, ob ihm das viel genützt hat, denn in Hollywood sind ja die Schlafzimmer ohnehin ganz besonders durchsichtig.

Eine unerhört amüsante Erscheinung war auch die Garbo. Sie war wirklich unbeschreiblich schön, abgesehen von ihren großen Füßen. Sie hatte Füße wie ein Mann, und so hat sie sich auch gegeben. Zur Salka Viertel z. B. ist sie immer in einem Herrenanzug gekommen. Auch darin natürlich wunderschön wie immer. Reinhardt konnte sich nicht sattsehen an ihr. Damals war sie noch aktiv im Film, und er hat ihr die Rolle als Hamlet angeboten. Sie war einverstanden. Doch wie es so vielen Plänen damals ging – auch dieser Plan mußte unter den Tisch fallen, weil sich kein Geldgeber fand, der ihn unterstützte.

Sie hat zu diesem Zeitpunkt nur noch selten einen Film gemacht, obwohl dauernd für sie »vorbereitet« wurde. Die Garbo hat sehr viel von der Viertel gehalten, und die Viertel hat unzählige Filmideen für sie ausgearbeitet, in monatelanger Arbeit mit diesen Autorenteams. Und wenn es dann so weit war, daß die Garbo ernst machen sollte, wollte sie nie etwas spielen. Von zehn Entwürfen hat sie elf abgelehnt.

Das für Reinhardt und mich Merkwürdigste an der Garbo war: Sie war verschrien als eine großartige Schauspielerin, sie war aber ganz bestimmt nicht das, wofür man sie gehalten hat – eine Künstlerin im strengsten Sinne. Was sie in Wirklichkeit war (und was alles überspielte und alle täuschte), war etwas anderes. Sie war – eine Persönlichkeit mit ungeheuer feinem Charme. Damit konnte sie alles machen, was sie wollte. Eine Dame . . .

Damit verglichen hat der Charme der heutigen großen Filmschauspielerinnen – von der Taylor abwärts – immer einen kleinen »Stich«.

Wir haben uns auf Parties gesehen, aber eingeladen hat sie uns nie. Ich weiß nicht, ob sie überhaupt jemanden eingeladen hat – außer intimste Freunde. Sonst hat sie eigentlich niemanden hereingelassen.

Vielleicht hatte sie so eine Art Verfolgungswahn oder etwas ähnliches. Als ich mit ihr einmal in einer stillen Nebenstraße auf ein Auto warten mußte, hat sie da mit ihrer großen schwarzen Brille gestanden und hat dauernd in hektischer Angst davon geredet, daß sie jemand erkennen könnte. Das war natürlich schon fast pathologisch. Sicher hat der Beruf das Seinige dazu beigetragen, daß sie so geworden ist.

Von ihrer Garderobe bis zur Kamera mußte immer ein massiver Gang gebaut werden, damit sie niemand sehen, ansprechen oder angreifen konnte. Sie hatte eine namenlose Angst. Eine Angst, die ich ihr aber irgendwie nachfühlen konnte.

Daß sie kaum jemanden in ihr Haus ließ, hing sicher auch mit ihrem Geiz zusammen, und der hing wieder mit dem Riesenpech zusammen, das sie bei einer Aktienspekulation hatte. Ich glaube, sie hatte alles in schwedischen Zündhölzern investiert und über Nacht alles verloren – ihr ganzes Vermögen, wohlgemerkt: ein selbstverdientes Vermögen.

Dann hatte sie zeitlebens auch so einen Gesundheits-Tick, hat sich mit Gesundheits-Aposteln und -Propheten umgeben. Mit denen trieb sie einen ungeheuren Kult.

Trotz aller Hemmungen, trotz aller Ticks und aller Ängste hat sie aber oft auch ganz herrlich lachen können – so ein tiefes Männerlachen. Sie hat sehr, sehr gern gelacht.

Als Reinhardt endgültig realisiert hatte, auf welch schwachen Füßen unsere Zukunft stand, beschloß er eine Schauspielschule zu eröffnen. Er sah, daß es vielen Filmschauspielern an einer gründlichen Ausbildung fehlte, und er glaubte, daß Hollywood an geschultem Nachwuchs interessiert sein würde.

Talente waren reichlich vorhanden. Diese jungen Amerikaner waren so vollendet in ihrer Natürlichkeit und Direktheit – daß für Reinhardt an ihnen fast gar nichts zu lockern und zu lösen war. Bis zu dem Augenblick, wo der Schüler von der Gelöstheit in Bewußtheit zu treten hatte, wo es galt, in die Künstlerische Dimension zu wachsen.

Das waren die ersten Erfahrungen, die Reinhardt nach der Gründung seines »Workshop« in Hollywood machen mußte. Und er stieß dabei auf eine unüberwindbare Schwierigkeit: die jungen Menschen, denen der Hintergrund des europäischen Theaters fehlte, die sich an Leinwandakteuren geschult hatten, waren nicht bereit, den Schritt über den Naturalismus hinauszutun. Das war für Reinhardt und für mich, die ich einige Unterrichtsfächer übernahm, eine ziemlich niederschmetternde Erfahrung.

Reinhardt hat sich wirklich sehr bemüht, hatte große Rosinen im Kopf. Aber schließlich mußte auch er resignieren und einsehen, daß unsere Schauspielschüler im Grunde ihres Herzens vor allem Filmschüler waren und daß sie das, was wir künstlerisch wollten, als »artificial« und »sophisticated« ablehnten.

Inzwischen hat sich ja in Amerika allerhand geändert, grundlegend geändert. Es sind Generationen herangewachsen, die alles vom europäischen Theater gelernt haben, was sie brauchten; und seit neuestem ist es sogar soweit gekommen, daß wichtige Theaterimpulse von den USA ausgehen, und daß Europa in die Rolle des Lernenden gerückt worden ist.

Doch selbst wenn wir das damals gewußt hätten, – es wäre uns nur ein schwacher Trost gewesen. Wir hatten unseren »Workshop« mit den gleichen Hoffnungen und Pioniersgefühlen errichtet, wie früher die Goldgräber, die in Neuland zogen, sich ein Opernhaus gebaut haben, einen Spielsalon und einen »Tanzpalast«, und die dann plötzlich entdeckten, daß der Boden nicht mehr fündig war, und Hals über Kopf weiterfuhren und alles im Stich ließen.

So war unsere Situation. Wir sahen ein, daß unsere Schauspielschule von Anfang an eine Fehlinvestition war – künstlerisch und finanziell. Nur konnten wir es uns im Gegensatz zu den Goldgräbern nicht leisten, alles stehen und liegen zu lassen. Der »Workshop« war ja unsere einzige Möglichkeit, Geld zu verdienen (ich hatte damals noch keine Filmrollen) – und so blieb uns nichts anderes übrig, als die Schule nach besten Kräften zu halten und unser Programm etwas bescheidener zu gestalten.

Wir beschlossen, uns auf die Möglichkeiten und Fähigkeiten unserer Schüler einzustellen und im Rahmen dieser Möglichkeiten und Fähigkeiten fertige Theateraufführungen zu »produzieren«. Zu diesen Vorstellungen wollten wir Filmleute einladen. Und wenn, so dachten wir uns, wenn erst zwei oder drei unserer Schäfchen in Hollywood untergebracht waren, dann würde sich die rapide sinkende Schülerzahl schon wieder heben.

Was alle Interessenten – Schüler wie Abnehmer – von uns erwarteten, waren zählbare Erfolge; Stil, Geist und Niveau der Schule waren im Vergleich dazu uninteressant.

Reinhardt bedauerte, daß er – auf Grund des Schülergeschmacks – in der Stückauswahl außerordentlich beschränkt war. Andererseits kam die neue Workshop-Politik, jedes Jahr möglichst mehrere Inszenierungen zu erarbeiten, seinen Neigungen sehr entgegen. Er war Praktiker, kein Dozent, was nicht heißen soll, daß er pädagogisch unbegabt war. Er war ein hervorragender Pädagoge – jedoch einer von der Sorte, die alles, was sie lehren wollen, nur an einem Beispiel, an einem Werkstück, an einem – Stück zeigen können.

Er hat mit den Schülern so gearbeitet wie mit Schauspielern auf der Probe, natürlich nie, ohne den Ausbildungsstand seiner Schützlinge in Betracht zu ziehen. Selbstverständlich. Er hielt nichts vom Stundengeben, er probte Szenen. Die Schüler haben das ungeheuer genossen. Sie waren hingerissen von ihm. Von ihm. Weniger von dem, wohin er sie führen wollte.

So hat sich Reinhardt, dem das auf die Dauer sehr zu schaffen

machte, immer mehr in seine Regiebücher geflüchtet, die er Nacht
für Nacht für die Workshop-Inszenierungen ausgearbeitet hat.
Immer häufiger saß er an seinem Schreibtisch daheim, immer seltener erschien er in der Schule und immer häufiger hatte ich ihn
zu vertreten. Er wich der Schularbeit aus, hatte jedoch – während
er die Regiebücher machte – das gute Gefühl, der Schule etwas
zu geben, das ihr kein anderer geben konnte.

Reinhardt war von Natur ein Lehrmeister, der nicht aus Recht-
haberei, sondern aus Leidenschaft regierte. Schon in Berlin hatte
er immer wieder eine Schülerschar um sich gesammelt. Keine
Privatschule, sondern eine Akademie sollte aus seinem ehrgeizi-
gen Versuch, in Wien Nachwuchs für die deutschen Theater aus-
zubilden, werden. Und der Versuch glückte. Am 13. November
1928 eröffnete er im Schönbrunner Schloßtheater die unter seiner
Leitung stehende »Schauspiel- und Regieschule der Fachschule
für Musik und darstellende Kunst, Wien«.

Über sein ganz persönliches Verhältnis zum Lehren und Lernen
in der Kunst, speziell im Theater, sagte er damals:

»Wenn ich heute an dieser Stelle spreche, so erfüllt sich mir ein
alter, eigensinniger Traum. Nicht, als ob ich etwa jemals davon
geträumt hätte, hier eine Rede zu halten. Im Gegenteil. Das ist
immer und überall nur ein Alpdruck für mich gewesen. Ich glaube
auch, daß im allgemeinen heutzutage vielzuviel *über* die künstlerischen Dinge gesagt wird und zu wenig *in ihnen*. Einmal jedoch,
zum Anfang mag das Wort wohl am Platze und zur Klärung
mancher Fragen vielleicht sogar notwendig sein.

Daß von heute an mit dem stillen kleinen Theater, in dem wir
uns befinden, zugleich die Möglichkeit erschlossen ist, auf diesen
alten Brettern etwas aufzubauen, was eine Welt bedeuten kann,
zum mindesten für einen engen Kreis von Lehrern und Schülern,
das empfinde ich als Erfüllung. Für mich besonders eine traumhafte Erfüllung, weil dieser wunderbare Komplex von grünen
Gärten und gelben Häusern mir als eingebornem Kind der Schön-
brunnerstraße eine sonntägliche Jugenderinnerung ist.

Ich habe ja in meinem ganzen Leben nichts anderes getan, als
meine Träume verwirklicht. Nicht restlos natürlich und mit dem
wechselnden Glück, das sterblichen Menschen eben beschieden
ist. Aber wenn Träume so stark lebendig sind, daß sie andere
Menschen in ihren Bann ziehen und zum Mitträumen verführen
können, so entsteht jene zauberhafte Wirklichkeit, die für mich
Theater heißt. Wie weit mein ziemlich hochfliegender Traum von
einer Theaterschule in Wien Wirklichkeit werden kann, vermag

weder ich noch sonst jemand im Augenblick zu entscheiden. Entschieden scheint mir dagegen jedenfalls, daß der Versuch aller Mühe wert ist, daß er nirgend anders höher legitimiert sein kann, als auf dem für das Theater so unvergleichlich fruchtbaren Boden dieser Stadt, in der sich die wichtigsten Kapitel der Theatergeschichte abgespielt haben.

Der Plan hat die ihm innewohnende Kraft zunächst daran erwiesen, daß er ganze Behörden, nicht nur den Unterrichtsminister, den berufenen Schirmherrn der schönen Künste, sondern sogar einen wirklichen Finanzminister zum Mitträumer gemacht hat.

Daß vorher manche durchaus begründete Bedenken (sie waren hauptsächlich ökonomischer Natur) beruhigt und, um im Bilde zu bleiben, erst eingeschläfert werden mußten, war nur die gesetzesmäßige Vorbedingung eines guten Traumes.

Als ich mir gestern abend diese Notizen überlegte, stellte ich mir selbst einige Fragen, die, wie ich annahm, etwa auf Ihren Lippen schweben könnten: Sind Sie nicht der Ansicht, könnte zum Beispiel gefragt werden, daß dieses schwergeprüfte Land, unsere verarmte Stadt viel gewichtigere Aufgaben haben, als die Gründung einer Schauspielschule? Und halten Sie wirklich den Augenblick dafür geeignet, in dem das Land selbst offensichtlich in einer Krise steht, die nicht nur seine wirtschaftliche, sondern auch seine künstlerische Existenzberechtigung fraglich macht?

Der Hinweis auf andere gleichfalls in schwersten sozialen und wirtschaftlichen Kämpfen stehende Länder, in denen die Kunst und ganz besonders das Theater, ja sogar der Film von Staats wegen und mit allen Mitteln gefördert und zu achtunggebietenden Ergebnissen geführt werden, erübrigt sich im Grunde. Ich kann vielmehr sagen, daß gerade in dieser Stadt und in der Zeit der schlimmsten Not das Theater sich als ein unentbehrliches Lebensmittel erwiesen hat und daß infolgedessen die ausreichende Zufuhr dieses Lebensmittels in möglichst guter Qualität eine öffentliche Aufgabe von Bedeutung sein muß.

Das Talent, Theater zu spielen und Theater zu sehen, ist eines der stärksten und glücklichsten Besitztümer Wiens. Es ist eine im Augenblick nicht voll ausgenützte Naturkraft dieses Landes und damit nebenbei von alters her eine Anziehungskraft für die Fremden. Und wenn das Theater gegenwärtig in einem Existenzkampf steht, wofür die leerstehenden Zuschauerräume noch mehr als die leerstehenden Bühnen sprechen, so sollte man es nicht begraben, sondern es lebendig machen mit einem unfehlbaren Mittel: gute Vorstellungen mit guten Schauspielern.

Vielleicht ist die Aufgabe einer Schauspielschule nie so entscheidend wichtig gewesen wie in dieser für die Institutionen des Theaters kritischen Zeit.

Eine andere Frage wäre etwa: Glauben Sie als erfahrener Theatermann tatsächlich, daß man die Schauspielkunst überhaupt lehren kann, da doch der in·dieser wie in keiner anderen Kunst entscheidende Zauber unerlernbar ist?

Wir wissen ja, daß viele geniale Schauspieler sich ohne Schule zu ihrer vollen Höhe entwickelt und durchgesetzt haben. Die geniale Begabung kann gewiß zur Not ohne Schule durchkommen, obgleich sie durch sie unbedingt leichter entdeckt und rascher an den ihr zukommenden Platz gefördert werden wird. Aber es gibt in jeder Kunst, auch in der des Theaters, ein Handwerk, das gelernt werden muß und gelehrt werden kann.

Und es ist nicht nur das Handwerk, es ist Kopfwerk, Augenwerk, Mundwerk, Fußwerk, das Werk des ganzen Körpers, dessen Beherrschung hier gefordert und immer entschiedener gefordert werden wird.

Heute muß der elementare Unterricht, der in die Schule gehört, während der Bühnenproben abgehalten werden, ohne doch ganz geleistet werden zu können, weil die berufenen Lehrer dort fehlen und vor allem die Zeit, die das Kostspieligste am Theater ist.

Und zuletzt: es gibt immer mehr Theater als Genies, und der Wert eines Theaters hängt nicht nur von dem einzelnen Genie ab, vielmehr von einem Ensemble guter und gutgeschulter Schauspieler.

Und warum in Wien? Weil hier die große Vergangenheit des Theaters in gewissen unverlierbaren Traditionen noch lebendig aufzuspüren ist und weil mir das für ein gründliches Studium des Theaters ebenso notwendig erscheint, wie für den bildenden Künstler das Studium der alten Bildwerke. Ob man die Tradition erneuern, bekämpfen oder verwerfen will, man muß sie kennenlernen. Weil hier noch·immer die beiden mächtigsten Hauptpfeiler des künstlerischen Theaters stehen: Ensemble und Repertoire und vor allem, weil hier das Fundament des Theaters, das Verhältnis zwischen Schauspieler und Zuschauer in seiner köstlichen Ursprünglichkeit unerschüttert erhalten geblieben ist. Denn: Dichter, Schauspieler, Musiker, Maler, Regisseure, Kritiker, Dramaturgen machen allein noch kein Theater. Zwei können es machen: einer, der spielt und einer, der aufnimmt. Mit ihrer jeweiligen Begabung steigt und fällt die Kunst des Theaters ...«

Irgendwann – genau weiß ich das nicht mehr – habe ich vor Reinhardts Wiener Studenten einige Vorträge gehalten, über Rollen, die ich gespielt habe, mehrfach gespielt habe, in abweichenden, oft sehr gegensätzlichen Auffassungen.

Vor diesen Vorträgen war ich aufgeregter als vor jeder Premiere, aber es ging alles recht gut.

Und nun – zehn Jahre später – war das Unterrichten von Schauspielschülern also mein »full time job« geworden!

Daß ich Reinhardt im »Workshop« mehr und mehr zu vertreten hatte, machte mich anfangs gar nicht so unglücklich. Mein Englisch wurde täglich besser, und wenn ich auch nicht Schauspielerin sein durfte (oder nur andeutungsweise), so hatte ich doch eine Aufgabe. Eine Aufgabe, die ich sehr ernst nahm und die mich bis zum äußersten forderte.

Wenn ich am frühen Abend aus der Schule kam, hatte Reinhardt gerade sein Frühstück beendet. Dann folgte unser ausgiebiger Spaziergang. Dann aßen wir in Reinhardts Arbeitszimmer zu Abend, das heißt: für ihn war es das Mittagessen. Wenn wir gegessen hatten, setzte er sich an seinen Schreibtisch, zündete sich eine Zigarre an und begann zu arbeiten, manchmal bis sechs oder sieben Uhr morgens, doch selten so lange, daß ich ihn noch antraf, wenn ich morgens aufstand und frühstückte.

Bis zwei oder drei Uhr nachts gelang es mir, ihm Gesellschaft zu leisten. Ich saß da auf einem Sofa in seiner Nähe, sortierte meine Materialsammlung für den folgenden Unterrichtstag, machte meine Notizen und unterhielt mich zwischendurch mit Reinhardt, der solche kleinen Unterbrechungen während der Arbeit sehr gern hatte. Ab und zu las er mir etwas vor und bat mich um mein Urteil. Ich antwortete ihm, so gut ich es vermochte. Meistens zwang mich der vergangene anstrengende Arbeitstag in der Schule, immer stiller und stiller zu werden. Schließlich nickte ich ein.

Reinhardt störte mich nicht, schrieb, las und rauchte. Wenn ich dann irgendwann aufschreckte und in mein Schlafzimmer ging, sah er kurz auf und amüsierte sich über meine traumwandlerische Entrückung.

Um neun mußte ich dann wieder in der Schule sein. Oft, wenn ich morgens am Steuer saß und den langen Weg nach Hollywood, zur »Workshop«-Schule fuhr, war ich noch elend müde und zerschlagen. Dennoch hat mir das Chauffieren immer ein kleines, ausgiebig gekostetes Rauschgefühl gegeben. »Eine Handbreit über dem Boden«! Ich genoß diese breiten gepflegten Straßen. Und ich genoß es, durch die grünen, langgestreckten Vororte zu gleiten.

Noch etwas anderes kam hinzu. Etwas, das mir in dieser Zeit half, nicht ganz so unglücklich zu sein wie zu Beginn: Ich hatte seit langem zum ersten Mal das Gefühl, Reinhardt helfen zu können, wirklich helfen zu können. Organisatorisches mußte ich ihm ja schon immer abnehmen; in Berlin, Wien und Leopoldskron hatte ich gewissenhaft seine langen, detaillierten Bestellzettel bearbeitet. Aber was war das im Vergleich mit meiner »Statthalterschaft« im »Workshop«!

Reinhardt ließ es mich oft fühlen, wie sehr er meine Arbeit schätzte, besonders wenn er zu kurzen Besuchen in der Schule erschien. Ich hatte enorm viel von ihm gelernt, und in verhältnismäßig kurzer Zeit war es mir eben gelungen, das Gelernte in Eigenes umzusetzen und eine Methode zu finden, es weiterzuvermitteln. Es war mir gelungen, meine Scheu zu überwinden und den »Kontaktton« zu finden, der in den USA nötig ist, um eine gute Sache als gute Sache zu »verkaufen«.

Vor allem aber hatte mir Reinhardt verschiedene Regiearbeiten überlassen. Eine Aufgabe, an die ich mich ohne diese Notsituation nie herangewagt hätte. Nachdem er ein paar Sachen von mir gesehen hatte, sagte er mir, meine Stärke seien vor allem Konversationsstücke. Auf diesem Sektor wurde im »Workshop« auch am meisten gearbeitet, weil dieses Genre den Schülern am meisten entgegenkam.

Leider muß ich an dieser Stelle einflechten, daß unsere Inszenierungen so gut wie unbeachtet blieben. Ich spreche gar nicht von meinen Konversationsstücken – auch Reinhardts Inszenierungen, seine sehr persönlich gehaltenen Einladungen wurden einfach ignoriert. Bei Prominenten aus der Filmwirtschaft hat uns diese Haltung zwar geschmerzt, doch nicht sonderlich gewundert. Bei vielen Emigranten, glühenden Anhängern Reinhardts sehr viel – kam uns diese Haltung schon bedenklicher vor.

Eine erfreuliche Ausnahme stellte von Anfang an Marlene Dietrich dar, die die Schule rückhaltlos unterstützte. Nicht nur, daß sie fast alle Vorstellungen besucht hat, – sie ist auch, einfach aus Freundschaft zu uns, mit auf die Leitern gestiegen, hat gehämmert, getüncht, gemalt und überall mitgearbeitet, wo man sie gerade brauchen konnte. Fabelhaft.

Sie hat ihre Tochter im »Workshop« studieren lassen, und nach dem Abschluß hat sie mir – als Dank dafür, daß ich mich um diese Tochter so sehr gekümmert habe – ein kleines kostbares Geschenk gemacht: ein Kruzifix, mit Edelsteinen besetzt, das war wunderhübsch. Etwas ähnliches wie ein »gesellschaftlicher Verkehr« hat sich zwischen uns freilich nie eingespielt; auch auf Parties haben wir sie kaum gesehen. Alle diese Menschen haben ja so wahnsinnig viel zu tun – ich meine die, die ihre Kunst ernst nehmen!

Das Leben einer ernstzunehmenden Schauspielerin muß klösterlich sein. Früh aufstehen, früh schlafengehen. Viel Schlaf, denn man muß ja immer gut aussehen.

Ein anderer großer Befürworter der Schule war der Dichter Thornton Wilder, der Reinhardts Schaffen (und viele meiner Rollen) während ausgedehnter Europa-Aufenthalte kennengelernt hatte und uns für den Schul-Prospekt ein wunderbares Geleitwort schrieb.

Mit ihm, dem intimen Kenner der deutschen und österreichischen Literatur, hatte Reinhardt seit langem über eine englischsprachige Adaption einer Nestroy-Posse gesprochen und korrespondiert. Man einigte sich auf das Stück »Einen Jux will er sich machen«, und Wilder schuf daraus »A Merchant of Yonkers« (als Musical »Hello Dolly« ist der Stoff in späteren Jahren sehr erfolgreich gewesen).

Im November 1938 reiste Reinhardt nach New York, um das Stück zu inszenieren. Nach langer Zeit wieder ein Regie-Auftrag! Die Sorgfalt, mit der sich Reinhardt auf diese Arbeit vorbereitete und die Bedeutung, die dieser Arbeit zukam im Hinblick auf unsere Zukunft, brauche ich wohl nicht besonders zu erläutern und herauszustreichen.

Wir beide befanden uns – Reinhardt in New York, ich in Hollywood – in fast krankhafter Gespanntheit und Überspanntheit. Die Auszüge aus unserer damaligen Korrespondenz, die ich diesem Kapitel anfüge, verraten, wie uns in diesen Wochen zumute war. Sie entschieden über alles. Sie konnten eine Wende herbeiführen oder Reinhardts Stern sinken lassen ...

Zur Erklärung: »Engel« nennen die amerikanischen Theaterleute die Menschen, die Aufführungen finanzieren oder verwerfen. Reinhardts Engel hieß Shumlin. Er sollte ihm das Leben zur Hölle machen.

Reinhardt schätzte Nestroys Posse in der Wilder'schen Fassung
außerordentlich. Einmal hat er mir in seinen Nachtnotizen erklärt, warum, – und welche Erwartungen er in dieses Werk setzte.
Er schrieb:

»... ich bin entzückt von der leichten sprudelnden Fröhlichkeit
und den menschlichen Werten der Komödie ... (Das Stück) ist
von einem Dichter – einem der besten – es ist ein Lustspiel, das
in diesen schrecklichen Zeiten der stärksten Resonanz sicher ist,
es hat gedankliche Werte und ein Herz.
Es hat die Handlung der Nestroy'schen Komödie ›Einen Jux
will er sich machen‹ – aber nach New York (und Yonkers, kleine
Stadt bei N. Y.) übertragen und mit einer glänzenden Figur – der
Heiratsvermittlerin – bereichert.
Es spielt zwischen 1870 – 80, als in Amerika noch nicht der
Negerrhythmus dominierte, sondern europäische Melodien ame-
rikanisiert wurden. Man könnte also legitim Lanner, den älteren
und den jüngeren Strauß verwenden und leicht bearbeiten.
Thornton Wilder hat eine Anzahl von Couplets dazugeschrieben,
die wir ... nicht verwenden ... weil Wilder ängstlich gemacht
wurde, daß damit der Wert des Dialoges verlorengehen werde...
Es könnte etwas wie die Stimmung der Fledermaus entstehen,
natürlich mit viel sparsamerer Musik, ohne Arien und ohne Chor-
Ensembles (es ist ein intimes Lustspiel) und ohne großes Orchester ...«

Während er in New York die Vorbereitungen für seine Wilder-
Nestroy-Inszenierung traf, verstummte er völlig, während ich vor
Neugier fast platzte. Ich schrieb:

Hollywood, den 6. November 1938

»Das ist noch kein richtiger Brief. Ich habe gerade so viel geschrieben, an Wilder. In Deutsch. Ich hoffe, er kann es lesen.
Seitdem Du weg bist, habe ich wirklich viel gemacht, wie eine
echte business-woman. Gespräche geführt, Meetings abgehalten,
Organisation des Workshop Boards, Bearbeitungen gemacht,

Dekorationen besprochen ... Neue Stundenpläne sind ausgearbeitet, jeder einzelne Schüler wurde besprochen. Dazwischen habe ich mir heute eine Stunde ein groß angekündigtes Gastspiel des New Yorker ›Kindertheaters‹ angesehen, weil ich glaubte, man soll bei unseren eigenen Absichten wissen, was vorgeht. (Anmerkung: Reinhardt trug sich mit dem Gedanken, dem Workshop ein Kindertheater anzugliedern.) Aber es war der letzte Schund. Ganz infam. ›Peter Pan‹. Das kleinste ›Kind‹ war sieben Fuß hoch!

Ich habe noch nicht die leiseste kleinste Vergnügung gehabt und bis auf ein am Montag geplantes Dampfbad sehe ich auch weit und breit keines ...

Es ist rasend kalt. Die Leute werden aufgefordert, ihre Orangen zu beizen. Hast Du warme Füße? Nun hab ich Dir doch keinen Lack mehr auf die Fingernägel getan!

Der Zug muß doch wunderbar gewesen sein. Hoffentlich kann ich auch nochmal so einen nehmen ... Kannst Du nicht von einer Deiner Verehrerinnen eine Million verschaffen? Adieu, adieu! Vergiß nicht, daß der ›Merchant‹ ein *Spiel* ist. Wenn Wilder Dir sagt, daß ich geschrieben habe, kannst auch Du nochmals mit ihm alles durchsprechen. Ich glaube zwar, daß der Brief ganz gut und klar ist. Wenn er Schrift und Deutsch lesen kann. Grüße an alle ... Spare!!

... Ich lese gerade die Zeitung – mit einem Grausen, wie ich es wohl noch kaum gefühlt habe. Ich glaube: nun ist es zu weit gegangen. Was jetzt dort geschieht – das sind schon nicht mehr ›die Deutschen‹, das ist schon einfach ›der Mensch in seiner niedersten Verzerrung‹. Sie lassen halt die Bestie los – das war doch auch so in der französischen Revolution mit ihren Massenverbrechen und Morden – das war doch auch nicht mehr ›der Franzose‹. Das war einfach die Konstellation, in der halt der Mensch entfesselt sein darf.

Ob nun die Regierung ›Geist‹ hat oder nicht – es ist eine Regierung, die eine verirrte und notbedrängte Masse für ihre Zwecke *benützt*. Die eigenen Abgründe tun sich auf ...

Ich habe gestern einen Brief meiner Mutter bekommen. Es ist ein so unfaßliches Gefühl, ich meine: das einzige, was halt der Mensch sich nicht *wirklich* vorstellen kann – oder eben nur mit diesem Ziehen in der Brust: wie alles ist, nachdem man endgültig weggegangen ist ... Das Leben, mein Leben geht dort weiter, alles – die Straßenbahn, das Theater, die Premieren ... die Anschläge am schwarzen Brett in der ›Josefstadt‹ ... die Glocke am Haustor meiner Eltern ... das Mittagessen am Sonntag ...

Ich bin völlig weg. Ich dürfte kein einziges Detail mehr hören – das macht alles so unnatürlich, im wirklichsten Sinn des Wortes.

Mein Vater in zwei Premieren an zwei aufeinander folgenden Tagen! Es ist ihm sehr gut bekommen, weil Hermann und Hans, beide, prominent beschäftigt und außerordentlich gewesen sein sollen. Große Publikumserfolge. ›Bunbury‹: Hermann in der Rolle gut, übrige Besetzung antiquiert. Und Hans in (Bahrs) ›Wienerinnen‹ als Regisseur sogar etwas ganz Besonderes. Die Vorstellung soll großartig gewesen sein ...

Ich bitte Dich, schreibe mir im Telegrammstil, wie Du alles vorgefunden hast ... Du darfst um keinen Preis einen Schnupfen bekommen. Wie ist das Hotel? Es klingt sehr befriedigend, was sie hier darüber sagen. Mußt Du ins Theater *fahren*? Ist es definitiv das Guild Theatre? Ich bin heute nacht extra aufs Postamt gefahren, um Dir verschiedene Luftpostbriefe aufzugeben. Das Theaterleben, das Du jetzt führst, ist doch ein Leben, in dem ich noch *bin* – Deshalb sag mir davon.

Vorgestern Nacht war ein sehr heftiger Sturm. Heute ganz still. Und jetzt kalte klare Sonne. Ich werde mich vielleicht ein bißchen auf den Balkon legen. Obwohl ich viel zu tun habe – mit Schreiben und Schulvorbereitungen. Vortrag am Dienstag ...

Ach, ich komme mir als ›Regisseur‹ so entsetzlich dilettantisch vor und im Grunde als genau *das*, was ich nie sein wollte am Theater (und nirgends) – ohne die Sache zu beherrschen. Mein einziger Trost ist dann noch immer, daß es andere auch nicht besser machen ...

Wenn Du Zigarren bei ›Dunhill‹ kaufst, tue es vielleicht in nicht zu großen Quantitäten, da es gut wäre, wenn Du es bar bezahlst – denn ich möchte nicht, daß die Rechnung noch mehr anläuft ...

Soeben kommt Dein liebes Telegramm. Wenn ich Dir nur sagen könnte, wie sehr ich Deine ›Physiognomie‹ in jedem Wort spüre! Es ist sonderbar, aber es ist mir wie eine rein künstlerische Skizze von einem Meister – nur mit diesem süßen Privaten, Persönlichen ...

Heute sollte ich in das Vergnügungs-Dampfbad, aber ich habe, nach besserer Einsicht, verzichtet. Aus Ersparnis. Es kam mir wieder klar vor Augen, daß es halt nicht geht. Aber das schmerzt nicht.

Was schmerzt, sind die neuen Nachrichten aus ›Deutschland‹. (Man muß es schon unter Anführungsstriche setzen.) Wir haben

leider die Weltempörung schon bei Österreich und bei der Tschechoslowakei gesehen und Hoffnungen gehabt – vielleicht ist es
diesmal ebenso?

Ich glaube nur, diesmal wird jeder einzelne und jedes Volk Angst
bekommen – erstens vor dem deutschen Keine-Ruhe-Geben und
dann davor, daß die Last, für die Juden sorgen zu müssen, eben
auf jeden einzelnen fällt. Man wird jetzt etwas für sie schaffen.
Und ich glaube, das Ende von so viel Üblem muß doch etwas
Gutes sein. So wird ein Land – vielleicht in Afrika – für die Juden
und vor allem *von* den Juden entstehen. Wenn es *notwendig* ist, wird
es eben möglich sein!

Furchtbar enttäuscht bin ich, weil ich noch nichts von Dir hörte.«

Hollywood, den 18. November 1938

»... Ich war gestern nach dem Telefon besonders unglücklich,
daß ich nicht dort sein konnte! Du mußt mit Wilder sprechen ...
daß Du zwei Stunden Pause machen darfst während der Probe!
Das wäre doch bloß *eine* Stunde Abwesenheit, da ja doch eine
Mittagsstunde für die Schauspieler gerechnet wird ...

Das ist bestimmt keine Schwierigkeit! Und Du mußt halt dann –
wie Du es während des Films doch auch machen mußtest – die
eine Stunde wirklich *schlafen!*

... Denke, daß Du jetzt in die gute Strähne kommst, wie alle verschiedensten Sterne sagen – *ich* glaube fest daran. Es ist *zu* sehr
Zeit dafür!

Allerdings in Europa sieht es nicht rosig aus – speziell für uns.
Heute steht in der Zeitung, daß sie alle Kunstwerte von Juden
einziehen, als Schutzmaßnahme ... Wenn das meinem Vater alles
zu Bewußtsein kommt! Auch meiner Mutter ...

Ich erfuhr unlängst ... daß man auf Tahiti so wahnsinnig billig
Land kaufen kann. Für eine halbe Meile eigenen Strand zweihundert Dollar!! Ich würde, wenn das Geld da wäre, sofort für vierhundert Dollar eine ganze Meile kaufen.

Man soll dort auch so phantastisch billig leben können. Ich glaube,
zehn Cent pro Tag genügen.«

New York, den 24. November 1938

»Mein Herz ist schwer. Die Zeitungen jetzt zu lesen ist ein langwieriges, schmerzliches und doch unvermeidliches Vergnügen.
Daß dieses grauenhafte Unrecht in Deutschland weitergeht, im

mer böser wird, auf die Spitze getrieben wird, ohne zu brechen, im Gegenteil, durch neue Allianzen gekrönt und verewigt scheint – darüber kann man nicht wegkommen. Es wäre vielleicht leichter zu ertragen, wenn das alles die fluchwürdige Tat eines bösen Genies wäre. Es ist aber ein rasender Tollhäusler, der mit gezücktem Messer herumläuft und herumbrüllt.

Dabei werden die Wehrlosen zu Tode gemartert. Todesanzeigen werden verboten. Wahrscheinlich ist er selbst von innerer Todesangst getrieben. Und andere Oberhäupter, von derselben Angst getrieben, schließen Frieden um jeden Preis. Sie heben die Hände hoch zum Hitlergruß.

Millionen folgen ihm. Millionen stehen und starren. Millionen werden gewiß den Kopf abwenden. Aber sie schütteln ihn nur. Mehr scheint nicht herauszukommen. Noch ein paar Tage, bestenfalls Wochen – und das Gras wird wachsen über alle Proteste und ›Aktionen‹ – und über Hunderttausende von Unschuldigen.

Ich glaube, daß alles, alles einen Sinn hat. Aber ich kann ihn nicht herauskriegen, so sehr ich darum kämpfe.

Mein Herz ist schwer. Ich bin sehr allein. Aber ich habe keinen Optimismus und vor allem keine Zeit, das Alleinsein zu genießen. Und ich wäre auch zu müde dazu.

Ich mußte beinahe auflachen, als Du mich heute in Deinem Brief fragtest, ob ich Toscanini gehört habe. Ich höre gar nichts, ich sehe gar nichts, ich gehe gar nicht und schlafe jetzt absolut zu wenig. Der Central Park liegt vor den Fenstern, aber ich bin nur am ersten Tag meiner Ankunft eine Stunde spazieren gegangen. Jetzt würde jeder Schritt zu Fuß – vom Theater oder ins Theater – noch weniger Schlaf bedeuten. So muß ich viermal mit dem Taxi fahren, was Dein sparsames Gemüt bekümmern wird. Jetzt soll ich auch nicht telegrafieren. Aber Briefe kosten mich gewöhnlich eine Nacht ...

Im Theater – wir probieren in dem völlig unbekannten Windsor-Theater – habe ich zwar eine Garderobe, aber ich bin noch niemals dort gewesen, weil sie nur halb so groß ist wie mein Badezimmer und kein Sofa darin Platz hat.

Außerdem rede ich mir ein, daß ich wenigstens *einen* warmen Gang pro Tag haben sollte. Dieser wird vom Hotel geliefert und ist mir nur eine Last, schmeckt mir auch gar nicht ...

Gestern und heute waren erregte Auseinandersetzungen zwischen Shumlin (dem Produzenten) und Wilder. Ich habe Dir schon mitgeteilt, daß der ›Cornelius‹ umbesetzt wurde, mit einem sehr jungen und ziemlich erfolgreichen Schauspieler, der Shumlin sehr gefällt, mir viel weniger und Wilder gar nicht zusagt. Er hat natürlich noch zu wenig Proben gehabt, ist aber zweifellos begabt. Der erste ›Cornelius‹ ist viel weniger gewandt, viel unsicherer, aber die reinere, ehrlichere Natur.

Komisch sind sie beide nicht. Komisch ist überhaupt niemand in der ›cast‹, mit Ausnahme des Barnaby (Christopherl) und vielleicht einer oder zweier kleiner Nebenrollen.

Wir müssen uns ganz auf die reine, menschliche Anmut des Dichters konzentrieren, die sein größter Vorzug ist. Sie ist wirklich einzigartig und hat den Erfolg von ›Our Town‹ entschieden ...

Ob allerdings eine *Farce* mit dem Nestroy-Gerüst ohne *Komik* erfolgreich sein kann, bleibt nach wie vor äußerst zweifelhaft. Aber da läßt sich gar nichts machen. Schauspieler wie Moser, Romanowsky, Pallenberg gibt es eben nicht, auch nicht Hermann oder Hans.

Wilder ist entzückt, weil der menschliche Gehalt mit Humor herauskommt – und auch mit einer gewissen Wärme. Komik hat ja auch Wilder selbst kaum. Aber die Nestroysche Handlung, so naiv sie ist, wäre für *Komiker* trotzdem fruchtbar zu machen.

Da Wilder, der in großer Erregung für den ersten Schauspieler eintrat, alles Unangenehme eines Protestes auf sich nehmen wollte, aber bei Shumlin auf den erregtesten Widerstand stieß (der zweite Schauspieler ist ohne Kündigung engagiert), wurde heute abend eine Jury einberufen, die aber den zweiten Schauspieler (ohne viel Ahnung von dem Wesentlichen) *gut* fand.

Wilder war steinunglücklich. Ich mußte ihm in einer langen Besprechung beispringen. Shumlin war finster, überließ mir aber großmütig die Entscheidung. So werde ich morgen mit dem ersten Schauspieler *allein* arbeiten und sehen, wie weit ich mit ihm kommen kann. Er hat Herz, scheint mir nicht unattraktiv, ist aber schauspielerisch ohne jede Gewandtheit.

Shumlin zieht den anderen vor, der rothaarig ist und, wie Wilder sagt, in Gebärdenspiel, Mimik und Sprechweise typisch Eastside repräsentiert (was aber hier geschätzt wird). Er probiert vorläufig weiter, bis morgen oder übermorgen die letzte Entscheidung fällt. Wenn Du hier gewesen wärst, würde alles leichter sein. Dein Urteil würde nicht nur bei mir, sondern auch bei Shumlin ausschlaggebendes Gewicht haben.

So bin ich in dieser und ähnlichen künstlerischen Fragen allein. Als Regisseur verliert man so leicht die notwendige Distanz und ist zu dankbar für *jeden* Schritt zum Guten, ohne immer die *ganze* Entfernung zum Ziel berechnen zu können ...

Morgen ist ›Thanksgiving Day‹. Die Schauspieler wollten gerne wenigstens den einen freien Abend haben. Shumlin, der gerne noch viel länger probieren würde und sagte, ich sollte mich nicht zu ›religiös‹ an die acht Stunden halten (eineinhalb oder auch zwei Stunden mehr würden gern akzeptiert werden), war gegen den freien Abend, willigte aber schließlich ein, wenn ich morgen schon um ein Uhr beginne und bis halb acht probiere und nur fünfzehn Minuten Pause mache. Dafür muß ich aber, wie gesagt, am Abend mit Mr. Ewel (so heißt der erste Cornelius) allein arbeiten. So sieht also der Thanksgiving-Day aus. Das gibt ein Bild.

Vielleicht hat Shumlin recht, wenn man bedenkt, daß schon am 12. Dezember die Premiere ist (Boston) und daß ausnahmslos alle Schauspieler vorläufig noch lesen! Das ist das gerühmte Tempo! Mörderisch! ... Ach, mein Herz ist schwer und meine Ruh ist auch hin. Ich liebe Dich. Aber das macht mein Herz nicht leichter und das Deine gewiß nicht ... Ich habe noch nie (rein stundenmäßig) so furchtbar angestrengt gearbeitet und bin sehr müde. Ich *kann* nicht zwei Stunden Dinnerpause machen! Shumlin, der im Gegenteil dazu drängt, daß ich, wie heute, von 2 bis 11 und sogar bis 12 arbeite, würde außer sich sein und das nicht verstehen. Ich darf nicht, zu allem andern, noch in einen schlechten Ruf kommen. Sogar in dieser einzigen Stunde und nach der Probe finden noch Besprechungen statt. Heute mußte ich in dieser Pause einen Schauspieler hören, mit dem Cornelius umbesetzt wurde. Heute war nämlich der fünfte Probentag, also der letzte, an dem Umbesetzung noch zugelassen ist. Ich müßte noch dringend an dem Buch arbeiten, weil Wilder vieles geändert und ergänzt hat und weil der musikalische Teil noch vollkommen ungelöst ist. Ich weiß aber nicht, wann ich dazu kommen soll!

Warum finden wir keine Mäzene, nicht einmal zwanzig- oder zehntausend Dollar!«

Hollywood, den 25. November 1938

»Heute war ein scharfer Schultag, der gottlob mit einem so wundervoll beruhigenden Brief Wilders begann. Ach, ich *kann* Dir gar nicht sagen, was für eine Erlösung es ist, Dich vergnügt zu wissen in der Arbeit! Ganz ohne ›Spekulation‹ auf etwaigen Erfolg oder so. Nein, es ist unglaublich, was für Gewichte Du auf einen legen kannst, mit einer Depression!

Ich habe den Brief öfters gelesen und scharf inspiziert. Ich sehe daraus, daß das Ankurbeln zuerst vielleicht wirklich gar nicht so leicht war – aber jetzt sind sie alle schon ›betrunken‹. Man verliebt sich auch schon in die bei Beginn nicht so erwünschten Besetzungen.

Das ist natürlich ein bißl zweischneidig. Vielleicht *hat* man sich tatsächlich geirrt – oder man hat sich doch *nicht* geirrt.

Von Dir selbst nichts. Ich kämpfe schon wieder mit dem Telefon! Ich meine mit der Versuchung.

Wilder schreibt von den unglaublich langen Proben, die Du aushältst – und daß Du nicht einmal die Pause ganz für Dich hast, aber zugleich daß Du glänzend aussiehst und vergnügt bist . . .

Ich bin heute wieder etwas vergnügter über meine eigene Arbeit. Noch nicht etwa über das, was herauskommt . . . Ich weiß manchmal, daß, wenn ich intensiver Zeit für die einzelnen Sachen hätte, etwas ganz Gutes herauskommen *könnte*. Und auch, daß ich die Studenten irgendwie wachhalte. Was manchmal eher schwierig ist, denn *Temperament* ist vielleicht das Seltenste bei ihnen.

Heute abend, als ich um halb elf fertig war, hatte ich plötzlich solche Lust zu einer Abreagierung, daß ich noch in die Mickey-Rooney-Show ging. Ach, ich freue mich jetzt schon wieder, mit Dir noch einmal zu gehen. Du hast auch hier wirklich *recht*: es *ist* der erste, hervorragendste Schauspieler dieses Erdteils. Kein Zweifel mehr.

Dieses unbeschränkte Genießenkönnen ist so herrlich, wenn er auf der Bühne ist. Ich habe noch keinen einzigen falschen Ton, Gebärde, Augenzwinkern gesehen! Es ist unheimlich. Man weint und lacht mit ihm, wie an einem Gängelband . . .«

New York, den 25. November 1938

»Es macht mich zwar rasend ungeduldig, daß diese Briefe, trotz Air Mail express, offensichtlich so spät ankommen. Denn bis heute finde ich in Deinen Briefen keine Erwähnung von den beiden, die ich Dir sandte. Trotzdem schreibe ich.

Gestern war ein ungeheurer Schneesturm am Abend mit Blitz und Donner. Man konnte kaum gehen und fahren . . .

Gestern abend ist der erste Schauspieler, der den Cornelius (Weinberl) in erster Besetzung hatte, von Shumlin wieder eingesetzt worden. Es gibt nicht viel zu lachen bei ihm, aber man atmet leichter, denn er *ist* die Figur. (Ohne Komik.)

Der andere wäre vielleicht am Ende brillanter gewesen, aber ein Macher. Die Kritik ist hier jetzt so scharf wie der Winterwind, aber ihr Messer kann Machen von Sein noch nicht scharf genug trennen . . .

Shumlin soll, wie Wilder andeutete, eine unglückliche Liebe haben, das heißt: irgendwie verlassen worden sein. Er war deshalb gestern und heute nicht auf der Probe. Abends war er mit den besagten Schauspielern bei mir. Er strahlte ostentativ frohsinnig, was oft recht bedrückend ist. Er wärmt nicht.

Die Proben gehen langsam. Es ist schwer, diese Leute vergnügt zu kriegen, um so schwerer, da sie ihre Rollen nicht können. Das Ziel (das äußerste) bleibt ›a little pleasure and a little freedom‹, wie es bei Wilder heißt.

Ich fürchte, es wird der Kritik zu wenig sein . . .

Um die hiesigen Einnahmen, falls sie überhaupt kommen, nachdem das investierte Geld zurückbezahlt wird, ist mir bange . . . Unser Anwalt müßte sie so oft, *als nicht mir gehörend,* sicherstellen, *ehe* etwaige Beschlagnahmen angestrebt werden. Aber wo ist er? In New Orleans, wo er für den Workshop – – keine Schüler findet!

Siehst Du das Verhängnis noch immer nicht?

In Hollywood ist er doch unentbehrlich, nicht nur seiner eigenen und meiner Geschäfte wegen, sondern um den Bau des Theaters und der Schule durchzusetzen – wovon doch seine Existenz ebenso sehr abhängt wie die unsere . . . (Anmerkung: Wir wollten ein Theater gründen und den Workshop nur noch als ›internes Anhängsel‹ führen.)

Es ist geradezu grotesk, daß er im gefährlichsten Augenblick (wie immer) nicht dort ist, um *bestenfalls* ein paar Schüler zu ergattern, während die Schule inzwischen zu Grunde geht.

Wenn aber die Schule endgültig schlecht geht, kriegt man von keiner Seite mehr Geld . . . Und wenn er nicht in New Orleans wäre, so wäre er in Mexicali, Washington, Reno oder in Havanna. Es scheint alles so ohne rechte Überlegung, grauenhaft zufällig.

Ich habe ihn ausgesprochen gerne und bin gern mit ihm zusammen. Wenn Du ihn nicht verteidigen würdest, würde ich es bestimmt tun. Aber ich bin nicht blind genug, um das Verhängnis zu verkennen, das immer drohender wird . . .

Es ist nicht tragisch, wenn etwas mißlingt. Das passiert ja immer wieder. Aber daß etwas so Gelungenes mißlingt, das ist tragisch und voll Verhängnis. Was Du über die Schule schreibst, deprimiert mich maßlos. Was soll das werden? Die Bank wird uns den letzten Knopf wegnehmen und alle angestrengte Arbeit ist umsonst . . .

Die einzige Hoffnung, die es gibt für uns, für die Schule – sind

Vorstellungen. Ich brülle das seit Anbeginn ... Sie kosten gewiß nicht so viel wie die Reise unseres Anwalts und sein Aufenthalt in New Orleans, aber sie wären unendlich viel wichtiger ...

Vielleicht ginge es hier besser? Ich weiß es nicht. Es ist eine tolle Theaterstadt, und Vorstellungen, wie ›Beatrice‹ (›Mirakel‹) würden ganz gewiß mehr Aufsehen machen als in Hollywood. Aber ich weiß, daß mir das Leben hier sehr schwer sein würde. Ich leide hier an einem entsetzlichen Lufthunger. Ich atme nichts als Heizung.

Und die Gespenster aus Berlin und Wien! Überall hört man deutsch sprechen und klagen ... Die Zeit sitzt mir am Halse – in jeder Beziehung.

... Um schließlich auch etwas Gutes zu berichten: Thornton Wilder ist wundervoll, macht, fügt hinzu, was man will und ist unbeschwert und unverletzlich froh. Ich liebe ihn. Er ist der einzige Trost hier. Da Du nicht da bist.«

Hollywood, den 28. November 1938

»Ich schreibe aus meinem ›office‹ in einer Pause. Heute früh kam Dein guter Brief, der ja wirklich vor allem: ein Gedicht ist. Manchmal bin ich ganz glücklich, rein über die Tatsache, daß ich – so glaub ich – so einen Brief *lesen* kann, wie kein andrer es könnte. Zumindest mit so viel *Genuß* des Herzens, wenn es das gibt, wie kein anderer.

Ich habe ihn soeben wieder gelesen – und obwohl es mich jammert, daß Du so viel Zeit und also: Schlaf daran gegeben hast, so ist es doch gut in vieler Hinsicht, daß er geschrieben ist. Daß er gedichtet ist. Ich liebe Dich ...

Ich lebe in Gedanken sehr viel mit auf Deinen Proben und leide wirklich, wenn Du davon sprichst, und ich kann es nicht *sehen*. Daß nun sogar der sanfte Wilder seine troubles mit Shumlin hat !! Ich persönlich höre es natürlich sehr gern, wenn Du sagst, daß nur der feine menschliche Kern des Stückes und Dichters zur Geltung kommen wird – der Humor und nicht sehr die Komik! Die Komik ist so viel heikler in der fremden Sprache als das Herz. Der Stil gefährlicher als der überall gleiche Mensch. Nein – wenn es *warm* ist – das ist die Hauptsache! Besonders für die Hauptfiguren ...

Deine Arbeit, ich meine das Maß, ist ja einfach erschreckend! Und daß es nicht möglich ist, die Premiere in New York zu machen, finde ich, schon wegen Deiner Umstellung – Hotel, Reise, andres Haus etc. etc. – ganz entsetzlich!

... Und nun lese ich heute über diesen ungeheuren Schneesturm in New York!! Das macht mir besonderes Heimweh nach Dir. Wie wirst Du das alles bewältigen? Die Kälte, die nassen Füße, die überheizten Häuser und den eisigen Zug im Auto und auf der Straße? Ein 200-Meilen-Sturm! Gott, ich kann mir das gar nicht vorstellen ...

Ich höre, daß unser Anwalt keinerlei Erfolg in New Orleans hatte ... Dafür haben wir aber eine ganze Menge Geldkalamitäten ... Daß wir keinen Mäzen finden, muß doch irgendeinen Grund in uns selbst haben! Ich sehe ihn nicht klar – vielleicht haben wir zu wenig wirklichen Kontakt mit Menschen? Keine auch nur einigermaßen intimen Freunde ...«

New York, den 28. November 1938

»Es sind im Augenblick schreckliche Proben. Die Schauspieler versuchen zum ersten Mal, die Akte ohne Rollen zu sprechen, da kein Souffleur da ist, grundsätzlich kein Tag zum Lernen freigegeben wird und die Schauspieler, dem Stück entsprechend, fast durchwegs ältere Personen sind, kannst Du Dir vorstellen, wie die Proben aussehen. Der Dialog ist nicht alltäglich, daher nicht leicht zu lernen. Dazu die Fülle späterer Ergänzungen und das sogenannte ›business‹ in ebenso reicher Fülle. Es ist genauso, wie wenn man jetzt durch den dicken holperigen Schnee in einem Taxi fährt. Ein fortdauerndes Steckenbleiben und Warten, bis in den Büchern das rechte Wort gefunden wird.

Der Regisseur sitzt gelähmt dabei. Von einer Arbeit mit diesen müden gepeinigten Schauspielern, die in verzweifelter Angst herumschwimmen, ohne festes Land zu finden, kann natürlich keine Rede sein.

Solche Proben müßte ein Hilfsregisseur leiten, wie das auch immer geschehen ist. Aber ich muß meine Zeit pünktlich absitzen. Shumlin wäre erbost, wenn ich nicht hier wäre.

Selbst wenn, wie morgen wieder, Möbel, Requisiten etc. zu besichtigen sind, wird die Zeit *vor den Proben* gewählt. Ebenso für alle musikalischen Proben und Besprechungen. Es ist eine ungeheure Verschwendung.

Dabei bin ich überzeugt, die Schauspieler würden aufatmen, wenn ich jetzt nicht da wäre. Shumlin legte mir heute selbst nahe, einzelne, besonders empfindliche Schauspieler nicht zu unterbrechen. Aber ich muß dabei sein. Die Zeit wird ja allerdings auch immer kürzer bis zur Premiere ...«

Geldangelegenheiten blieben auch weiterhin im Vordergrund. Reinhardt mahnte Geld an, das ich in Hollywood beschaffen sollte: »Soeben abermalige Hotelmahnung – Nichterledigung peinigend. Apartment aufgegeben.« (Telegramm vom 4. 12. 1938) Reinhardt zog in ein bescheideneres Zimmer.

Doch noch am gleichen Tage konnte er mir eine gute Nachricht aus Salzburg weitergeben: Die Fürstin Hohenlohe, von Geburt Jüdin, durch Heirat ›blaublütig geworden‹, erbarmte sich Reinhardts und brachte es nach langwierigen Verhandlungen mit den Nazis tatsächlich fertig, einen Teil unseres Leopoldskroner Besitzes freizubekommen, den Reinhardt auf meinen Namen hatte schreiben lassen.

Einige Bilder, Möbel und auch Hausrat durften nach Hollywood geschickt werden, zu unserer großen Freude auch Reinhardts zärtlich geliebte Commedia-dell'Arte-Malereien.

New York, den 7. Dezember 1938:

»... schwerste, deprimierende Probentage ...«

Hollywood, den 7. Dezember 1938:

»Ich dachte, es wird heute morgen alles ein bißl heiterer aussehen – aber der Nebel verdunkelt die Sonne für uns, von der wir ja wissen, daß sie *immer* scheint.

Und sie scheint ja wirklich immer, solange wir uns haben und gesund sind. Und solange noch Platz und Sinn für eine Aufgabe ist. Ich könnte sie schließlich auch in ›Tahiti‹ sehen. Nur sollte einem die Gnade erwiesen werden, sie nicht zu lange am falschen Ort, in der falschen Richtung suchen zu müssen. Darum wird mir manchmal bange.

Du bist jetzt dort in Deinem Wilder-Stück sicher in der rechten Bahn – Du kannst wirklich nicht genug wissen, wie mich das beruhigt.

Es ist auch ganz gleichgültig im Grunde, *was* daraus entsteht und soll einen nicht bekümmern. Ob Geld oder Erfolg oder nicht. *Da* kann man Fatalist sein und echt hinnehmen, was kommt.

Was hier die Schule anlangt? Ich glaube, und auch *das* ist eine Beruhigung, daß auch ich heute die Arbeit mit Schauspielern – ob mit Schülern oder Professionals – so tun kann, daß sie auf *meiner* Linie liegt.

... Jetzt habe ich eben mit Dir telefoniert und bin, wenn möglich,

noch *verzweifelter*. Aber ich habe das Gefühl, wir müssen noch
Gott danken, wenn ich überhaupt wirklich am 15. die Fahrkarte
lösen kann ...
Ich denke nur angestrengt nach, *was* ich weggeben könnte, um
unsere wichtigsten Rechnungen noch vor Weihnachten begleichen
zu können, aber ich sehe nichts als den Mantel, der mich heraus-
reißen sollte, jetzt auf der Reise! Ich weiß, daß das ja alles noch
lange nicht schlimm ist – aber peinlich.«

Hollywood, den 7. Dezember 1938

»Du hast keinen Begriff von dem Sturm, der um mein Zimmer
herumtobt! Seit gestern abend! Ich konnte bis halb sechs früh kein
Auge schließen – schließlich mußte ich mir Watte in die Ohren
stopfen, die Decke über alles ziehen – na, und um acht wieder
aufstehen.
Und heute abend wird das gleiche sein. Man denkt, daß jeden
Augenblick ein Wirbel das Dach hochheben wird. Und vom Fenster bläst es unter die Haare ...
Heute kam wieder ein Brief Wilders – ich bin ihm wirklich *so*
dankbar, auch dafür, daß er daran denkt, wie sehr mich auch eine
andere Reaktion als die Deine interessiert. Nach ihm zu urteilen,
braucht man ja wirklich keine Sorge zu haben. Er ist hingerissen
und sagt es auch von den anderen, Schauspielern und Zuschauern.
Er spricht auch von den Schwierigkeiten und Konflikten die waren.
Also nicht so völlig einseitig für mich gefärbt. Ich wollte, ich säße
schon auf der Bahn, – und alles andre, was bis dahin noch zu kommen hat, alle Sorgen, die uns bis dahin noch umtoben werden,
wären bloß ein böser Traum ...
Es ist jetzt vielleicht der schwerste Moment, den wir je hatten ...«

*

Ahnte ich, daß uns der allerschwerste Moment dieses schwierigen
Jahres 1938, die schrecklichste Enttäuschung, noch bevorstand?
Am 28. Dezember fand im »Theatre Guild Theater« in New York
die Premiere von Thornton Wilders »Merchant of Yonkers« statt.
Bereits nach wenigen Vorstellungen wurde das Stück wieder ab-
gesetzt.

Später, als Reinhardt sich noch einmal mit dem Stück beschäftigte, sagte er über diesen Mißerfolg: »In New York litt die Aufführung unter der Fehlbesetzung der Hauptrollen mit älteren

Darstellern, unter der schwerlastenden Humorlosigkeit des Producers, vor allem unter der vollkommenen Unmusikalität des Ganzen, zu der Shumlin, die Darsteller, von denen keiner einen Ton singen, eine Note behalten konnte, und der ›Composer‹, ein Musik-Merchant aus Budapest, zu gleichen Teilen beigetragen haben.

Dadurch ergab sich eine Stillosigkeit, die das reizende Werk empfindlich schädigte.«

Reinhardts Versuche, in diesen Jahren ein Verhältnis zu Gelddingen zu gewinnen, waren aufopfernd; sie wirkten erschütternd und mitunter rührend komisch.

Er hatte ja nie Geld in die Hand bekommen. Hatte, seit ich ihn kannte, nie ein Portemonnaie besessen. Als er wieder bei mir in Hollywood war, entwickelte er zum Beispiel ein System, ›Notgroschen‹ zu verstecken, auf das er sehr stolz war: Wenn irgendwann einmal – oft war es wirklich nicht! – ein Geldschein im Haus war, den wir nicht sofort wieder ausgeben mußten, nahm er diesen Schein, steckte ihn in ein Buch und stellte das Buch zurück ins Regal.

Das war seine Sparbüchse.

Ein paarmal hat er das Geld wiedergefunden. Meistens aber hatte er vergessen, welches Buch er als Versteck benutzt hatte, und wir haben tagelang gesucht und gesucht und den Schein doch nicht gefunden.

Ebenso wenig Glück hatte er bei seinen Versuchen, durch Arbeit Geld zu verdienen, die eigentlich ein bißchen abseits lag, von dem was er bislang getan hatte, zum Beispiel durch Vorträge. In letzter Minute schreckte er vor derartigen Experimenten und Risiken regelmäßig zurück.

So mußte er mir eines Nachts in seinen »Nachtnotizen« mitteilen: »In der Lecture-Tour haben sich, wie ich fürchtete, Schwierigkeiten ergeben, weil meine Weigerung, Fragen und Debatten zuzulassen, das Zustandekommen guter Abschlüsse, die sonst sicher wären, erschwert, wenn nicht unmöglich macht. Er (der Agent) hat mir sehr zugesetzt. Aber man könnte mir ebenso gut zureden, nach dem Vortrag eine Opernpartie zu singen …«

Das Talent zu debattieren war ihm nicht gegeben. Er bemühte sich auch gar nicht darum, weil diese Kunst Parteilichkeit voraussetzt, und Reinhardt den parteiischen Menschen immer als »fragmentarischen Menschen« empfand. Von einer Überfahrt nach New York schrieb er mir einmal: »Alles wissen heißt: alles verstehen.« (Damit wollte er natürlich nicht behaupten, alles zu wissen, sondern andeuten, welchem Ideal nachzuleben er für erstrebenswert hielt.)

Wie ich schon einmal an anderer Stelle erwähnte, war nicht nur sein Verhältnis zum Geld, sondern auch sein Glaube an seine Menschenkenntnis nicht vor Enttäuschungen gefeit.

Die meisten Menschen gebrauchte er »aus der Ferne« – aus Scheu, nicht aus Mißtrauen allein. Dennoch kamen ihm viele nahe genug, um ihn betrügen zu können.

Ein solcher Fall war unser kalifornischer Rechtsanwalt. Er half uns, noch ärmer zu werden, als wir ohnehin schon waren.

Es dauerte lange, bis wir das merkten, denn wir waren besessen von seinem Charme, besonders Reinhardt. Seine Verbitterung war dann um so größer, und er verwendete für ihn fast nur Ausdrücke wie »Dämon von Hollywood« oder »Klapperschlange«.

Ich will – zumal mich mein Gedächtnis in solchen Fällen fast immer im Stich zu lassen pflegt, die lange Kette der größeren und kleineren »Leichtsinnigkeiten« dieses Mannes nicht aufzählen, obwohl daraus vieles zum Thema Reinhardt und zum Thema von Reinhardts psychischem Zusammenbruch zu entnehmen wäre.

Lieber beschränke ich mich darauf, einige Bemerkungen Reinhardts über ihn wiederzugeben. Nicht um eine alte Bitterkeit zu beschwören, sondern um zu zeigen, welche Hölle ein Mensch wie Reinhardt durchzumachen hat, wenn er gegen Ende seines Lebens gezwungen ist, einen Großteil seines Gedankenlebens nicht an seine künstlerische, sondern an seine materielle Existenz zu wenden.

Er schrieb mir aus New York:

»Als ich hier in die tiefste Not geraten war – die Hotelrechnungen waren bereits unheimlich angeschwollen, die Direktion mahnte bereits wiederholt und dringendst, Paul hatte alles Notwendige aus eigenem Geld bestritten und gekauft – und lief mit finster drohendem Gesicht herum, ohne etwas zu sagen . . .

Hier traute ich mich nicht einmal, etwas zu bestellen, und Paul antwortete nur grimmig, daß er nicht einmal das Wasser mehr bezahlen könne. Da erinnerte ich mich an etwas, woran ich mich absolut nicht erinnern wollte:

Als ich vor sechs Jahren nach Europa reiste, machte ich, wie immer, hier ein, zwei Tage Station, ehe ich aufs Schiff ging. Ich hatte circa tausend Dollar in der Tasche und wollte sie nicht mit nach Europa nehmen. Es war ja immer schwierig, das Geld wieder herauszubekommen. (Die Reisekosten waren durch Traveller Checks gedeckt.) So beschloß ich im letzten Moment, das Geld in einer Bank zu deponieren.

Ich ging in eine Filiale der ›Chase National Bank‹, die soweit ich mich erinnere, ganz in der Nähe des Hotels ›Park Avenue‹ lag, und zahlte das Geld ein. Es war in aller Eile vor der Abreise.

Später gelobte ich mir, dieses Geld nie anzurühren, bis vielleicht eines Tages irgendeine ganz unvorhergesehene und nicht anders abzuwehrende Not eintreten würde. Damals war noch keine Rede davon. Ich war noch im Vertrag mit Warners.

Später, viel später – ich war inzwischen mehrfach in New York gewesen, ohne je an diese Einzahlung zu denken oder denken zu müssen – später kam die Not; ich wollte aber an diesen letzten, eisernen Notpfennig nicht rühren.

Ich war auch nicht vollkommen sicher, ob dieses Depot, von dem ich nie wieder etwas gehört hatte (kein Brief von der Bank, keine Anfrage ist jemals an mich gelangt) überhaupt noch zu Recht bestand. Ich wollte um keinen Preis daran rühren, ich wollte auch gar nichts davon wissen. Ich hatte es tatsächlich vergessen und hatte nur im Unterbewußtsein die Empfindung, daß da in einer New Yorker Bank für den allerschlimmsten Fall noch etwas liegen müsse – ich wußte nicht einmal mehr, wie viel es war.

In dieser Not – sie konnte ja kaum schlimmer sein – erinnerte ich mich, kramte meinen weißen Koffer um und um und fand schließlich den Depotschein, den ich Dir hier beilege. Ich machte mich erregt auf, in der sicheren Hoffnung, wenigstens einen Teil davon abzuheben, um Dir etwas zu schicken und Paul etwas Geld zu geben.

Nach langem Warten – es war die Hauptstelle der Bank – sagte man mir, – daß kein Konto mehr existiere. Wieso? Es sei behoben worden.

Ich wußte, daß ich es bestimmt nicht behoben hatte. Die Situation war peinlich. Ich wollte meine Unterschrift sehen. Abermaliges langes Warten im Bureau des Direktors, der mich glücklicherweise wenigstens kannte.

Unser Anwalt hatte es behoben.

Ich war starr. Woher wußte er von dieser ganz zufälligen plötzlichen Einzahlung, in der Hast der Abreise? Das ist mir jetzt noch ein Rätsel. Hatte er eine Verbindung mit dieser Bank?

... Tatsache ist, daß er das Geld behoben hat, auf Grund seiner ›Power of Attorney‹, und das Tollste ist, daß er das nicht etwa in der letzten Zeit getan hat, sondern gleich einen Monat nach meiner Einzahlung ...

Man fand in alten Büchern, daß er ausdrücklich dabei erklärte: – (ich weiß nicht, wozu das überhaupt noch notwendig war, wahrscheinlich um die Sache plausibler zu machen) – ich sei in Europa und hätte keine Unternehmung in New York mehr im Sinn. Deshalb behebe er auf Grund seiner Vollmacht.

Es waren 1346 Dollar 19 Cents. Es wäre meine Rettung gewesen. Ich war erschlagen. Ich konnte dem Direktor nichts erklären.

... Daß wir jedoch jenem Reptil mit dem Leben entronnen sind, ist ein Gotteswunder. Und nur der liebe Gott von seiner Höhe mag auch noch in der niedrigsten Kreatur die Unschuld der Natur erkennen, trotzdem er die ›Snake‹ schon im Paradies verdammt hat, auf dem Bauch zu kriechen und ihr Leben lang Staub zu fressen. Sie wird immer stechen, und wir sollten sie, zum Schutz der anderen Wesen, immer erschlagen.«

Heute bin ich davon überzeugt, daß das Geld für eine fällige Rechnung verwendet wurde und daß der Anwalt uns nur nicht davon unterrichtet hatte. Das war so seine Art.

Wer keine Arbeit hat, muß unter die Leute. Da uns das aber so außerordentlich schwer wurde, wollten sich die Beziehungen, die »man haben muß«, immer noch nicht einstellen. Außerdem gehört es bekanntlich zur Eigenheit der Leute, die keine Beziehungen nötig haben, unter sich zu bleiben und Kontakte mit Leuten, die Beziehungen suchen, zu meiden und sogar zu fürchten.

So waren wir meist auf den falschen Parties, eben unter Leuten, denen es ähnlich wie uns erging. Emigranten unter sich ...

Einmal lernten wir Brecht kennen – auch auf so einer Emigranten-Party. An jenem Abend (und auch bei späteren Gelegenheiten) fiel mir auf, wie wenig er sprach. Wenn er etwas sagen wollte, sagte er es ganz leise, und die Leute, die eben noch laut durcheinander geschnattert hatten, hörten ihm trotzdem zu.

Seine Frau sprach mehr und lauter. Sie sprach davon, wie sie nach Deutschland zurückkehren und blutige Rache nehmen würde. Das gab mir einen Stich.

Ich war doch gewiß alles andere als eine Anhängerin der Nazis und hatte meine Gesinnung dadurch dokumentiert, indem ich Reinhardt in die Emigration gefolgt war. Dennoch war es mir unbegreiflich, wie diese Frau so reden konnte. Wie sie alle Deutschen in einen Topf warf. Dagegen war ich nicht unempfindlich. Das hat mich etwas abgestoßen.

Aber Brecht war mir dafür um so sympathischer. Auch Reinhardt hat ihn sehr geschätzt. Wir hatten die Erstaufführung der »Dreigroschenoper« gesehen und waren hingerissen davon. Vor kurzem habe ich dieses Singspiel wieder gesehen, in gar keiner guten Vorstellung, doch mein Eindruck hatte sich nicht geändert: eine gewaltige Sache! Diese Lieder werden unsterblich sein.

Über die Rolle der Musik im Theater dachte Reinhardt ganz ähnlich. Sieht man vom politischen Engagement ab, so kann ich mit bestem Gewissen sagen, daß die beiden im Grunde dasselbe wollten. Manches haben sie ganz verschieden ausgedrückt. Doch ich schwöre, sie wollten dasselbe. Schade, daß es nie zu einer Zusammenarbeit gekommen ist.

Die allersympathischste Erscheinung unter den Emigranten, denen wir in Kalifornien begegneten, war für Reinhardt und mich der Dichter Carl Zuckmayer. Weil er keine Kompromisse machen wollte in seinem Beruf als Dichter.

Er hat gesagt: gut, ich bin nicht in dieser Sprache zu Hause, ich kann meine Sache nicht weitermachen, ich will damit kein falsches Geld verdienen, so gehe ich eben in die Landwirtschaft und arbeite mit meinen Händen.

Die Zuckmayers haben dann tatsächlich eine kleine Farm gepachtet. Das war prachtvoll.

Ab und zu – eigentlich sehr selten – verließen sie ihre Farm in Vermont und besuchten ihre Freunde in New York und Hollywood. Auch bei uns waren sie manchmal. Ich bedauere, daß ich mit ihnen sehr wenig gesprochen habe. Ihr Gesprächspartner war eben Reinhardt, und ich bin kaum dazugekommen, etwas zu sagen. Aber es war gut zuzuhören.

Den größten Eindruck machte mir Frau Zuckmayers Gewohnheit, statt Blumen – *Eier* mitzubringen, Eier von ihrer Farm. Das hat mir sehr imponiert.

Leider fiel weder Reinhardt noch mir eine Möglichkeit ein, auf ebenso anständige Art umzusatteln. So blieb uns nur übrig, auf möglichst anständige Art auszuhalten, bis wir wieder in unserem Beruf arbeiten konnten ...

Als mein Englisch besser wurde, bekam ich hin und wieder kleine Filmrollen. Das bedeutete eine gewisse Erleichterung, denn diese Arbeit wurde sehr gut bezahlt. Es bedeutete aber eine Reihe von Demütigungen für jemanden wie mich, dem dieses unbarmherzige Business fremd war. Es dauerte eine Weile, bis ich mich daran gewöhnt hatte, mit diesen gelangweilten, zigarrekauenden Herren zu reden, die ihre Füße auf den Schreibtisch legten und mir ihre Schuhsohlen präsentierten. Das galt damals als besonders schick.

Ich möchte über diese Zeit nicht viel reden, vor allem, weil ich sie für unergiebig halte. Nur ein paar Beispiele:

Einmal wurde ich zu Testaufnahmen bestellt. Ich sollte die Rolle eines ›Rasseweibs‹ spielen. Nun ist das ja nicht unbedingt mein Fach. Ich wunderte mich ein bißchen, daß man dabei ausgerechnet an mich gedacht hatte, man hatte doch meine Fotos und wußte, was für Rollen ich bislang gespielt hatte.

Immerhin, ich hatte mir eine mir passende ›Rasseweib‹-Version zurechtgelegt und ging hin.

Als ich in die Garderobe kam, stand da eine Art Taucherglocke, eine gepolsterte Taucherglocke, in der ich schließlich ein Korsett erkannte. Ich fragte: »Was ist das?« – »Das ist Ihr Kostüm.«

Die haben mich also aufgepolstert, und dann habe ich mit meinen dünnen Armen und dieser schrecklichen Taucherglocke und einer kohlschwarzen Perücke, in der eine Mohnblume steckte, die Probeaufnahmen gemacht. Natürlich habe ich die Rolle nicht bekommen.

Nur ein einziges Mal habe ich eine größere Sache gemacht. Die war sogar ganz interessant. Ich spielte eine Frau, die einen Sohn oder Neffen im Krieg verliert und sich eine Tochter konstruiert. Sie lebt den Rest ihres Lebens so, als ob es diese Tochter tatsächlich gibt. Eine Verrückte. Das habe ich ganz gerne gemacht – ich hatte halb ulkig, halb tragisch zu sein. Das ganze endet mit Selbstmord.

Als meine Filmzeit begann, hatte Reinhardts Leben seinen Tiefpunkt erreicht. Er war so isoliert wie nie zuvor. Von der Ruhe, die er in all den Jahren zuvor vergeblich herbeigesehnt hatte, hatte er jetzt mehr als genug, mehr als ihm lieb war.

Er vermißte nicht so sehr die vielen hundert Menschen, die sich früher um ihn gedrängt hatten – die Fans, die Freunde, die Bekannten, die nicht. Die hatte er ja nie so richtig an sich herankommen lassen, und so realisierte er gar nicht so richtig, wie es in Hollywood um ihn herum immer leerer und leerer wurde. Nein, was ihm fehlte, waren seine Schauspieler. Er wollte wieder Schauspieler haben.

Auf unseren Spaziergängen in unserem Villenviertel am Meer, weit außerhalb von Hollywood, spielten wir ›Zwei-Personen-Stücke‹, indem wir uns ausdachten, wie es in diesen Häusern aussah, welche Leute darin wohnten, wie ihre Verhältnisse zueinander, ihre Konflikte waren und was sie sich sagten.

Das Wichtigste bei diesem närrischen Spiel war, daß wir absolut niemanden von diesen Leuten kannten. Das beflügelte unsere Phantasie. Nur einen einzigen Nachbarn kannten wir, den Schauspieler Charles Laughton. Seine Frau war Schauspielerin, und wie wir hörten, waren die beiden ein außerordentlich interessantes und intelligentes Paar. Doch obwohl uns nur wenige Schritte trennten, haben wir mit ihnen kein einziges Wort gesprochen.

Reinhardts letzte Versuche, aus Los Angeles eine Theaterstadt zu machen, waren kläglich gescheitert und so hatte er schließlich mit Kalifornien abgeschlossen. Sein resigniertes Urteil über Los Angeles: »In einer Stadt, in der die Fläche dominiert – die Fläche der Filmleinwand –, kann man gerechterweise nicht die Entwicklung der dreidimensionalen Kunst des Theaters erwarten.«

In dieser Zeit der Resignation ging eine erschreckende Veränderung mit Reinhardt vor. Früher hatte er auch in den allerschwierigsten Zeiten gesagt: »Ich werde es schaffen.« Jetzt murmelte er hin und wieder, während er an seinem Schreibtisch saß und ihn die Konzentration verließ: »Es geht mir nicht gut.« So etwas hatte ich nie von ihm gehört.

Reinhardt war immer gesund gewesen, solange ich zurückdenken konnte, hatte ihm nie etwas gefehlt. Körperliche Leiden waren ihm absolut unbekannt, so daß er ganz ernsthaft von einer »Augenoperation« sprach, als ihm einmal eine Art Pickel, ein winziges Hautteilchen am Augenlid, das seinen Schönheitssinn verletzte, entfernt werden mußte. Das war für ihn schon eine große Sache …

Jetzt aber konnte es mehrfach am Tage – oder besser gesagt: in der Nacht geschehen, daß er sich in seinem Schreibtischsessel zurücklehnte, die Brille abnahm, die Augen schloß und bleich wurde. Dann fuhr er langsam mit der Hand über die Stirn und klagte über ein ›Flimmern vor den Augen‹.

Wir gingen zu einem Arzt, der ihm riet, weniger zu rauchen. Reinhardt hielt sich daran, doch es wurde nicht besser. Er sagte, er fühle so einen Ring um den Kopf. Gelegentlich deutete er an, er glaube nicht daran, daß er noch lange zu leben hätte. Ich bin darauf nie eingegangen.

Aber ich wußte natürlich, daß jetzt etwas zum Vorschein kam, was nicht ausbleiben konnte – nach einem Leben, wie es Max Reinhardt geführt hatte. Er hatte in seinem Leben viel zu viel Ärger und Nervosität geschluckt. Er war jahrzehntelang ein Mensch, der seiner Freude und seinen Träumen nachging – aber um welchen Preis! Denkt man an die unzähligen Anstrengungen und Aufregungen, die an ihm gezerrt hatten, so muß man sagen – er war ein Gemarterter.

Jetzt zerrte an ihm das bittere Geschick, sich unnütz fühlen zu müssen. Und die quälende Gewißheit, daß wir uns in Amerika nie einleben würden. Er sah, wie ich mein Unglück mit mir herumschleppte – mein Unglück, nicht auf einer Bühne stehen und deutsch sprechen zu dürfen.

Wenn ich unglücklich bin, dann ist das etwas, was man wirklich ›greifen‹ kann. Ich schleppe meine Trauer nach, wie eine Schleppe von einem schweren Kleid. Reinhardt sah meinen Jammer und konnte mir nicht helfen. Er konnte niemandem helfen, und das ließ ihn um Jahre altern.

Ich fühlte mich so unproduktiv und so häßlich. An manchen Tagen fehlte nur ein bißchen – und ich hätte einen Schreikrampf bekommen. So verzweifelt war ich. Es wäre alles vielleicht etwas leichter gewesen, wenn Reinhardt fähig gewesen wäre, bereit gewesen wäre, mit mir über meine Probleme zu reden. Er sagte nur, ich solle beten.

Es widerstrebte ihm, über meine Zustände zu sprechen, von solchen Dingen zu reden, war er einfach nicht gewohnt. Ich hingegen bin da viel schamloser, ich habe keine Scheu, von inneren Prozessen zu reden. Ich rede gern darüber, weil ich mir klarwerden will, weil ich etwas bewältigen will. Ich will immer auf den Grund gehen. Ehe ich nicht den Mittelpunkt des Erdballs erreicht habe, bin ich nicht ruhig.

Er sagte also, ich solle beten, und ich – ich wußte nichts damit anzufangen. Ich hatte keine Sprache mehr. Ich war fast tot.

Und bei diesem Anblick hat er einmal, ein einziges Mal, die Beherrschung verloren und bekam einen Wutanfall, einen furchtbaren Wutanfall. Er saß an seinem Schreibtisch und brüllte, als wenn er das Haus zertrümmern würde.

So stark war das. Das war eben genauso stark, wie seine ganze Persönlichkeit war. Plötzlich sah ich, was er alles unterdrückt hatte. Er, der nie ein lautes Wort gesagt hatte, zeigte plötzlich seine ganze Qual. Ich war zu Tode erschrocken. Noch heute spüre ich meine namenlose Bestürzung, meinen Schrecken. Nur das weiß ich, sonst weiß ich nichts mehr.

Wahrscheinlich hat er mir Undank vorgeworfen – Undank ihm und unserem Schicksal gegenüber. Denn wenn wir auch Sorgen hatten, schließlich hatten wir zu essen, ein bequemes Haus, und wir lebten an einem der schönsten Flecken der Erde.

Eines weiß ich ganz sicher: daß Reinhardt nie, auch in diesem Wutanfall nicht, von Trennung gesprochen hat . . .

In dieser Zeit schickte ich Edthofer, der in Wien geblieben war, ab und zu kleine Zigarrenpäckchen. Reinhardt hat das nie erfahren.

Im Mai 1942 verkaufte Reinhardt seine Büromöbel, um nach New York fahren und sich Arbeit suchen zu können.

Er hatte eingesehen: in Hollywood wollte man ihn nur als Show-Mann gebrauchen (für den ihn viele hielten, der er aber nicht sein wollte und konnte). Für den *Theatermann* Reinhardt gab es in den USA nur *eine* Stadt, und das war New York.

In einer seiner letzten »Nachtnotizen«, die er mir vor seiner Abreise morgens unter meine Türe schob, schrieb er: »Der Moment ist günstiger als je zuvor. Wir wissen, wie gut die Theater überall im Kriege gehen. Für mich ist es nicht mehr und nicht weniger als eine Existenzfrage.«

Er kannte das New Yorker Theater und wußte, was ihm fehlte. Es gab dort glänzende Konversationsstücke, glänzende Shows, herrliche Musicals, doch das literarische Theater – soweit es überhaupt vorhanden war – war damals ausgesprochen altmodisch und unerträglich pathetisch. Schmierentheater. Und so wollte er Amerika ein Repertoiretheater geben, ein Repertoiretheater Reinhardtscher Prägung.

Er wünschte sich ein festes Ensemble, mit dem er – für den Anfang – fünf Muster-Inszenierungen einstudieren wollte. Die Leute sollten des Ensembles, des Regisseurs und des Hauses wegen kommen und nicht jedes Mal neu durch ein einzelnes Erfolgsstück geworben werden. Er wollte aus diesem Riesen-New-York ein Publikum »herausstechen«, das so groß und so festverschworen war wie seine Wiener oder Berliner Anhängerschaft.

Er haßte es, von einer einzigen Premiere auf Leben und Tod abhängig zu sein. Und er haßte es, mit Schauspielern arbeiten zu müssen, die ihn nicht kannten und es auch gar nicht für nötig hielten, ihn kennenzulernen, weil sie schon ans nächste Engagement dachten.

Vor allem kam es darauf an, Geldgeber zu finden und diese Geldgeber zu überzeugen, daß Reinhardt Reinhardt bleiben müsse und daß ein Reinhardt, wenn er nicht gezwungen wurde, Kompromisse zu machen, auch den Broadway erobern werde.

»Auf ein gutes Stück zu warten, das obendrein in der augenblicklichen Strömung finanzielle Erfolgschancen hat und das außerdem noch zu finanzieren ist – ist, wie die Erfahrung lehrt, eine sehr langwierige und am Ende zweifelhafte Sache. Es war nie meine Sache. Wenn es da ist, wird es kaum zuerst an mich gelangen, sondern in die bereits vorhandenen leicht fahrbaren Kanäle geraten und dort gierig aufgegriffen werden von den vielen, die nur darauf warten, ausschließlich *darauf* warten.

Natürlich kann der glückliche Zufall, der alles beim Theater regiert, es auch mir einmal zutreiben, namentlich nach Erfolgen. So ist mir das ›Nachtasyl‹ zugefallen, der ›Lebende Leichnam‹, Pirandellos ›Sechs Personen‹ ... und noch das eine oder andere Stück. Zuckmayers, Brucknern Stücke und andere Erfolgsstücke habe ich selbst gar nicht inszeniert – sie waren auch ohne mich erfolgreich.

Meine großen Erfolge waren Stücke, die längst vorhanden waren, wie der ›Oedipus‹, ›Sommernachtstraum‹, ›Kaufmann von Venedig‹ und andere Shakespearesche Lustspiele, der uralte ›Jedermann‹, der Salzburger ›Faust‹, das ›Große Welttheater‹, ›Dantons Tod‹, die Stücke Strindbergs, Maeterlincks ...

Wenn ich hier Erfolg haben soll, so muß ich auf diesem Wege, der – ob gut oder schlecht – eben mein Weg ist, bleiben. Das heißt: ich muß bereits vorhandene Stücke wählen und sie in *meiner* Art machen ...« Würden die Broadway-Financiers, die »Engel«, ein Einsehen haben? Durfte Reinhardt Reinhardt sein? Oder sollte er wieder an einen Shumlin geraten?

Wieder einmal mußte ich seinen »Kampf mit den Engeln« von Hollywood aus verfolgen, soweit das möglich war. In den folgenden fünfzehn Monaten schrieb ich ihm mindestens an jedem dritten Tag einen Brief, oft auch täglich. Reinhardt reiste am 22. Mai.

Hollywood, den 26. Mai 1942

»Dein Telegramm von der Ankunft kam heute früh ... Ich bete *so*, daß etwas Gutes gelingt!«

Hollywood, den 31. Mai 1942

»... gib nicht alle Deine Ideen und Verbindungen weg, ohne halt wirklich *selbst* davon den Vorteil zu haben ...
Die Vorbereitung auf einen Angriff der Japaner wird hier immer ernster.«

New York, Anfang Juni 1942

»Wann ich mit meinem eigenen Leisten, bei dem ich natürlich am liebsten bleiben sollte, wieder Geld verdiene, läßt sich heute noch nicht absehen. Ich habe keine Zeit verloren, habe schon drei Theater gesehen ... Sie wären billig zu haben, da sie leer stehen und nicht gesucht sind. Sie sind nicht sehr attraktiv, aber ganz geräumig ...

Man kann wahrscheinlich hier noch härter verzweifelt sein, wenn alles schiefgeht, und sich von einem oberen Stockwerk in das Steinerne Meer stürzen – aber man kann gewiß nicht so leicht versinken in eine weiche, schläfrige Hoffnungslosigkeit, die in Hollywood alle Arme nach einem ausstreckt und einen in dieser Umarmung jahrelang festhält ...«

Hollywood, den 6. Juni 1942

»Mein Geliebter, es ist so wunderbar, einen Brief von Dir zu bekommen! ... Der Garten ist jetzt so ›hochzeitlich‹. So würdest Du ihn nennen. Nur Duft und Farben!«

Hollywood, den 13. Juni 1942

»Ich hab solche Angst, daß Du in eine neue Vertröstungs-, Verlügungspolitik verstrickt wirst ...«

Hollywood, den 17. Juni 1942

»Was geht bei Dir vor?!!!!«

Hollywood, den 19. Juni 1942

»Warum schenkt Dir niemand ein Telefongespräch mit mir?«

Hollywood, den 11. Juli 1942

»Ach, ich möchte mich eingraben. – Dein Telegramm heute – ich kenne Dich eben doch nicht! Du erwähnst überhaupt nicht das Allbewegende, worauf ich stündlich warte – sondern sagst bloß: einzige Lösung, daß ich komme! Da muß man wirklich unter Tränen lachen.«

Hollywood, den 24. Juli 1942

»Am 6. August ... erster Drehtag ...«

New York, den 16. August 1942

»... von den vielen Menschen, mit denen ich verhandelte, traf ich nur einen einzigen, der mit mir ein *ständiges Theater*, zum mindesten für eine Saison, mit drei oder vier Stücken anstrebt ...
Wenn wir kein erstes Stück finden, könnte ich vielleicht noch nach Hollywood fahren. Das wäre über alle Maßen herrlich – aber darf ich das wünschen? Vielleicht muß es sein. Ich sollte nicht ahnungslos von Hollywood Abschied genommen haben, wie ich es von Berlin, von Salzburg, von Wien tun mußte! ...
Ich muß diese trostlose Hitze weitertragen ...«

Hollywood, den 17. August 1942

»Depeschiere sofort, wann Du endlich siehst, dort wegzukommen ...«

New York, den 25. August 1942

»Die Dinge sind hier noch immer nicht endgültig entschieden ... Was wir heute am dringendsten brauchen, ist nicht nur das Leben, sondern vielmehr die Lust zum Leben. Und wenn Du herkommen kannst, *bald* herkommen kannst, wird diese Lust zehnfach sein – und ich weiß, sie wird fruchtbar sein.«

New York, den 22. September 1942

»Deine Briefe sind so verzweifelt, der Inhalt so trostlos, daß er meine Verzweiflung die Wände hochtreibt. Es hilft alles nichts. Wir sollten zusammen sein, sollten zusammen geblieben sein. Wozu ist die Trennung gut gewesen?«

Reinhardts Kampf mit den Engeln endete unglücklich. Sie ermöglichten ihm lediglich die Inszenierung eines modernen Stückes, keinen Klassiker. Er brachte eine wunderbare Aufführung von Irwin Shaws »Sons and Soldiers« auf die Bühne. Da es sich jedoch um ein Kriegsstück handelte, versagte das New Yorker Publikum ihm seine Zustimmung.
Werfels »Everyman«, auf den er große Hoffnungen gesetzt hatte, wurde nicht fertig. Die Idee, den Salzburger »Jedermann« mit Negern zu inszenieren, scheiterte daran, daß die Producer meinten, Schwarze hätten im seriösen Theater nichts zu suchen.

Die einzige Arbeit, an der Reinhardt einige tausend Dollar verdiente, war seine Mitarbeit an einer Neuauflage seiner berühmten »Fledermaus«. Damals gab es in New York gerade eine Operettenwelle – freilich seichtesten Niveaus. Reinhardt, der in Europa wunderbare Offenbach-»Feste« auf die Bühne gebracht hatte und gelegentlich eingestand, am liebsten Dirigent geworden zu sein, bemühte sich vergeblich, einen »Engel« zu finden, der bereit gewesen wäre, »Offenbach nach New York zu holen«.

Er mußte einsehen, daß er nur noch ein Name war, dem der Ruf voranging, ein »Regisseur kostspieliger und unzeitgemäßer großer Aufführungen« zu sein. Unsere Trennung hielt an.

Viele Jahre früher hatte ich einmal über meine Einsamkeit geschrieben: »Es liegt mir manchmal in den Fäusten, auf den Tisch zu schlagen.« Und Reinhardt hatte geantwortet: »Ich bitte Dich, habe Geduld mit mir, und halte Dich fest in meinem schwerbeladenen Kahn, der von der Zeit hin und her geschleudert wird.« Wo waren sie hin, diese Zeiten? Heute war es zwar ganz genauso – mit einem Unterschied aber: Reinhardt war fern von mir, nicht weil er zuviel, sondern weil er zuwenig Arbeit hatte.

Da ihm New Yorks Theater verschlossen blieben, entzündete sich seine Phantasie wieder am Häuser-Umbauen, ungeachtet der Tatsache, daß er nicht einmal das Geld hatte, die Häuser, die ihm gefielen, zu mieten, geschweige denn zu kaufen. Das mörderische Klima trieb ihn an die Küste, wo er tagelang mit der Bahn herumfuhr und Häuser besichtigte. Über diese Exkursionen, die ihn gefährlich aus der Reichweite der Telefone führten, schrieb er mir die begeistertsten, ohnmächtigsten Berichte – oft zwanzig, dreißig Seiten lang.

Meine Bitten heimzukommen, beantwortete er meist ähnlich knapp und bestimmt wie in seinem trostlosen Telegramm vom 7. Juli 1943: »Wie kann ich abreisen ohne einen Vertrag?«

Drei Wochen später schrieb er niedergeschlagen: »Worauf warte ich eigentlich? – Ich warte auf Deine Briefe.« Dieser Brief war so umfangreich, daß er – in Maschinenschrift übertragen – mehr als vierzig Seiten umfassen würde!

Ich antwortete am 31. August, in tiefster Verzweiflung. Wir hatten endlich die Aussicht, einige Tage in New York zusammensein zu können. Denn ich hatte sowohl etwas Geld wie auch die Sicherheit, »einen neuen Film zu bekommen«, das war eine Existenzfrage für uns. Und also konnte ich mich einige Tage fortwagen. Dachte ich. Es kam anders.

»Heute nachmittag habe ich die Fahrkarte zurückgegeben! Es

war der letzte Moment. Jede Stunde hoffte ich auf einen Abschluß, hier oder dort, – dann wäre ich gefahren, und wenn es bloß für eine Woche gewesen wäre – trotz aller Unvernunft. Aber so – da alles wieder mal, oder noch immer, so unsicher ist in der nächsten Zukunft – müssen wir halt weiter versuchen, jeder an unserem Ende ... Ich werde Dir von nun an *jeden* Tag schreiben ... ich darf mich nicht wegtrauen!«

Unmöglich zu beschreiben, wie niedergeschlagen ich war.

Wenig später jedoch ereignete sich das große Glück, daß ich nach New York fahren und mit ihm seinen 70. Geburtstag feiern konnte. Es waren gute Tage, diese Tage in New York, obwohl Reinhardt den offiziellen Anlaß nicht recht schätzte. »Ich mache mir nie viel aus meinen Geburtstagen, und der bevorstehende scheint mir der unerfreulichste von allen.«

Ich glaube fest, daß Reinhardt in seinem Innersten wußte, daß dieser Termin von unheilvoller Bedeutung sein würde. Immer wenn dieser 70. Geburtstag erwähnt wurde, zeigte er eine stumme, sehr entschiedene Abwehr.

Als der Tag dann da war, hatte er nicht die geringste Freude daran. Auch nicht an unseren Gästen, obwohl es durchweg enge Freunde und geschätzte Bekannte waren. Irgendwie muß er sich als tragische Figur gesehen haben.

Die Beweise der Liebe und Verehrungen freuten ihn, dennoch war er nicht fröhlich. Über allem stand für ihn an diesem Tag das Wort »Abschied«.

Auch ich kam zu keiner rechten Wiedersehensfreude – alles war überschattet von Reinhardts Trauer, von der ich offenbar mehr wußte, als die anderen, die seine Stimmung mit Rührung verwechselten. Das Ende war bereits in ihm. Ich konnte es anders nicht fühlen.

Wir verbrachten elf stille Tage in Fire Island bei New York. Dann mußte ich zurück zu meinem Film, vor dem mir graute. Fast wäre ich vertragsbrüchig geworden und umgekehrt. Doch wir brauchten das Geld.

Was nach meiner Abreise, wenige Tage später, geschah, habe ich mit großer Verspätung erfahren, als es fast zu spät war. Fast hätte ich Reinhardt nicht wiedergesehen.

Am 24. September erlitt er einen Schlaganfall. Sein Zustand verschlechterte sich in den folgenden vier Wochen, nachdem es zunächst ausgesehen hatte, als werde sich Reinhardt wieder erholen.

Erst als es schon fast zu spät war, wurde ich von seinem Sohn

Gottfried, der damals in New York war, über den Vorfall unterrichtet. Aus Angst vor den Reaktionen der »Theater-Engel« hatte er Reinhardt isoliert und nichts darüber in die Außenwelt dringen lassen, doch auch nicht zu mir. (Offenbar fürchtete er, ich könnte es weitersagen!)

Ich schrieb ahnungslose Briefe. Über Scripts, Verträge, Gagen und Erkältungsgefahr (25. September), über Dienstboten und Filmagenten (26. September) und (am 28. September) über Schecks, Kollegen, Bücherbretter und Möbelrücken.

Einen Tag später erfuhr ich endlich, daß es Reinhardt nicht gut ging, wurde aber von seinem Sohn Gottfried dringendst ersucht, nicht zu kommen, um Reinhardt nicht unnötig zu beunruhigen.

Noch am 18. Oktober hieß es in einem Telegramm Gottfried Reinhardts: »No reason for alarm.« Dennoch bereitete ich meine Abreise nach New York vor. Es gelang mir, Geld für eine Fahrkarte zu borgen. Eine Flugkarte war nicht aufzutreiben. Es war Krieg, und die meisten Zivilflugzeuge waren für militärische Zwecke eingezogen. Die Reise dauerte vier Tage, vier qualvolle Tage.

Als ich schließlich am 23. Oktober in Reinhardts Zimmer im »Hotel Gladstone« trat, war Reinhardt bereits halbseitig gelähmt und konnte nicht mehr sprechen. Er lag mit dem Gesicht zur Tür, und als er mich sah, gelang es ihm, sich mit aller Kraft ein bißchen aufzurichten.

In diesem Moment trat eine Krankenschwester, die bei ihm war, dazwischen und winkte mit beiden Armen: ich solle hinausgehen. Sie hielt mich für unangemeldeten Besuch, hatte offensichtlich keine Ahnung, daß Reinhardt verheiratet war. Als ich mein Bild auf seinem Nachttisch suchte, suchte ich es vergebens. Es fand sich merkwürdigerweise, zusammengeklappt, unter diesem Nachttisch auf dem Boden.

Ich wußte nicht, wer dem Foto diesen Platz angewiesen hatte. Ich wußte aber, daß Eleonora von Mendelssohn sich seit einiger Zeit wieder um Reinhardt bemühte.

Reinhardt konnte keine Worte mehr formen, doch mit seinen Blicken zeigte er mir seine Freude über meine Ankunft. Durch die kleinen Handbewegungen, die ihm möglich waren, versuchte er mir etwas zu sagen. Als ich sah, wie er sich plagte, begann ich irgend etwas zu erzählen, um ihn abzulenken und von dieser Mühe zu erlösen. Und wenn ich nicht mehr erzählen konnte, nahm ich mein Strickzeug, setzte mich in einen Lehnstuhl neben sein Bett, etwas abseits, und beschäftigte mich mit meiner Handarbeit.

Ich verbrachte auch die Nächte in diesem Lehnstuhl.

Am Nachmittag des 28. Oktober führten wir ein letztes stummes Augengespräch miteinander. Dann begann sich sein Bewußtsein zu verschleiern. Abends geriet er plötzlich beim Anblick der Schwester und seiner beiden Söhne in panischen Schrecken, wie beim Anblick von Gespenstern.

Tags darauf begann er zu erschlaffen, die letzten Kräfte begannen zu schwinden. Abends gab ihm der Arzt eine Injektion, die es ihm ermöglichen sollte zu schlafen. Da ich seit sechs Nächten nicht mehr geschlafen hatte, ließ ich mich überreden, ein leichtes Schlafmittel zu nehmen, bat aber darum, sofort geweckt zu werden, falls Reinhardt aufwachen sollte. Ich lag – vom Medikament und meiner Erschöpfung betäubt – bis zum frühen Morgen in einem totenähnlichen Schlaf in meinem Lehnstuhl am Bett.

Als ich erwachte, erfuhr ich, daß die Injektion, die man Reinhardt gegeben hatte, wirkungslos geblieben war, daß er offenbar mehrfach nach mir verlangt und schließlich, – in der Annahme, ich sei neben ihm, krampfhaft die Hand der Pflegerin festgehalten hatte. – Warum weckte sie mich nicht!

An diesem Tag verlor er das Bewußtsein. Die Kälte kam. Am 31. Oktober 1943 gegen ein Uhr früh letztes Atmen ...

*

Auf der Fahrt zum Begräbnis spürte ich die Menschen, die um mich waren, wie einen eisernen Ring. Sie gehörten fast alle zu Eleonoras Partei und hegten wenig freundliche Gefühle für mich. Ich war grausam isoliert, umlauert von Blicken, die zu sagen schienen: Wird sie sich des großen Mannes, der großen Stunde würdig erweisen? Warum weint sie nicht? Warum bricht sie nicht zusammen?

Ich blieb starr und stumm. Und erst als der Zug nach San Francisco aus der Halle fuhr, hielt ich meine Tränen nicht länger zurück.

Viele dachten damals, daß es nur selbstverständlich wäre, wenn ich mich umbrächte. Sie machten mir – offen oder mit versteckten Worten – klar, daß ich nach diesem Verlust unmöglich weiterleben könne. Ich weiß, daß das die Meinung vieler war, die Reinhardt gekannt und verehrt hatten – der Regisseur Lothar zum Beispiel. Und Frau Polgar. Ganz bestimmte Kreise. Herr Kortner hat mich die »Lustige Witwe« genannt.

Doch ich lebte weiter, einsam zwar, doch stärker geworden. Manchmal hatte ich das Gefühl, Reinhardts Kraft sei in mich übergegangen – ich fühlte eine Art Verdopplung.

Eine harte Zeit kam auf mich zu: Verlassenheit, Geldsorgen, Heimweh, allein sein in einem ungeliebten Land, in einem ungeliebten Beruf, dann die Nachricht, daß meine Eltern gestorben waren, die sich so sehnlich gewünscht hatten, mich noch einmal zu sehen . . .

Damals, in jenen schweren Jahren, wurden die Anspannungen, denen ich durch alle möglichen Feindseligkeiten, Feindseligkeiten von allen Seiten, unterworfen war, so unerträglich, daß ich nahe daran war, der Aufforderung zum Selbstmord, welche an mich nach Reinhardts Tod ergangen war, Folge zu leisten.

Als ich nicht mehr ein noch aus wußte, ging ich zu einer Wahrsagerin in Hollywood, und diese fabelhaft berühmte Wahrsagerin brachte mich endgültig zu der Überzeugung, daß mit meinem Leben nicht mehr viel los sein konnte – sie prophezeite mir: eine Reise über ein großes Wasser, einen Sieg in einem Rechtsstreit, viele Menschen, ein Podium, viel Geld und eine Heirat. Dieser letzte Punkt überzeugte mich, daß ich an eine Pfuscherin geraten war, die mir – um ein möglichst hohes Honorár zu beziehen – das Blaue vom Himmel log.

Es ist aber alles eingetroffen, abgesehen davon, daß ich mit Anton Edthofer zwar fünfundzwanzig Jahre zusammenlebte, aber nie zum Standesamt ging.

Ich verließ das Haus der Wahrsagerin noch viel niedergeschlagener, als ich es betreten hatte, beschloß aber, mein freudloses Leben noch ein wenig weiterzuleben.

1946 kam die große Wende: ich erhielt ein Telegramm mit der Anfrage, ob ich im »Jedermann« spielen wollte, in Salzburg, bei den Festspielen.

Ich wollte nichts mehr als das. Aber – ich hatte kein Geld für eine Schiffskarte! In dieser verzweifelten Situation ereignete sich, nach langer Zeit, wieder einmal ein »Glücksmoment«: Reinhardts ehemaliger Anwalt, die Klapperschlange, traf sich, vom schlechten Gewissen getrieben, mit mir in einem Café und überreichte mir ein Geschenk. Ein Kuvert. Als er sich davongemacht hatte, riß ich es auf: fünfhundert Dollar, genug für ein Ticket.

Unbeschreiblich, welcher Jubel mich erfüllte, als ich aus dem satten, schönen, reichen Kalifornien ins arme, zerbombte und hungrige Österreich kam. Ich durfte wieder Theater spielen, ich war wieder daheim in meiner Sprache!

Ich liebte jeden Menschen! Und wurde wiedergeliebt – wie ein beneidenswertes Geschöpf, das aus einem fernen, unbegreiflichen

Frieden kommt.

Als ich dann die Leitung des Reinhardt-Seminars übernahm und mit meinem, von Reinhardt so stark beeinflußten, Glauben an das Theater, vor meine Studenten trat, begann meine »Glückskette« wieder zu wachsen: ich durfte einige dieser jungen Menschen für ihren Beruf menschlich und künstlerisch beflügeln und bestärken.

Darunter waren zwei der besten, ja genialsten Verarbeiter Reinhardtscher Lehren, mit denen mich heute echte Freundschaft verbindet. Michael Heltau und Loek Huisman sind jetzt schon wichtige Künstler des Theaters, und ich darf mit diesen beiden Freunden in meinem einsam gewordenen Alter das tägliche Leben teilen. Ich lebe und erlebe in heiterer Zuversicht das, was man im besten Sinne eine »Kommune« nennt. Den kleinsten Kreis. Ich darf weitergeben und empfangen.

Der doppelte Boden

Reinhardt kaufte für Leopoldskron ein Gemälde, das wir beide gleichermaßen liebten: einen Petrus mit zwei Schlüsseln. Diese Schlüssel waren für uns ein Symbol – das Symbol für unser Leben in Leopoldskron.

Seit wir uns zusammentaten, hat uns der Gedanke an Leopoldskron jeden Tag schöner gemacht, seit jenem Tag, an dem mir Reinhardts Telegramm den Ankauf des Schlosses meldete, bis zu dem schweren Tag, an dem es uns weggenommen wurde; und selbst dann noch.

Als ich es nach meiner Heimkehr wiedersah, war es unzerstört und fast unverändert. Und als ich es langsam und einsam durchwanderte, durchwanderte ich viele schwere glückliche Jahre, mein glückliches Leben mit Reinhardt.

Ich sah uns im großen Saal vor der gedeckten Tafel stehen und die Sitzordnung für die große Abendgesellschaft festlegen. Ich sah mich in Erwartung der Gäste am Eingang der Halle stehen und sah, wie ich mich verzweifelt nach Reinhardt umschaue, der vor den ersten Ankömmlingen die Flucht ergreift und die Begrüßung, wie immer, mir überläßt. Ich sah ihn, wie er das Gäste-Schauspiel, heimlich und nur für Eingeweihte sichtbar, von einem Platz auf der Galerie aus beobachtet. Ich genoß die Erinnerung an einsame Abende am Kaminfeuer, an Sonnenbäder auf dem Schloßdach, an Schlittenfahrten und Sommerserenaden.

So unruhig unser Leben auch verlief – Leopoldskron gab ihm eine wunderbare Beständigkeit. Hierhin kehrten wir immer wieder zurück, so oft und so lange es uns möglich war.

Im Exil schrieb mir Reinhardt von New York nach Hollywood über unser fernes Leopoldskron: »... ich habe es lebendig gemacht. Ich habe jedes Zimmer, jeden Tisch, jeden Sessel, jedes Licht, jedes Bild gelebt. Ich habe gebaut, gezeichnet, geschmückt, gepflanzt und geträumt davon, wenn ich nicht da war. Ich habe es geliebt im Winter und im Sommer, im Frühjahr und im Herbst, allein und mit vielen.

Ich habe es immer feiertäglich geliebt; nie als etwas Alltägliches. Es waren meine schönsten, reichsten und reifsten Jahre und sie tragen Deinen Namen.«

In vielen Stunden unseres Lebens schenkte uns dieses schöne Haus dieses köstliche Gefühl, das wir unser Leben lang im Leben und in der Kunst suchten – das Gefühl, »eine Handbreit über dem Boden« zu sein. Ich sehe Reinhardt mit Gästen in der Bibliothek sitzen und Fragen stellen. Und ich sehe es ihm an, wie er dabei immer größeres Behagen verströmt.

Wenn er so war – so ganz geklärt, dann war er eben diese »Handbreit über dem Boden«. Und jeder, der mit ihm zusammen war – auch der verkommenste Mensch – fühlte sich von diesem Genießen, dieser Ruhe, dieser ungeteilten, warmherzigen Aufmerksamkeit, beglückt und beschenkt.

Eine merkwürdige Sache war, daß ich dieses Schloß nie so richtig als Eigentum empfinden konnte. Und ich glaube, Reinhardt ging es ganz ähnlich – aus einem Grund, den ich mit seinem Gefühl für die »Doppelbödigkeit« erklären möchte.

Nur *der* Theatermensch, der weiß, daß er auf einem doppelten Boden steht, wird groß, und nur *der* Mensch, der weiß, daß er auf einem doppelten Boden lebt, wird gut. In dem Brief, aus dem ich eben etwas abgeschrieben habe, schreibt Reinhardt über Leopoldskron: »Es war eines der schönsten lebendigsten Gehäuse der Welt« – und dann den merkwürdigen Satz: »Es war nur ein Gehäuse.«

Als ich in jenem Nachkriegssommer durch die Zimmer und Säle des Schlosses ging, die Stukkaturen im Musikzimmer ansah, die Deckenbilder und Böden, die Öfen und Schränke, war mir nicht wie jemandem, der nach längerer Abwesenheit zurückkommt, die Fenster öffnet, die Räume lüftet und nach dem Rechten sieht.

Denn selbst, als ich es war, fühlte ich mich nicht als Schloßherrin, so wenig wie Reinhardt sich als Schloßherr fühlte.

Es war Max Reinhardt, der Regisseur, der sich als Hausherr inszenierte, ebenso wie er – sehr behutsam – seine Gäste »inszenierte«. Er blieb eben Künstler. Ein Künstler, dem selbst der Besitz eine künstlerische Aufgabe bedeutete, eine Aufforderung, aus allem Kunst – und möglichst ein Fest – zu machen.

Der Tod hat für mich keine Schrecken. Ich war immer bereit, ihm zu begegnen. Heute freue ich mich auf ihn, – ich glaube, aus Neugier. Reinhardt aber sprach nie vom Tod. Dennoch glaube ich, daß ihm der Gedanke an den Tod vertraut war, der Gedanke an die Eitelkeit, Vergeblichkeit und Vergänglichkeit aller Schönheit. – Wäre er sonst ein derart genialer ›Verschwender‹ geworden?

Er sagte: »Was man nicht ausgibt, hat man. Aber was hat man davon?« Darum gab er sich voll aus. Immer sich. Immer für Schönheit.
Und er gab mehr, als er nahm.

Theater im S. Fischer Verlag

Edward Albee
Alles im Garten.
Alles vorbei.
Carson McCuller's Novelle
Die Ballade vom traurigen Café,
für die Bühne bearbeitet.
Kiste — Worte des Vorsitzenden
Mao Tse-tung — Kiste.

Antonin Artaud
Das Theater und sein Double.
Das Théâtre de Séraphin.

Jean-Louis Barrault
Rabelais.

Daniel Berrigan
Der Prozeß gegen die
Neun von Catonsville.

Mattias Braun
Elektras Tod.
Elisabeth Tudor.

Joseph Breitbach
Die Jubilarin. / Genosse Veygond.
Requiem für die Kirche.

Christopher Fry
Ein Hof voll Sonne.

Armand Gatti
General Francos Leidenswege. /
V wie Vietnam.
Das imaginäre Leben des
Straßenkehrers Auguste G. /
Die Schlacht der Sieben Tage
und der Sieben Nächte.
Öffentlicher Gesang vor
zwei elektrischen Stühlen.
Die zweite Existenz
des Lagers Tatenberg.

Witold Gombrowicz
Operette.

Gert Hofmann
Der Bürgermeister.
Kündigungen. Zwei Einakter.
(Unser Mann in Madras.
Tod in Miami.)

John Hopkins
Diese Geschichte von Ihnen.

Lotte Ingrisch
Damenbekanntschaften.

Arthur Kopit
Indianer.

Charles Marowitz
Ein Macbeth. Freie Bearbeitung
der Shakespeare-Tragödie.

Arthur Miller
Zwischenfall in Vichy.

Pier Paolo Pasolini
Affabulazione
oder Der Königsmord.

Robert Pinget
Hier und anderswo.

Rolf Schneider
Dieb und König.

William Shakespeare
Ein Sommernachtstraum.

Christine Spöcker
Das Geldmensch.

Carl Zuckmayer
Das Leben des
Horace A. W. Tabor.

Theatertexte

Edward Albee
Wer hat Angst vor Virginia
Woolf . . . ? (7015)
Alles im Garten. Alles vorbei
(7014)

Samuel Beckett
Fünf Spiele
Endspiel. Das letzte Band. Spiel.
Spiel ohne Worte 1 und 2.
Glückliche Tage (7001)

Günter Grass
Die Plebejer proben den
Aufstand (7011)

Hugo von Hofmannsthal
Der Schwierige. Der Unbe-
stechliche. (7016)
Jedermann (7021)

Eugène Ionesco
Fußgänger der Luft. Der König
stirbt (7017)

Heinar Kipphardt
In der Sache J. Robert Oppen-
heimer. Die Soldaten (7013)

Arthur Miller
Hexenjagd. Der Tod des Hand-
lungsreisenden (7008)

Arthur Schnitzler
Liebelei. Reigen
Nachw. v. Richard Alewyn (7009)
Das weite Land. Professor
Bernhardi (7012)

Carl Sternheim
Die Hose. Der Snob (7003)

Thornton Wilder
Unsere kleine Stadt (7022)

Tennessee Williams
Endstation Sehnsucht.
Die Glasmenagerie (7004)

Carl Zuckmayer
Der Hauptmann von Köpenick
(7002)
Der fröhliche Weinberg
Schinderhannes (7007)
Des Teufels General (7019)
Der Rattenfänger (7023)

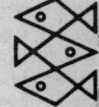

FISCHER
TASCHENBÜCHER

Biographie

Gottfried Bermann Fischer
Bedroht – Bewahrt
Der Weg eines Verlegers
(1169)

Jean-Louis Barrault
Erinnerungen für morgen
(1567)

Pablo Casals
Licht und Schatten auf
einem langen Weg
Erinnerungen, aufgezeichnet
von Albert E. Kahn (1421)

Vincent Cronin
Der Sonnenkönig (1536)

Danielle Hunebelle
Dear Henry (1442)

Franz Kafka
Briefe 1902-1924
(1575)
Brief an den Vater (1629)
Briefe an Milena (756)
Tagebücher 1910-1923 (1346)

Shirley Mac Laine
Raupe mit Schmetterlingsflügeln
Eine Autobiographie (1471)

Alma Mahler-Werfel
Mein Leben (545)

André Malraux
Anti-Memoiren
Übers.: Carlo Schmid (1191)

Nadeschda Mandelstam
Das Jahrhundert der Wölfe
Eine Autobiographie (1341)

Wallenstein
Sein Leben erzählt von
Golo Mann
3 Bde. (1600)

Thomas Mann
Eine Chronik seines Lebens
Hg.: H. Bürgin, H. O. Mayer (1470)
Briefwechsel mit seinem Verleger
Gottfried Bermann Fischer
Hg.: Peter de Mendelssohn 2 Bde.
(1566)

Rosa Meyer-Leviné
Leviné
Leben und Tod eines
Revolutionärs (1483)

Frank O'Connor
Einziges Kind
Autobiographie (1068)

Das Tagebuch der Anne Frank
Vorwort von A. Goes (77)

Leo Trotzki
Mein Leben
Versuch einer Autobiographie
(BdW 6258)

Ludwig Turek
Ein Prolet erzählt
Lebensschilderung eines
deutschen Arbeiters (1571)

Carl Zuckmayer
Als wär's ein Stück von mir
Horen der Freundschaft
(1049)

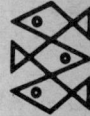